한국연극, 깊이

연극비평의 정수를 향한 깊이있는 사유

연극비평의 정수를 향한 깊이 있는 사유

한국연극, 깊이

| 백승무 지음 |

우물이 있는 집

비평의 사명, 연극의 소임

낭만이 청춘의 상징이고, 자유가 예술의 은유이던 시절이 있었다. 대학로는 표준화를 거부하는 '괴짜들'의 해방구였고, 정치적·문화적 노마디즘nomadism을 실천하는 반항아들의 안식처였다. 하지만 IMF를 거치면서 상황은 순식간에 바뀌었다. 모든 가치를 돈의 이름으로 난도질하는 생존의 경제학이 망나니의 칼이 되어 광란의 춤을 추었다. '살 놈만 살아라'는 신자유주의의 광풍 앞에 예술의 숭고함이나 연극의 존엄은 뜬소리에 불과했다. 그 사이, 세상물정 모르고 예술혼 운운하며 천진난만한 포즈를 취하고 있던 대학로 연극은 집도 절도 다 빼앗기고 단칸 사글세방으로 내몰린 신세가 되었다. 한국연극은 빈곤의 악순환을 벗어나지 못하는 문화적 초식상태에 빠져있고, 영화나 뮤지컬에 인적·물적 인프라를 제공하는 1차 산업으로 전락했다. 사막화가 진행되는 메마른 황무지에서 앙상한 뼈를 드러내고 삼순구식三旬九食의 버티기에 급급한 것이 현재 연극계의 모습이다.

악순환의 폐쇄회로

공연─비평─감상으로 이어지는 연극의 창작·수용 체제는 호혜와 견제의 원칙을 상실하고 빈곤의 악순환을 이어가고 있다. 제목도 기억할 수 없을 정도로 많은 공연이 대학로를 장악하고 있지만, 태반이 열흘을 넘기지 못하고 역사의 창고로 은신한다. 부지기수의 공연이 기록도, 흔적도 없이 사라진다. 현재 대학로는 일시적인 열기에 잠시 몸을 드러내는 아지랑이나 실체 없이 눈을 현혹하는 신기루를 닮아있다. 좋은 공연도 제대로 평가받지 못하기는 마찬가지다. 대학로 연극은 저명 연출가를 신뢰하는 일부 마니아층의 높은 충성도나 '입소문'이라는 전근대적 전파방식, 혹은 발 빠른 저널리즘의 공연소개 지면에 전적으로 의존하고 있다. 최근 들어 중형 공공극장들의 기획력이 관객동원의 수완을 발휘하는 경우도 빼놓을 수 없다. 허나 어느 면을 보더라도 평론가는 없다. 때늦은 사후비평과 폐쇄적 소통구조에 안주하고 있기 때문이다. '평론가 없는 예술과 독자 없는 평론가'(메리 프랫)란 이런 상황을 두고 하는 말이다. 제작체제 내부의 상황은 이보다 훨씬 더 열악하다. 줄어드는 관객수와 높아지는 임대료는 거식증과 폭식증을 한 몸에 앓는 것처럼 위태롭고 절박하다. 지금 극단운영자들은 경영난, 만성적자, 생활고를 고진감래, 새옹지마, 인생무상으로 달리 읽고 있다. 근거가 박약한 낙관은 희망을 위한 처방이 아니라, 그저 버티기 위한 진통제일 뿐이다. 물론 더 나쁜 예도 있다. 정부지원금이라는 마약에 취하여 창작과 삶에서 자기검열을 진행하는 경우이다. 더 심각한 사태는 인적·물적 자원뿐만 아니라 예전의 창조적 혈기와 예술적 집요함조차 감퇴하고 있다는 점이다. 이것이 연극계만의 예외적 사례는 아니지만, 유구한 연극 역사에 비해 한국연극이 지나치게 조로하고 있는 것은 아닌지 곱씹어볼 일이다. 상황이 이렇다보니 이미 유효기간을 다하고 그 효율성과 경제성이 소진된 1990년대식 소극장 체제를 극복하고 중형 극장, 레퍼토리 극장으로 변모하는 것은 꿈도 꿀 수 없다. 외적인 유통 체제 또한 나을 게 없다. 한국영화의 급성장은 대중의 예술 체험기회를 독식하고 있고 그나마 공연예술에 할당된 소규모의 감상권조차 뮤지컬의 등장으로 쏠림현상이 가속화되고 있는 실정이다. 과장해서 말하면 이제 연극은 양적으로 질적으로 소수의 컬트 문화로 내몰리는 형국이다. 연극 전공학생들과 관련 분야 교강사들의 관극과제가 아니면 객석 채우는 것 자체가 최대의 화두가 되어버렸다.

비평 위기의 두 풍경

　바야흐로 연극 위기의 시대이다. 위기의 사이렌은 이미 오래전부터 작동하고 있었다. 위기는 만성화되어 불감증을 의심할 지경이다. 하지만 모두 위기를 말하면서도 그 위기를 타개할 방안을 생산하거나 그 대안을 실천하는 데는 인색하다. 출구가 보이지 않기 때문이다. 출구봉쇄는 예정된 것이고, 어떤 면에서는 연극계 스스로 야기한 측면도 있다. 1990년대부터 연극관련학과는 급속도로 증원되었지만, 졸업생들의 활약무대는 대학로라는 좁고 폐쇄된 놀이터를 벗어날 수 없었다. 대학로를 해체하고 극장을 생활공간으로 확장하는 노력이 없었다. 어린 관객을 육성하고 다양한 계층의 다양한 요구를 수용하는 데에도 실기했다. 한국연극의 독자성 강화와 관객의 취향을 심화시키는 장르적 다변화에도 게을렀다. 평론계의 요령부득도 마찬가지였다. 신생학과의 교수인력이 완편되자 곧이어 극심한 빈궁기가 도래했다. 2000년대 이후 활동을 시작한 평론가들은 구세대와의 세대경쟁과 함께 정규직-비정규직이라는 신분경쟁으로 내몰렸다. 비정규직 평론가들은 정규직 교수에 비해 의욕이나 생산력 측면에서 앞서긴 하지만 생계에 허덕이느라 평론가 무늬를 내는 것도 여의치 않은 편이다. 게다가 최근 대학에서 실기가 가능한 연출가 재원을 우선적으로 임용하기 때문에 그나마 있던 출구는 바늘구멍보다 더 좁아졌다. 정규직 교수 또한 동지는 없고 동료만 남은 직장 감옥에서 무력증에 빠지거나 과다한

학교업무에 시달리다보니 개점휴업 중인 경우가 허다하다. 대중의 존경을 받고 사회적 발언권을 가진 버젓한 연극평론가는 언감생심이다. 상아탑은 사회적 실천을 위한 전초지가 아니라, 밥그릇 채워줄 앞마당 텃밭으로 퇴행하고 있다. 연극 위기에 비해 비평 위기가 훨씬 더 예후가 좋지 않은 이유이다.

연극위기론의 위기

위기담론은 이제 식상하다. 봉쇄된 출구 앞에서 망연자실하기 때문이 아니다. 위기론의 작약을 장전하는 것은 이제 충분하다. 정황분석을 끝내고 타격점을 향해 실천의 격발을 서두를 때다. 추론하여 말하건대, 그동안 비평은 위기담론을 확대재생산하는 데에 앞장섰다. 그 진단의 엄밀성과 다급성과는 별개로 위기론은 일정한 임계점을 넘으면 주인 없는 기표가 되어 설득력과 변호능력을 상실하게 마련이다. 내성에 직면한 위기론은 고루한 동어반복이고 지겨운 중언부언에 불과하다. 심지어 의도의 불경함까지 풍겨온다. 창작현실을 볼모로 정부지원금 확보에만 급급한 게 아닌지, 오밀조밀 궁핍한 동네에서 완장차고 골목대장하겠다는 심보는 아닌지, 창작자의 자율성을 훼손하는 권위주의의 무의식은 없는지 우리 스스로에게 비판의 칼날을 들이대야 할 것이다. 위기는 비평의 수신호이다. 비평이 글로 다 말할 수 없을 때 다급하게 흔드는 손짓이 위기의 신호이다. 비평과 위기는 '가르다'란 그리스어를 한 어미로 모시고 있기 때문이다. 위기를 말할 때 비평은 제 몸부터 떨어야 한다. 성난 위기를 달래는 현명함이 비평의 자질이고 기능이다. 찢어진 살을 아물게 하는 몸부림이 없다면 더 이상 위기를 논할 자격이 없다.

솔직히 말하자. 생계를 빼고, 연극위기론은 허구이다. 최소한 허구의 외피를 둘러쓴 음흉한 실체이다. 실재하되, 실제가 아니다. 실사만화처럼 질감은 있되, 생명은 없다. 실존하는 위기를 허구로 둘러치자는 것은 아니다. 위기를 외면하고 주어진 상황을 긍정하자는 것은 객관적으로 존재하는 모순을 은폐하고 연극권력의 무능과 아집을 방관하는 일이다. 하지만 대학로라는 좁고 갑갑한 골방에서 매년 500편이 넘는 연극이 성황(!)을 이루는 현실이 어찌 위기인가? 평균적 작품성 저하를 말하는 거라면, 그것은 연극위기의 제하에서 다룰 논제가 아니다. 사회 일반의 문화적 감성지수가 하락하는 마당에 예술만 홀로 품격을 자랑할 수는 없다. 대중의 수준 높은 감식안이 전제되었을 때, 예술의 꽃은 봉오리를 뿜어올린다. 연극의 위기를 생계의 위기로, 즉 경제적 빈곤의 문제로 환원시키는 것 또한 수치스럽고 옹색한 논리이다. 더 극심한 빈곤의 시기에도 연극은 생존할 것이기 때문이다. 먹고사는 문제가 자존심의 차원을 넘어 통증의학의 단계로 넘어선 것은 사실이지만, 예술의 문제를 경제의 논리로 재단하는 것은 너나없이 마뜩찮다.

위기의 명명법

연극의 위기는 차라리 과도기로 명명하는 것이 정당하다. 연극위기의 '실재'는 대학로의 용적을 능가하는 엄청난 제작편수와 그 수적 현란함에 화답하지 못하는 질적 궁색함 간의 간격에 있다. 덩치 큰 공룡이 영양실조로 고통스러워하는 꼴이다. 생태계의 변화 없이 공룡은 생존할 수 없다. 체중감량도 필수적이다. 500편 공연에 200억 시장규모는 '좋은 연극'이 모순어법임을 증명하는 수치이다. 소극장 체제, 단기대관 상연구조, 소속감 약한 극단운영 등 20세기적 연극 생태계는 수명을 다했다. 20~30명의 단원과 자체 극장을 소유한 중형극단과 레퍼토리 극장으로의 전환이 어느 때보다 시급하다. 공룡 스스로 생태계를 통제할 수는 없다. 제 머리 깎는 이발사를 본 적은 없다. 연극 생태계의 거시적 체질개선은 평론가가 주도하는 문화정책과 공연기획의 두 바퀴 위에 올라타야 한다. 관료 위주의 문화정책은 소모적이고, 사업자 위주의 공연기획은 이해타산적이기 때문이다. 비평계의 안목과 지혜가 요구되는 대목이다. 위기의 누명을 벗고 체질변화의 과도기로 새로이 명명할 때, 작금의 악순환적 회로를 차단할 수 있는 대안이 부상한다. 과도기에 필요한 구원투수는 '누구의 죄인가' 따지는 판관이 아니라, '무엇을 할 것인가' 궁리하는 집행관이다.

사실 연극위기는 위기가 될 수 없다. 오히려 위기만이 연극이 살 길이다. 연극은 위기를 숙주로 제 몸을 일구어왔다. 주술적 제의에서 연극이 탄생할 때도 집단은 위기였다. 위기가 없다면 주술도 필요 없었을 것이다. 연극은 그 오랜 생존의 시간동안 항상 위기의 순간을 살아왔다. 위기는 연극의 형식이고, 그 내용은 절망과 고통이다. 통각의 순간에 연극의 본능은 각성된다. 그래서 연극은 고통의 감수성에 대한 가늠자가 돼야한다. 왜냐면 연극 자체가 이미 고통의 바다이기 때문이다. 연극 대본을 펴보라. 어느 곳이든 아픈 자들의 향연이고 슬픈 자들의 축제이며 목마른 자들의 잔치이다. 그렇기에 오늘날 연극의 위기는 연극제도의 위기이며, 제도 변화를 위한 과도기라 불러야 한다.

비평이라는 예술형식

연극제도의 재편기에 비평이 할 일은 무엇인가? 재편은 새로운 자리매김이고 올바른 영토구획이다. 다시 묻자면, 비평의 자리는 어디이고, 비평의 국경은 어디인가? 나는 비평을 예술형식이라 규정한 루카치의 그 대담성을 옹호한다. 난해한 그의 표현을 빌자면, 세계와 대면할 때 느끼는 형언할 수 없는 그리움과 두려움의 양가성이 운명의 본모습이다. 비평의 운명은 그것이다. 그리움과 두려움의 동시적 공존! 나는 공연을 보고 느낀 아득한 전율과 짜릿한 감동을 '그리움'이라 읽고, 위대한 예술이 주는 숭고한 감정을 '두려움'이라 읽는다. 이때 극장은 내 의식이 세계와 대면하게 되는 전쟁터가 된다. 이 싸움의 전리품은 '삶의 절대적 근거'이다. 살아도 된다, 혹은 살만하다는 허락과 긍정을 얻기 위해서 내 운명은 극장 문을 들어선다. 그 운명의 삶이 글쓰기다. 즉, 운명의 명령대로 글을 쓰는 것이 비평가가 삶을 사는 방식이다. 자신의 운명을 있는 그대로 기록하고 전달하는 것이 비평이라는 글쓰기 형식이다. 루카치의 존재론적 사유에 비하면 유치하고 세속적인 이해지만, 내 비평의 진화는 여기까지이다.

운명으로서의 비평은 요컨대, 그 자체로 예술성을 확보하고 그 스스로 예술이 되어야 한다는 것이다. 연극비평이 주관적 감상문이나 인상비평, 혹은 리뷰라는 저널리즘적 글쓰기로 국경을 제한할 때, 그 고유한 영유권은 훼손될 수밖에 없다. 리뷰와 크리티시즘은 엄격하게 구분되어야 한다. 이 시대의 비평은 과도기의 진단과 그 타개책에 대한 면밀한 인식 없이 자기만족적 입장 옹호에 머물러서도 안 된다. 폐쇄적 소통구조에 머물거나 평론가끼리의 돌려보기식 제한적 유통경로에 갇혀서도 안 된다. 엄밀히 말하면 비평의 객관성은 존재하지 않는다. 평가의 절대적 기준이란 없다. 굳이 '심미적 주관성'(칸트)를 내세울 필요도 없다. 하지만 진정성 있는 비평은 창작자의 판단력과 관객의 감식안을 관통하여 설득과 소통의 개활지로 나아간다. 그때 객관성을 능가하는 공감의 지평이 열린다.

사명으로서의 비평, 소임으로서의 연극

연극비평은 한 나라의 문화적 감성을 평가하고 진작하는 일종의 사명이다. 창작자에게 인고의 산통이 있다면, 비평에는 절박함과 막중함이 있다. 그런 비장함이 비평이 갖는 운명의 표정이다. 공연의 향과 결을 정밀하게 포착하고, 창작의 도를 넘어서는 의미까지 촉수를 던지는 비평만이 "작품을 좀먹고 사는 벼룩"(알프레드 테니슨) 신세를 면할 수 있을 것이다. 창작자에게 영감과 반성을 제공하는 풍성한 비평, 보기보다 읽기를 염원하는 비평만이 창작자를 향한 예술적 역류와 관객과의 생산적 교호를 이끌 것이다.

고독과 소외가 대중의 정체성이 되어버린 시대의 삶은 우울하고 척박하다. 높은 자살률과 낮은 문화적 감성이 나라의 지표로 선 시대의 삶은 나침반 없이 뜨거운 사막을 횡단하는 것과 같다. 투박한 언어와 메마른 행위로 포화된 강퍅한 삶과 거친 세상을 조롱하고 위무하는 일은 5000년 동안 연극이 해오던 소임이다. 연극은 사막을 평지로 만들 수도 없고, 칼날 같은 일광을 포근한 벨벳으로 만들 수도 없다. 목마른 자의 오아시스도, 살이 타는 자의 그늘 한 뼘도 되지 못한다. 연극이 하는 일은 그저 사막을 걷는 자를 동행하는 것이다. 나는 유구한 고전이 수행한 그 소임이 연극의 것이라 믿는다. 내가 믿지 못하는 것은 그런 연극정신에, 그런 비평정신에 한참이나 모자란 나의 안목과 자질뿐이다.

***

공연의 감동을 생생한 언어로 육화하고픈 얼뜬 욕망이 앞선 나머지 과잉된 수사를 남발한 경우도 없지 않다. 설익고 메마른 독설로 창작자들의 맨살에 쓰라린 자상을 남긴 경우도 있을 것이다. 지나치게 설명적인 수다는 독자의 귀를 어지럽게 만들고, 몇 마디 단언으로 끝난 차가운 문장들은 관객들의 눈살을 찌푸리게 만들 것이다. 소통의 글쓰기가 가능한 거리를 아직 계측할 줄 모르는 탓이다.

기꺼이 사막의 동행자가 되어주신 강완구 사장님께 감사드린다. 이런 흠 많은 글을 세상에 내놓는 것은 출판인의 소임과는 무관하기 때문이다. 평생 드라마 같은 삶으로 연극 이상을 몸소 보여주신 부모님께 이 책을 바친다. 두 분 앞에 바칠 것이 이 한 문장뿐이라 부끄럽고 다행이다.

차례

chapter 1

고전과의 대화

나는 너다, 오이디푸스

공연명: 「오이디푸스」
원작: 소포클레스
연출: 한태숙
극단: 국립극단
상연일시: 2011.01.18 ~ 2011.02.13
상연장소: 명동예술극장
관극일시: 2011.01.28. 19:30

공연의, 공연에 의한 공연

인간은 항상성과 반복이 주는 안정감 못지않게 일탈과 모험이 주는 새로움에서도 쾌감을 느낀다. 예술이 담당하는 분야는 주로 후자인데, 고정관념에 회의의 칼날을

「오이디푸스」의 한 장면 ©국립극단

대고, 익숙한 것을 낯설게 만드는 인식의 전환을 통해 예술은 경험 너머에 있는 혼돈과 불안의 영역을 조화와 신비의 영역으로 포섭한다. 그래서 좋은 연극은 항상 우리의 의식을 깨어나게 하고, 육감을 예민하게 자극하며, 종국엔 오금이 저릴 정도의 큰 감동을 선사한다.

「오이디푸스」의 한 장면 ⓒ국립극단

　대저 연극은 낡고 닳은 것에서 벗어나기 위한 몸부림이며, 제 몸에 붙은 과거를 씻어내는 의식 행위이다. 특히 너무나 오래 묵은 텍스트, 너무나 많이 공연된 작품을 대할 때면 이 갱신의 몸부림은 필사의 궁극이 된다. 「오이디푸스」, 2,500년 전에 제작된 이 유물 같은 텍스트를 보라. 이미 발생 맥락에서 한참이나 이탈한 이 구시대 희곡이 오늘날에도 절찬리 상연된다. 이런 유의 텍스트를 대할 때면 이토록 때 묻은 텍스트를 디시금 들추는 이유가 무엇인지에 대해서 먼저 답해야 한다. 그리고 자신의 공연이 이전에 공연된 수많은 「오이디푸스」에 비해 무엇이 다르고 왜 달라야 하는지 해명해야 한다. 그러다보니 한해에도 수차례씩 공연되는 이 「오이디푸스」는 그 자체로 이미 메타극(공연에 대한 공연)이 되어버린다. 공연의 내용이 지난 공연들, 그 낡은 형식에 대한 반성적 사유로 채워지는 것이다. 연출은 수많은 「오이디푸스」를 본 관객과, 그보다 더 많은 '오이디푸스'를 본 자기 자신과 일전을 벌여야 한다. 일단 달라야 하며, 그것이 내용 속에서 타당한 설득력을 가져야 한다. 이것이 우리 시대 「오이디푸스」가 창조보다 차이에 더 방점을 둘 수밖에 없는 이유이며, 연극에 대한 연극으로서 메타적 시선을 유지할 수밖에 없는 사연이다.

비극의 깊이, 두께

공연에 대한 입장이 공연의 내용을 구성한다는 이 역설은 어쩌면 피의자 스스로 판사와 검사역을 맡아야 하는 주인공 오이디푸스의 피할 수 없는 운명일지도 모른다. 대상에 대한 시선이 대상 자체의 속성을 규정한다는 전제는 정체(성) 게임에 전념하고 있는 오이디푸스를 가장 정확하게 설명할 수 있는 수단이기 때문이다. 그런 의미에서 오이디푸스의 정체와 그 내막이 지닌 파괴성 간의 상관관계에 천착하고 있는 한태숙 연출의 「오이디푸스」는 오늘날 이 공연이 맡은 시대적 사명에 충실하게 복무한다고 볼 수 있다. 그녀는 오이디푸스가 자신의 정체를 밝혀나가는 계기와 과정에 주목하고, 심오하면서도 난해하지 않은 상징 배열을 통해 다양하고 다층적인 의미의 중층을 절묘하게 엮어내고 있다. 가히 롤랑 바르트가 말한 기호의 두께가 비평적 가설에서 실제적 표상으로 현현되는 현장이라 할 수 있다. 따라서 「오이디푸스」에 대한 비평은 연출이 겹겹이 포개놓은 이 기호의 두께를 뚫지 않고서는 결코 성사될 수 없다. 이 해석적 돌파의 궤적은 「오이디푸스」 비극의 숭고한 두께를, 아리스토텔레스가 말한 그 '정신의 위대함'을 고스란히 드러나게 해줄 것이다.

「오이디푸스」의 한 장면 ©국립극단

저주의 삼각형

한태숙 연출의 「오이디푸스」는 일단 원작을 대대적으로 각색(김민정 각색)하여 가독성과 리듬감을 높이고, 더불어 오이디푸스(이상직 역)의 각성 단계를 좀 더 명확하게 도식화시키고 있다. 즉, 수수께끼를 부여받고 자기의 정체를 추적하다가 결국 자신의 운명과 조우한다는 오이디푸스 서사의 뼈대가 선명하게 부각되고 있는 것이다. 삼각형의 세 꼭짓점을 형성하는 이 '수수께끼―정체―운명'의 얼개는 결정적으로 저주의 숫자 3의 상징을 함유하고 있다. 이 삼각형 얼개의 비밀을 풀기 위해서 먼저 오이디푸스와 스핑크스의 관계에 대해서 살펴보자. 오이디푸스가 범하는 중대한 범죄 두 가지는 친부살해죄와 근친상간죄이다. 친부를 죽이고 자연질서를 파괴하는 이 두 가지 죄는 공교롭게도 스핑크스에게서 말미암은 것이며, 또한 스핑크스와 공유하는 범행이다. 코린트의 왕자 오이디푸스에게 살해되는 생부

라이오스는 백성들을 교살하는 이 스핑크스에 대한 신탁을 들으러 델포이로 가던 중이었고, 오이디푸스가 테베의 왕이 되어 이오카스테(서이숙 역)와 결혼하도록 길을 터준 것도 바로 이 스핑크스였다. 아침에는 네 발로, 점심에는 두 발로, 저녁에는 세 발로 서는 것이 무엇이냐는 스핑크스의 수수께끼도 인간의 일생을 축약한 비유가 아니라, 세대 간 질서를 파괴하고 3대를 뒤섞어버린 오이디푸스 자신에 대한 질문이었다. 안티고네에게 오이디푸스는 한 배에서 나온 오빠이자, 자신을 낳아준 아버지, 그리고 할머니(아버지인 오이디푸스의 어머니 이오카스테)의 남편으로서 할아버지에 해당한다. 오이디푸스는 이오카스테와 결혼을 하고 그 자식들까지 낳음으로써 3대의 질서를 파괴했는데, 스핑크스의 질문은 바로 오빠, 아버지, 할아버지를 동시에 공유하는 인간, 바로 오이디푸스의 정체에 관한 일종의 예언이었던 것이다. 이처럼 스핑크스는 오이디푸스와 관련된 모든 사건의 계기점으로 작동한다.

「오이디푸스」의 한 장면 ⓒ국립극단

그렇다면 이 스핑크스가 오이디푸스를 테베의 왕으로 만들기 위해 그를 기다리고 있었던 이유는 무엇인가? 오이디푸스의 아버지 라이오스. 그는 어린 시절 피사왕의 도움을 받은 적이 있는데, 그때 피사왕의 아들 크뤼시포스에게 무술과 기마술을 가르쳐주면서 동성애를 느낀다. 크뤼시포스 왕자가 자신의 동성애를 거부하자 라이오스는 그를 숲속으로 데려가 교살해버린다. 이 사건은 신성한 결혼의 수호신인 헤라를 노하게 했는데, 아들 오이디푸스의 파멸을 통해 동성애자 라이오스를 응징하고자 스핑크스를 보낸 것이 바로 헤라였다.

하나도 아닌 둘도 아닌

스핑크스와 오이디푸스가 범죄를 공유한다는 말은 교살자란 뜻을 지닌 스핑크스가 교살자 라이오스의 분신인 것처럼, 오이디푸스 또한 라이오스로부터 피를 받은 분신이기 때문이다. 3대가 섞인 오이디푸스처럼 스핑크스(인간의 얼굴과 사자 몸, 새의 날개)가 흉측한 혼종괴물로 등장하는 점도 이들의 상동성을 증명한다. 결국 이 둘은 한 몸에서 유래한 동종이상인 것이다. 한태숙 연출의 공연에서 티레시아스(박정자 역)가 오이디푸스에게 "저 물속에 있는 자가 범인"이라고 말한 속내에는 이 동종이상체가 서로를 비추는 거울이 된다는 것, 물속에 비친 자신을 보듯 스핑크스 속에서 괴물이 될 자신을 봤어야한다는 티레시아스의 통찰이 담겨있다. 티레시아스가 나르시스를 본 순간 "자신의 모습만 보지 않으면 오래 살 아이"라고 예언했던 것처럼 오이디푸스에게서도 동일한 자기애의 한 면모를 발견한 것이다. 동종 괴물 앞에서도 자기에게 운명 지어진 괴물의 모습을 발견하지 못하는 장님 같은 자기애! '나는 너다'라는 스핑크스의 존재이유도, '너는 코린트의 왕자가 아니라 테베의 왕자이다'라는 스핑크스의 수수께끼도, '네가 테베의 왕이 된 것은 수수께끼에 능통해서가 아니다'라는 스핑크스/티레시아스의 예언도 알아차리지 못하는.

한마디로 섞일 수 없는 것, 결합할 수 없는 것을 한 몸에 담게 되는 오이디푸스에게 스핑크스의 수수께끼는 결국 '넌 누구냐'란 질문이며, '나한테서 너를 보라'는 다그침에 다름 아니다. 동종이상체에서 자신의 추악상을 보지 못하는 이 나르시시즘적인 착각은 극 후반부 "너는 나를 볼 수 있느냐?"(이오카스테)란 대사를 삽입한 극작가 김민정의 야무진 극적 마감과 극진한 울림을 갖는다. 스핑크스의 수수께끼가 결국 오이디푸스의 정체(혹은 출생의 비밀) 문제로 자연스레 이월하는 것이다. 극 밖에 있는 이 수수께끼를 티레시아스를 통해 다시 극 속으로 되살려낸 한태숙 연출의 의도는 짐작할만하다. 스핑크스 수수께끼의 변종인 "아침에는 아비를 먹고, 점심에는 어미를 먹고, 저녁에는 제 두 눈을 파먹고 헤매는 짐승은?"이란 질문은 (티레시아스가) 오이디푸스에게 던지는 두 번째 수수께끼이며, 자기각성을 위한 두 번째 기회이자 두 번째 '거울'이다. 티레시아스의 수수께끼가 두 번째 거울상이 되는 이유는 한태숙 연출이 공들여 만든 이 장면이 스핑크스와 오이디푸스의 관계를 상기시키는 훌륭한 도상이 되기 때문이다. 눈먼 장님인데다 신성함이라고는 찾아볼 수 없는 괴물 같은 티레시아스의 이미지, 그리고 인간도, 새도, 네발짐승도 아닌 괴물(이기돈 역). 그렇다! 마지막 조명이 꺼질 때까지 무대 한편에서 이 모든 걸 지켜보는 이 괴물과 티레시아스는 동종이상인 스핑크스와 오이디푸스를 모델링하고 있는 것이다. 예언자 티레시아스에게 스핑크스의 염력을 덧댄 한태숙 연출의 구상은 색다른 볼거리를 창출해냈을 뿐만 아니라, 오이디푸스의 무지와 무력을 한층 도드라지게 만들어주고 있으며, 정체성 찾기라는 핵심 테마를 보다 강건하게 다듬어주고 있다.

「오이디푸스」의 한 장면 ⓒ국립극단

비탈진 가시밭길

　'수수께끼-정체-운명'의 얼개에서 비롯된 숫자 3의 상징성은 무대 형식에서도 의미심장하게 드러난다. 텍스트에 의하면 오이디푸스는 생후 3일째 되는 날 버림을 받는데, 친부살해가 벌어지는 공간도 포키스와 보이오티아 사이의 좁은 삼거리였으며, 라이오스의 호위병은 또한 3명이었다. 고대 피타고라스 학파에서 짝수인 2, 4는 여성을, 홀수 3은 남성을 의미하는데, 오이디푸스(3)는 어머니 이오카스테(2)와 딸 안티고네(4) 사이에 끼인 수이자, 두 수의 평균수이다. 델포이 신전에서 "뼈를 준 아비를 죽이고, 살을 준 어미와 동침한다"는 신탁을 받고 괴로워하며 테베로 떠나고 있던 오이디푸스는 괴물 스핑크스의 재앙을 피하기 위해 델포이 신전으로 가고 있던 라이오스를 삼거리에서 만난다. 이 삼거리를 백묵으로 그으면 사람 인(人)자가 나타난다. 물체극 연출가 이영란의 기막힌 연상력! 오이디푸스의 첫 범죄가 시작되는 삼거리, 그리고 두 번째 범죄의 서막을 여는 '인간'. 스핑크스

앞에서 당당히 '인간'을 외치는 오이디푸스의 착각과 무지가 무대를 채우는 것이다. "너는 나를 볼 수 있느냐?" 이오카스테의 외침이 울려 퍼지는 곳도 바로 人자가 그어진 이 '착각과 무지' 위에서이다. 인간 행세도 못한 짐승 같은 놈, 오이디푸스를 타박하는 이 준엄한 아이러니! 지워지지도, 씻기지도 않는 오욕의 무지를 징계하는 이 무서운 상징!

비탈의 원근감을 살린 삼각형 무대(무대디자인 이태섭)도 이 수수께끼 운명의 역설을 잘 구현해내고 있다. 산이 많은 그리스 지형과 신전이 서있는 언덕에서 따온이 삼각형 무대는 금방이라도 미끄러질 듯한 불안감을 야기하면서 언제든지 불행의 굴레에 빠질 수 있는 인간의 유약함을 그려내고 있다. 주로 3명씩 등장하는 인물들이 이 삼각형 무대를 정으로, 혹은 역으로 배반해서 서있는 그림도 삼각형 상징과 인물간의 긴장을 배가시키는 효과를 준다. 물론 서 있기도 불편한 이 삼각형무대 때문에 배우들의 움직임이 지루할 정도로 경직되고, 격성이 목청 위주로 표현된다는 부작용이 없는 건 아니다. 반면 측면에 위치한 철판은 테베의 현실을 프리젠테이션하는 스크린의 기능을 수행하고 있으며, 날카롭게 튀어나온 철못은 죽은 자의 시신 위에 꽂힌 묘비석을 위시해 전체적으로 테베 시민들의 위태로운 삶을 상징한다. 동시에 이는 오이디푸스의 눈을 찌르는 징벌용 못, 혹은 가시밭길같은 주인공의 험난한 운명을 연상시킨다. 이 위태롭고도 절망적인 우측 절벽에서, 마치 동영상처럼 민중의 피폐한 삶을 실시간으로 중계하는 이 처참한 아수라장에서 오이디푸스는 두 차례 텅 빈 무대 좌측의 심연 속으로 이동을 한다. '탄핵'의 위험을 고지하는 크레온에 의해 신탁을 의뢰하러 티레시아스를 찾아가는 것이그 하나이고, 자신의 정체를 결정적으로 깨닫게 되는 목동과의 대질을 위한 이동이 그 다음이다. 소란과 정적, 익명과 실명, 충만과 공허, 토착세력과 이방인, 집단과 개인, 세속과 탈속, 빛과 어둠 등으로 좌우가 양분되었던 비대칭적 무대는 이 상징적인 두 번의 움직임을 통해 의미론적으로 양가적 균형을 회복한다.

　친부살해가 벌어지는 삼거리 협곡의 폐쇄적 공간감을 지향하는 이 무대 형식은 피할 수 없고 물러설 수도 없는 운명의 외길이란 강력한 상징성을 확보하긴 했지만, 전체적으로 미학적 과욕이 불어온 구조적 한계 또한 무시할 수 없다. 우측의 역동성에 비해서 좌측은 너무나 외면당했는데, 그 구성 전략이 관객들에게 효과적으로 전달되지 못했을 뿐만 아니라, 무엇보다 우측 관객들의 시선이 상대적으로 왜곡되고 협소화되는 결점을 극복하지 못했고, 공간 의미의 다중성을 너무 쉽게 포기한 듯한 인상을 지울 수가 없었다. 또한 원일 음악감독의 연주공간이 이 위압적인 무대의 수직 상승력 때문에 밖으로 튕겨 나와버린 듯한 소외감이 들었는데, 기교와 효과 면에서 완벽한 예술성을 발휘한 그의 존재감을 고려해볼 때, 쇠를 불리는 풀무처럼 무대 안과 밖의 경계를 초월한 공간배치를 고민했으면 하는 바람이 있다.

「오이디푸스」의 한 장면 ⓒ국립극단

인간적 오이디푸스?!

이처럼 한태숙 연출은 「오이디푸스」 텍스트와도 다르고, 기존의 공연과도 차별성 있는 독특한 성취를 이룩해낸다. 시각적 기호를 재구성하고 개성 있는 상징을 창출해내는 그녀의 탁월한 상상력은 한태숙표 「오이디푸스」란 레터르를 붙이기에 모자람이 없다.

하지만 한 가지, 피할 수 없는 질문. 과연 한태숙 연출이 단언한 '평범한 보통 남자 오이디푸스'라는 구호는 실현되었는가? '성공과 실패, 상승과 추락을 동시에 지닌 장님 같은' 그녀의 오이디푸스가 과연 영웅의 면모를 버리고 소박한 범인의 지위에 내려앉았는가?

신의 족보에 포함된 오이디푸스를 '인간적'으로 수식하는 것은 일단은 모순형용이다. 인간적 오이디푸스가 탄생하기 위해서는 신들의 이야기인 신화에서 비논리성과 무정함을 탈색시켜야 한다. 논리에 목숨 걸고 동정심에 매달리는 건 하늘을 날고 번개를 쏘는 신들의 모양새가 아니다. 오이디푸스의 비극적 결함이 그의 무지라고 못 박을 수 있는 것도 다 신들의 일이기에 가능한 것이다. 신의 자식이 그 정도의 통찰력도 없고 천우신조도 받지 못한다면 무지하고 무능할 수밖에. 하지만 인간적 오이디푸스라면 얘기가 달라진다. 오이디푸스에게 무지는 그의 책임이 아니다. 라이오스의 동성애와 그의 교살행위가 1차적 책임이고, 영아를 매몰차게 죽이지 못한 어머니 이오카스테의 연약함에 2차적 책임이 있다. 모르고 저지른 범행은 정상참작 사항이다. 게다가 오이디푸스는 효성이 깊고 정의감이 넘치기론 둘도 없는 인물이다. 누가 돌을 던지랴! 그의 범죄를 스스로 응징할 수밖에 없는 이유다: "신이여, 이제 만족하십니까? 운명 앞에서는 누구나 장님일 뿐이로구나. 그러나 기억해라. 이 두 눈을 찌른 건 내 손이다."

오히려 '평범한 보통 남자' 오이디푸스가 가진 비극적 결함은 온갖 금지명령들 (기억하지마, 찾지마, 알지마)을 뿌리치고 끝까지 자신의 정체를 확인하려고 하는 고집스러운 호기심, 그리고 라이오스 살인자를 응징하려는 지극한 정의감, 테베에 새로운 질서와 평화를 정착시키려는 지배자로서의 책임감, 민중의 고통을 자신의 고통으로 내화하는 유마힐과 같은 휴머니즘에 있다. 이런 품성은 무지에서 비롯된 것이 아니다. 오히려 무지와 결별하고 무지를 극복하는 덕목이다. 그렇다면 범인_{犯人} 오이디푸스의 비극은 그토록 후덕한 인물임에도 불구하고 그의 삶을 죄행과 타락으로 물들여버린 (신이 조작한) 운명의 '비논리성과 무정함'에 있다. 다시 신화의 비논리성과 무정함을 씻어내지 못하면 '인간'이 탄생하지 않는다는 순환논리. 작품을 완전히 개작하기 전에는 인간적 오이디푸스란 성립할 수 없는 것 아닐까?

"운명이다."

인간적 오이디푸스의 한 가지 다른 가능성은 있다. 수수께끼를 풀고 자신의 정체 뒤에 숨은 무시무시한 운명을 목도한 오이디푸스가 감당해야할 자기응징은 단순히 전염병 퇴치라는 국가보건의 차원에 머무르지 않는다. 티레시아스는 테베의 재앙이 '자연질서를 파괴한 죄'라고 정의하는데, 이 말은 오이디푸스의 범죄가 사회의 법질서나 윤리를 파괴하는 차원의 것이 아니라, 자연의 질서와 우주의 법칙을 교란한 중차대한 위반이며, 이는 곧 우주를 지배하는 신에 대한 명백한 반역이라는 점을 보여준다. 따라서 오이디푸스의 패륜에 대한 응징은 형법상이라기보다 신화적이고 상징적 방식으로 (즉, 과장된 방식으로) 이뤄질 수밖에 없다. 원작에선 코러스가 "장님보다 죽는 게 더 낫지 않은가"라고 묻는다. 오이디푸스는 "만일

내 눈이 멀쩡하다면 저승에 가서 아버지와 불쌍한 어머니를 무슨 낯으로 본다 말인가"라고 대답한다. 자살이나 처형보다 더 급하고 중한 것이 자기정화이고 자기 속죄라고 말하는 것이다. 원작에서 오이디푸스의 방랑은 신이 조작한 운명의 프로그램, 즉 죽어 마땅한 죄인, 그래서 응당 죽어야 하는 운명을 거부하고, 태어나 처음으로 자신의 자유의지를 실현하고자 하는 항명의 퍼포먼스이자, 죽을 권리조차도 반납하고 자학과 죄책감, 모멸감을 죽는 순간까지 지속하며 그 고통의 크기를 최대한 증폭시키는 속죄 행위이다. 「오이디푸스」가 비극인 이유는 바로 이 지점, 즉 천인공노할 패륜 자체 때문이 아니라, 그 죗값을 인간의 한계 너머에서 '숭고'하게 지불한다는 점이다.

하지만 과연 보통 인간이 이 모욕과 고통을 인내하면서 황야를 죽는 날까지 떠돌아다닐 수 있을까? 이에 한태숙 연출은 오이디푸스의 자살을 암시한다. 비탈진 바위 위에 그려진 오이디푸스의 사망지점 표시선은 인간이면, 고고하고 당당한 인간이라면 어쩔 수 없는 선택을 내포한다. 방랑에 대한 인간적 대안이 자살이라면, 유일한 철학적 문제가 자살(카뮈)이라고 고백한 실존주의를 거쳐 온 우리에게 한태숙 연출의 '자살론'은 어떤 의미에서 훨씬 더 보편적이고 현실적이다. 자기도 모르는 사이에 범죄자가 되는 게 신이 주신 운명이라면, 명예와 진실을 수호하며 의연하게 죽는 것 또한 인간이 선택할 수 있는 운명이다. 아니, 그렇게 스스로 죽음을 선택할 수 있기에, 비로소 인간이다. 우리는 그런 인간적인 지도자—영웅을 이미 알고 있다. 그렇기에 무대의 人자 백묵 자욱은 여전히 가슴 아리다.

고전주의, 레퀴엠

공연명: 「아마데우스」
원작: 피터 셰퍼
연출: 전훈
제작: 명동예술극장
상연일시: 2011.12.07 ~ 2012.01.01
상연장소: 명동예술극장
관극일시: 2011.12.21. 15:00

무색무향무취무미

전 세계 곳곳에서 떠들썩한 팡파르를 울리며 흥행가도를 질주하는 작품, 스크
린에 오른 동명영화도 이에 못지않아 그 해 아카데미상 8개 부분을 석권한 작품.
이쯤 되면 배포가 큰 연출가도 '쫄기' 마련이다. 이런 공연은 어지간히 해도 북데

「아마데우스」의 한 장면 ©명동예술극장

기 취급이고, 밑지면 욕사발이기 때문이다. 흥행제조기 피터 셰퍼의 「아마데우스」는 그래서 다루기 힘든 가시 장미와도 같다. 모차르트의 매혹적 선율과 밀로스 포먼(영화 「아마데우스」 감독)의 자극적 감성, 그리고 원작 자체의 활화산 같은 아우라가 도도한 색과 매력적인 향을 품은 장미를 연상시키지만, 무턱대고 덤볐다가는 가시 포화의 자상을 이겨낼 수가 없다.

유감스럽게도 여기서는 가시 창상의 쓰라린 통증을 증언해야겠다. 결론부터 말하자면 전훈 연출의 「아마데우스」는 맛도 없고 멋도 없다. 손끝의 결도, 코끝의 향도 없다. 재미도 감동도 없다. 명불허전을 기대할 법도 한데 안타깝게도 먹을 거 없는 소문난 잔치집이다. 제대로 차려진 밥상임은 분명한데 감동을 맛볼 숟가락이 없다. 모차르트는 비실비실하고 살리에리는 뻣뻣하다. 인물의 형상화는 함량 미달이고, 주제의 표현도 미진하다. 움직임은 건조하고 긴장감은 바닥이다. 살리에리의 모놀로그는 지루하고, 환복장면도 답답하다. 리듬은 맥이 없고 템포는 구태의연하다. 공을 들인 음악도 무대에서 겉돈다. '라이브' 음악을 죽여 버린 것이 의도가 아니라면 차라리 저렴한 녹음 CD가 나을 뻔했다. 무대 위에 새로운 현실(플래시백 극중극)을 이식시키는 피터 셰퍼 특유의 서사 기법도 고루하고, 코러스 역할을 하는 두 심복의 난장도 따분하기 그지없다. 차 떼고 포 떼고 결전에 나서는 황망함이 이런 것이다. 원작의 후광을 반납하고 텍스트와 정면대결하려는 승부사의 결기도, 관객의 심금을 놓고 '밀당'의 전투를 벌이려는 전사의 패기도 없다.

주인공을 주인공이라 부르지 못하고

이처럼 전훈의 「아마데우스」가 전장의 포효도 제대로 토하지 못하고 기진맥진

패주에 급급한 이유는 무엇인가? 일단 서사전략의 실패를 꼽을 수 있다. 두 배역의 드라마적 위상과 관계 설정 자체에 오류가 있다. '엄마가 좋아, 아빠가 좋아?'란 질문처럼 유치한 면이 없진 않지만 「아마데우스」의 주인공은 누구인가? 살리에리다! 의심의 여지없이, 혹은 의심에도 불구하고 이 텍스트의 주인공은 살리에리다. 그가 고백과 회상이라는 배타적 서사를 이끄는 주도자이기 때문만은 아니다. 신이 선사한 예정된 패배와 그 패배를 강요하는 절대 권위에 대한 위악적인 저항, '평범한 사람들'의 생존권을 옹호하려는 눈물겨운 투쟁 등 이 드라마의 이념적 과제를 온몸으로 성취하는 자는 바로 살리에리다. 제목 「아마데우스」는 세퍼의 착시 전략, 즉 일종의 페인트 모션이며, 예정된 패배자 살리에리의 비극을 심화시키는 모티프에 불과하다. 도덕적 살인자라는 비극적 운명의 '깊은 골'을 보여주는 것이 이 드라마의 정수라면 우리의 인식 속에 각인된 모차르트의 명성은 병풍처럼 골을 감싸는 '높은 산'일 뿐이다. 모차르트의 아름다운 선율과 '코믹엽기발랄'한 행동은 살리에리의 역동적이고 격렬한 '깊은 골'을 장식하는 인테리어다. 「아마데우스」

「아마데우스」의 한 장면 ⓒ명동예술극장

는 모차르트의 위인전이 아니며, 살리에리는 모차르트의 위대함을 석명하는 해설자가 아니다. 희생자와 가해자의 일방적 구도를 설정하거나, 살리에리의 서사행위를 이미 선악 판명이 종결된 피의자 최후진술로 처리하면 곤란하다. 관객이 보는 것은(혹은 봐야하는 것은) 살리에리가 구술하는 모차르트가 아니라, 모차르트를 보는 살리에리의 심리적 반응과 대응이어야 한다. 관객이 모차르트의 매혹적 선율에 심취하고 그의 영웅적 신화와 미스터리한 죽음에 귀 기울인다면, 그래서 살리에리의 독백이 지루하고 그가 쓰라리게 자술하는 심리의 파동이 충격과 경악을 야기하지 못한다면 그것은 명백히 실패한 공연이다. 그렇다면 이호재의 밋밋한 움직임에 신과의 밀약을 삶의 신조로 견지한 살리에리의 우뚝한 자존심과 그 대적의 질투심이 스며들어갈 공간이 없음은 자명하다. 신에 대한 복수를 위해 자신의 삶을 통째로 반납하는 살리에리의 애절한 분노도, 선과 악의 극단적 상통을 궤변의 논리로 내면화하는 자의 신산스러운 절골지통도 맛볼 수 없다. 이호재의 살리에리는 그저 이야기꾼, 해설자, 구경꾼에 머무르고, 그의 참담한 구변은 수다나 망령, 혹은 음흉한 몽니를 넘어서지 못한다. 물리적 노쇠함과 세월의 풍화에 무디어진 적의가 숫접고 섬약한 살리에리에 대한 변명이라면 옹색하기 그지없다. 젊어서도 늙어서도 살리에리는 회개하고 반성하고 자책하는 나약한 실존이 결코 아니다. 정치한 자기변명과 쉴 새 없는 저주의 화염을 발산하는 자가 살리에리다. 고백의 형식 속에 자기합리화의 암계를 숨기고 관객의 모가지를 움켜질 태세로 잔뜩 웅크리고 있는 자가 살리에리다. 핏줄이 끊어지고 뼈가 으스러지는 고통에 무대를 데굴데굴 구르지 않는 자라면, 하늘을 찌르는 원망과 살기로 벌겋게 달아오르지 않는 자라면 살리에리가 아니다. 김준호(모짜르트 역)가 '신의 소리'와 '오입쟁이의 방탕'을 넘나드는 모차르트의 망망한 진폭을 감당하지 못하는 것도 결국은 이 진단에서 멀지 않다. 살리에리의 오기와 교만이 다다른 고도에서 모차르트의 방종과 안하무인이 시작되기 때문이다. 살리에리가 비등점에 오르지 못하면 모차르트는 절대 끓어 넘칠 수가 없다.

'진인사대천명'의 모순

무엇보다도 연출가 전훈은 모차르트와 살리에리가 각각 표상하고 있는 두 세계의 첨예한 대결과 파열을 드러내는 데 실패했다. 앞서 논증했듯이 「아마데우스」는 위대한 음악가 모차르트의 무고한 죽음과 저급한 질투심에서 사악한 음모를 자행한 한 인간의 자멸에 관한 역사—추리—심리극이 아니다. 「아마데우스」은 개체 단위의 운명을 초월하는 두 가지 예술철학이 광범하고 심오한 교전을 펼치는 엄중한 전시 상황도를 그리고 있다. 모차르트와 살리에리의 격돌이 대리하고 있는 이 사상 논쟁은 바로 고전주의 철학과 낭만주의 철학 간의 쟁투이다. 살리에리가 신봉하는 고전주의 예술관과 모차르트가 표방하는 낭만주의 예술관(모차르트가 고전파 음악의 완성자라는 역사적 사실은 접어두라. 이런 지식은 셰퍼 극의 이해에 별다른 도움이 되질 못한다)의 대결은 질투와 음모라는 심리적 범주를 초월하여 예술철학의 두 양상과 그 패러다임의 전환을 웅변하는 운동 원리로 작동하고 있다.

신의 섭리로 포유된 절대진리와 표준화된 질서와 균형을 신봉하는 고전주의는 규범과 훈련을 통해 완성에 도달하는 '학습'의 시대였다. 예술은 기술[技術]과 큰 차이가 없었으며, 미적 가치의 완성도는 세계질서를 축조한 조물주의 축복과 이에 부응하는 예술가의 이해력에 의해서 결정되었다. 명석판명한 이성과 절차탁마의 품성이 예술의 깊이와 아름다움을 좌우하는 척도였다. 고전에 대한 해박한 지식과 기성예술에 대한 존경과 복종, 신의 진리에 대한 무한한 외경심은 고전주의 예술가가 체득해야할 필수적인 덕목이었다. 신이 그어놓은 존재의 경계를 넘어서는 행위는 타락과 방종으로 취급되었고, 규범^{norm}을 파괴하는 시도는 비정상^{abnormal}으로 낙인찍혔다. 외부세계는 그 자체로 완결된 오브제였기 때문에 그 구성 원리와 존재방식을 이해하는 심미안만이 예술에 허용된 유일한 자유였다. 살리에리의 인생관과 예술관이 이 고전주의적 법칙과 원리로 포화되어 있음은 말할 것도 없다.

반면 세계에 대한 불만과 불신을 토대로 형성된 낭만주의는 고리타분한 고전주의 교설을 거부하고 인위에 반하는 자연스러움과 타고난 감성을 강조한다. 루소의 '자연으로 돌아가라'란 구호에서 볼 수 있듯이 문명의 때로 더럽혀진 유럽의 고전주의는 인간의 자연적인 본성과 자유로운 감각을 통해 세척하고 정화해야할 대상이었다. 낭만주의는 절도와 중용의 미덕이 감정의 질주를 방해하는 장애물이라고 여겼으며, 이성의 경직성을 상상과 직관의 칼날로 혁파하고자 했다. 고전주의적 폐쇄된 예술 회로에서 과감하게 이탈하여 자유로운 발상과 창조적 영감에 몰입한 낭만주의는 이성의 체계 '너머'와 '바깥'에서 존재의 해방과 사유의 풍요로움을 맛보았던 것이다. 자연이 배태한 '타고난' 천재, 고전주의적 점잖음^{abnormality}과 합리적 사고^{rationalthinking}를 조롱하는 천연덕스러운 품성, 질서와 규칙 체계^{abnorm}를 초월한 자유분방한 감성 등 모차르트를 규정하는 이 수식어들이 낭만주의를 길러낸 항목이었다.

체계적 교육과 성실한 학습을 통한 전인적 인간상을 구현하는 살리에리와 '자연이 부여한 타고난 심성을 통해 예술에 규칙을 부여하는 천재적 소질'(칸트)을 가진 모차르트는 고전주의와 낭만주의가 표상하는 두 가지 인간형의 상징이다. 이둘은 자신이 속한 세계인식과 미학관을 위해 대리전을 수행하는 드라마적 이념소이다. 셰퍼는 두 예술가의 작품활동을 스케치하는 대목에서도 이러한 이원적 대립의 원칙을 유지한다. 모차르트의 저속함과 살리에리의 고상함을 대립시키기 위해 동원되는 작품들이 그것. 신과 영웅의 위대한 품격(고전적 이상형)을 강조하는 고전주의(살리에리의 작품으로는 「다나이우스」와 「오르무스의 왕 악수르」를 언급한다)와는 달리 낭만주의는 민중 특유의 언어와 풍습, 민족적 특성과 민속적 풍물 등 귀족 문화가 간과했던 내적 타자들을 선호했다. 모차르트의 "저속한 코미디" 「후궁 탈출」과 「피가로의 결혼」이 그것이다. 「아마데우스」에서 이 이원적 대립항은 인물의 성격과 갈등양상뿐만 아니라, 시각적, 청각적 이미지의 배치와 무대 구성 차원까지도 지배하는 본질적인 동력원이다. 「아마데우스」의 무대는 이 두 대립항이 인력과 척력을 발휘하는 강력한 자장의 세계를 구축해야 한다. 하지만 전훈 연출의 「아마데우스」에는 모차르트에 대한 숭배와 찬양이 지배한다. 그리고 살리에리의 항변은 요설과 비겁한 변명으로 폄하되어 있다. 무대를 이념적으로, 이미지적으로 이원화하는 전선도 없다. 시대와 사상의 동력으로 충전되지 못한 인물은 낙오되기 마련이다. 이것이 이 공연의 필패론이다.

살리에리를 위한 변명

다시 이 작품의 실질적 '주인공'인 살리에리의 논변으로 돌아가자. 살리에리는 질투하는 인간이 아니다. 그의 분노가 질투에서 비롯된 것은 사실이나 그가 신의 의지를 거부하고 신에 대한 복수를 기도할 때 질투라는 심리적 동인은 이미 좁쌀만한 앙금으로 희석되어 있다. 철저한 광신자였던 살리에리가 신에게 결투를 신청하는 행위는 육식을 거부하는 채식주의나 전쟁을 반대하는 평화주의 같은 수준의 것이 아니다. 질투라는 사사로운 감정은 이미 안중에도 없다. 살리에리가 반복적으로 내세우는 복수의 구호는 '평범한 사람들'에 대한 옹호이다. 평생을 뼈 빠지

「아마데우스」의 한 장면 ⓒ명동예술극장

게 일해도 불법·탈법 재산상속을 받은 부자들 앞에서 패배자가 되는 현실이 '불공평'의 표본이라면, 어릿광대 같은 개차반의 횡포(?)로 순식간에 이류인생이 된 모범생 살리에리의 신세 또한 '불공평'하다. 살리에리가 평생을 열등감에 시달리며 시지프스의 운명을 감당해야 하는 '평범한 사람들'을 위해 "신성한 수호자"가 되기로 결심한 이유가 바로 이것이다. 천재는 제자를 남기지 않는다. '천재의 제자'는 '대머리 여가수'처럼 모순형용이다. 천재의 자질이란 포유의 대상이 아니다. 예술에 있어서 천재는 일반명사가 아니라 고유명사이며, 상대평가가 아니라 절대평가의 대상이다. 천재는 그렇게 수많은 과락자들을 배경으로 존재하는 자다. 천재 모차르트가 도달한 그 지고한 높이는 평범한 예술가들이 극복은커녕 평생 이르지도 못하는 절대기준이며, 그것은 고스란히 고통과 좌절, 절망의 크기로 등치된다. 신의 섭리에 대한 살리에리의 저항은 그의 단독범행이 아니다. 치 떨리는 분노와 억울함으로 작성된 살리에리의 항소장은 그가 옹호하는 '평범한 사람들'의 피와 눈물로 찍어낸 것이다. 인간의 질서를 옹호하고자 하는 범인 측 변호사 살리에리! 일찍이 도스토옙스키가 '대심문관'(『카라마조프가의 형제들』)에서 설파한 그 자유의 딜레마가 여기서 겹쳐진다. 살리에리가 그 집단항명의 대변자가 된 것은 그가 '질투하는 인간'이기 때문이 아니라, 모차르트의 음악 속에서 신의 음성을 엿들을 수 있는 유일한 자였기 때문이다.

그렇다면 살리에리를 통해서 우리가 체감해야하는 비극적 파토스는 무엇인가. 살리에리가 껴안은 비극의 요체는 그가 자신의 최종적 패배를 알면서도, 아니 알기 때문에 더더욱 그 구원불가능한 저주의 수렁에 자신을 밀어 넣을 수밖에 없다는 것이다. 그는 모차르트의 천재성을 판별할 수 있는 유일한 증언자이며, 이것은 고전주의자 살리에리에게는 저주와도 같은 능력이다. 영원한 2인자, 영원한 페이스메이커의 운명! 자신이 겪는 고통이 후대인에게, 대부분의 평범한 사람들에게 유전되는 것을 막기 위해 그는 스스로 선지자의 가면을 쓰고 순교자의 악역을 맡을 수밖에 없다. 자신의 위악적인 범죄행위를 통해 신의 질서를 파괴하고 천상의 조화를 짓이겨버리려는 심사이다. 자신의 악덕이 심대할수록 신의 얼굴도 흉측해지고 신의 모순도 커진다는 논리이다. 신의 창조물인 모차르트에게 '칼자국'을 가하는 것. 자신의 존재를 악 속으로 내던져 신이 창조한 세계를 추악하게 오염시키겠다는 것, 그는 자기 이름 앞에 '천재의 살인자'라는 오명이 레터르처럼 영원히 함께 할 것이란 것도 잘 알고 있다. "모차르트의 명성이 커질수록 나도 유명해질 것"이라는 그의 독설 속에는 스스로 악랄해질수록 모차르트의 위대함 또한 더욱 너 빛날 것이라는 통찰도 포함되어 있다.

백전백패의 공식

서사의 주도권을 쥐고 있는 살리에리의 진술 전략은 참회의 고백이라기보다 폭로적 발설욕망에 가깝다. 그래서 「아마데우스」는 고백의 방식을 띠되, 참회는 없다. 살리에리는 끝까지 자신을 모차르트의 대척점에 위치시킴으로서 자기의 전략을 수행한다. 살리에리는 신과도 맞장을 놓는 배포 큰 확신범이다. 따라서 살리에리를 패배자나 폐인으로 격하시키는 연출은 실패를 예정할 수밖에 없다. 분노의 핏줄이 서릿발처럼 곤두서있는 그의 독설과 여전히 신의 고객 역을 맡고 있는 우리들을 향한 냉소와 조롱을 여실히 드러내지 못하는 연출은 백전백패이다. 고전주의 vs 낭만주의 대결을 높은 각도에서 투시하는 포용성을 견지하지 못하고 그저 텍스트 표층만을 내왕하는 '고전주의적' 한계에 머무르거나, 그 양극화된 두 세계 간의 긴장과 갈등을 미학적으로 표현하지 못한다면 백약이 무효이다.

밋밋한 뒷배경에 영사빔을 투사하여 화려하고 다채로운 공간감을 창출한 무대효과(무대디자인 박동우)는 이 공연의 백미이다. 평면 위에서 다양한 입체를 추출하는 절묘한 아이디어는 변검술을 보는 것처럼 신기하고 희한하다.

「아마데우스」의 한 장면 ©명동예술극장

몸과 말 사이를 떠도는 악령

공연명: 「악령」
원작: 표도르 도스토옙스키
각색: 알베르 카뮈(번역: 오세곤, 나진환, 이용복)
연출: 나진환
극단: 극단 피악
상연일시: 2010.11.08 ~ 2010.11.10
상연장소: 예술의 전당 토월극장
관극일시: 2010.11.08. 19:30

이성의 도발

신은 자신을 본 따 인간을 만들었다. 이때 인간은 정신이 빠진 몸뚱이만 존재하는 상태였다. 거기에 추가로 정신(영혼)이 토핑(!)된다. 바티칸 시스티나 성당 천장에 그려진 미켈란젤로의 「천지창조」 중 '아담의 탄생'은 인간의 뇌를 도식화한 신의 무리가 육신을 받은 아담에게 '전원 버튼'을 터치해주는 순간을 표현하고 있다. 일종의 소프트웨어 인코딩이라 할 수 있다. 문제는 이 토핑된 정신이 신의 그것과 그리 닮지 않았다는 데에 있다. 신의 속성을 1%

「악령」의 한 장면 ⓒ극단 피악

만 가져도 인간이 이 모양 이 꼴이 되진 않았을 것이기 때문이다. 그렇다면 인간이란 신을 닮은 몸뚱이에 백지 같은 정신을 가진 유아와 같은 상태로 이 세계에 '피투'(被投, Geworfenheit) 되었음이 틀림없다.

신의 몸을 가진 백치 인간의 생존 전략은 이성이라 불리는 정신작용을 신속한 진화의 메커니즘으로 가공하여 스스로 신을 사유할 수준까지 도달하는 것이었다. 번개로 콩 굽듯 수천 년 만에 이뤄진 이성의 쾌속 충전은 소위 이성중심주의란 도그마를 잉태했고, 그 아래에 있던 몸을 관리와 통제의 대상으로 전락시켰다. 바야흐로 이성에 의한 몸의 학대사가 시작된 것이다(신성모독이다. 몸은 최소한 신을 닮았으나, 정신은 어떠한가). 동서양을 막론하고 몸은 (저급한) 욕망과 (무분별한) 충동의 발원지인 바, 절제와 중용으로 무장된 이성에 의해 훈육되고 억압돼야할 대상이 된 것.

몸의 반격

사태의 전환은 20세기 후반에 와서 시작되었다. 바흐친과 같은 문예미학자는 몸의 육체성과 욕망 지향성이 노골적으로 드러나는 중세의 카니발 축제를 일종의 해방구로 간주하고, 가치와 권위의 전복이 발생하는 비공식적 문화야말로 전민중적 유토피아라고 설파한다. 육체의 해방을 추구한 전사 메를로 퐁티는 '나는 몸이다'라고 주장하며 서양철학 2천년의 절대지존인 이성을 발바닥 아래로 내팽개친다. 이처럼 타락을 자극하는 만악의 수용체였던 인간의 몸은 '나는 느낀다, 고로 존재한다'의 주체로, 개체의 모든 경험을 기억하는 육감(六感, 肉感)의 지배자로 재설정된다.

그래서 따져보다. 연극의 아름다움은 어디 있는가? 배우의 아름다운 말에? 고

「악령」의 한 장면 ©극단 피악

전주의 시대에는 그랬다. 극장은 현란한 수사학이 넘실대는 웅변경연장이었다. 의상이나 무대장치의 아름다움에? 이것도 무대 사실주의가 등장하는 19세기 후반의 일이다. 그렇다면? 그렇다, 연극의 아름다움은 몸에 있다. 배우가 재현하는 소리와 움직임, 뒤죽박죽 얽히고설키는 사건들에 대한 예민한 느낌들, 관객의 몸을 훑고 지나가는 짜릿한 감정들! 몸은 이성의 하수인도, 감각의 통로도 아니고, 배우의 실존을 총체적으로 표현, 발산하는 거대한 기호덩어리이다.

이런 인식의 전환 덕분에 몸을 주어로 하는 연극이 등장하기 시작했다. 몸에 혀를 달고, 움직임에 입을 붙여준 것이다. 언어에 문법이 있듯이 몸에도 문법이 있고, 말하는 연극이 있다면 '몸하는' 연극도 있다는 말씀! '씨어터 댄스' 극단 '피악'이 추구하는 미학이 바로 이 '몸하는' 연극이다. 이성의 독재 하에서 독립운동을 하던 몸이 공연 예술의 안방을 차지하는 과정은 지난 20세기 예술사가 앞다투어 규명하고자 했던 핵심 화두였다. 문제는 이미 유행이 한물 지나간 이 낡은 문제의식을 어떻게 21세기 동시대 관객에게 생생하게 전달할 것인가! 팔부지 나팔거리던 시대의 몸연극을 어떻게 현대적으로 개조해서 입힐 것인가! 서양의 몸연극이 직면했던 의사소통의 한계를, 그리하여 서사의 복원/보강이라는 타협으로 이어졌던 그 결함을 어떻게 보완할 것인가! 게다가 몸이 극복해야할 대상은 형이상학적 관념의 화신인 도스토옙스키의 『악령』이다.

몸도 아닌, 말도 아닌

나진환 연출의 『악령』은 이 첩첩산중 이어진 과제 앞에서 길을 잃은 듯하다. 실존적 고독과 파편화된 정체성을 상징하는 무대 뒤편의 조각난 두상처럼 공연은 중심 없이 산만하며 맥락 없이 어지럽다. 미니멀리즘으로 처리된 소박한 무대는 (넘치고 넘쳐) 더 이상 '채울 수 없음'이 아니라, (차 떼고 포 떼니) 도대체 '채울 것 없음'

『악령』의 한 장면 ⓒ극단 피악

에 가깝다. 인물들이 풀어내는 몸언어는 소통의 몸짓이라기보다 차라리 '흐느적 거림'이다. 왜 그런가? 첫째, 미장센의 실패이다. 연극「악령」은 휑한 느낌이 들 정도로 인물들이 존재하는 일상세계의 그림을 지워버렸다. 조각난 두상과 외떨어진 발은 갈기갈기 찢긴 인간의 실존을 정확히 포착하고 있고, 거친 광야에 버려진 인간 상황을 적나라하게 고발하고 있다. 하지만 지나치게 거대한(!) 무대가 오히려 배우의 몸까지도 지워버리는 사태가 발생한다. 높고 깊고 광활한 무대에서 배우들은 미니어처처럼 수축된다. 조명이나 배경으로 인물의 동작을 좀 더 선명하게 드러나게 하여 전체 미장센이 구도와 비율의 균형을 찾도록 했으면 어떨까. 다양한 대도구로 공간감을 조작하거나, 조명의 영역 조절을 통해 행위의 물리적 깊이와 질감을 다양하게 채색하는 것도 방법이 될 것이다. 지워져서 공허한 세계가 아니라, 무*로 가득 찬 세계! '여백의 미'가 비운 게 아니라 채운 것이라는 소중한 깨달음이 절실하다.

둘째, 인물간, 주제간 불균형을 꼽을 수 있다. 원작『악령』은 뭐니 뭐니 해도 스타브로긴과 키릴로프, 샤토프 간의 불꽃 튀는 논쟁이 최고 압권이다. 신과 인간의 관계, 인간 구원의 문제, 인간 본성에 대한 논박 등 이 작품이 기대고 있는 철학적 미덕은 가히 홍수와도 같다. 이 기름진 말잔치를 제한된 시간 안에 포괄하려면 과감하게 대사를 축약하고 몸언어의 풍부한 상상력에 좀 더 무게를 두는 것이 필요할 것이다. 또한 말과 몸을 이분법적으로 구분하여 표현 대상을 특화하는 것도 가능할 것이다. 신체훈련과 발성이 미비한 상태에서 무리하게 몸과 말을 섞다보니 배우들의 앙상블은 파괴되고 주제 전달은 실패하고 만다. 예외적으로 스타브로긴으로 분한 지현준의 몸과 말 연기는 배우술의 한 경지를 보는 듯하여 찬사를 아끼고 싶지 않지만, 한편으로는 그의 연기 비중에 지나치게 의존하다보니 극의 불균형이 심화되지 않았나 싶다. 러시아처럼 6부작 시리즈 영화(2006년 작)나 레프 도

진의 10시간짜리 「악령」(MDT극장)이 불가능하다면, 몸언어를 보강하여 이미지 구축에 집중거나, 3막을 2막으로 축약(원작을 절반 이상 삭제하고 이미지로 무대를 채운 레프 에렌부르크의 「폭풍」(2010년 서울국제공연예술제 참가작)이 성공적인 사례)하는 것도 대안이 될 것이다.

셋째, 가장 동의하기 힘든 부분 중 하나로, 키릴로프에 대한 연출의 해석이다. 도스토옙스키의 작품에는 그의 지독한 광신주의에도 불구하고 항상 무신론자나 신에게 저항하는 자들이 훨씬 더 매력적으로 등장한다. 『카라마조프가의 형제들』의 이반이나 『악령』의 키릴로프는 이미 단순한 주인공의 지위를 넘어 인간의 실존과 정체성을 대변하는 인류의 한 정신으로 등극해 있다. 니체의 초인사상이나 카뮈를 비롯한 프랑스의 실존주의도 어떤 면에서는 키릴로프의 입에서 유출된 철학으로 볼 수 있다. 신의 질서를 거부하는 그의 도저한 인신(人神)사상은 『악령』의 절반을 차지한다 해도 결코 과언이 아니다. 하지만 연출은 이 비장하고

「악령」의 한 장면 ⓒ극단 피악

도도한 인물을 사춘기의 철부지처럼 유약하고 '우스꽝스럽게' 만들어버렸다. 『악령』의 절반이 붕괴된 것이다. 모골을 서늘하게 만드는 키릴로프의 철학적 기개가 없다면 그의 정신적 스승인 스타브로긴은 얄궂은 동네 깡패만도 못한 인간쓰레기에 불과하고, 인간 심성의 본질과 악의 정체에 대한 도스토옙스키의 심오한 구상도 그저 불쏘시개가 되고 만다. 배우의 근기가 문제였다면 어투나 제스처, 의상, 공간 등을 통해 덧칠을 해야 할 터이다.

　나진환 연출의 독특하고 창의적인 개성은 몸언어가 빈약한 우리 연극에 소중한 자산으로 성장할 것이다. 「악령」에는 결함보다는 여전히 장점과 미덕이 훨씬 더 많다는 점이 이를 방증한다. 이미지를 조합하여 아름다운 그림을 만들어내는 몽타주 상상력, 기계적 논리성보다는 자유로운 연상을 중시하는 발랄한 영감, 빛과 소리 등 무대요소들의 세련된 구성력 등 그가 장전한 무기들은 강력하고도 강렬하다. 말과 대립하는 몸이 아니라, 말조차도 포섭하는 통 큰 몸을 구축하려는 그의 장정은 머지않아 대도의 지평에 도달할 것임에 틀림없다. 그만큼 그의 시도는 한국 연극계에 절실하고도 중차대한 과제를 강하게 상기시킨다.

포화된 형식의 성찬

공연명: 「템페스트」
원작: 셰익스피어
재구성/연출: 오태석
극단: 목화레퍼터리컴퍼니
상연일시: 2011.12.15 ~ 2011.12.25
상연장소: 대학로예술극장 대극장
관극일시: 2011.12.17. 15:00

메이드 인 '목화'

셰익스피어가 일개 극작가의 이름을 넘어서서 연극의 한 장르나 연극성의 한

「템페스트」의 한 장면 ©목화레퍼터리컴퍼니

경지를 상정하는 일반명사로 기능하는 것처럼 한국연극계에서 오태석표 공연도 이미 레퍼토리의 단계를 한참이나 넘어섰다. '제4의 벽'을 무력화시키는 정면 시선고정법, 전통연희의 연행요소와 양식화 기법의 도입, 전통 율조에 기반한 조탁된 언어, 장면의 독립성과 리듬감을 보장하는 에피소드식 구성 등 그의 무대를 규정하는 많은 특질들은 한국연극의 고유한 속성으로 내면화되고 있다. 지속적이고 일관된 그의 실험은 다양성과 심도 면에서 이미 거대한 절경을 구축하고 있다.

한팩(한국공연예술센터: HANPAC)의 '우리 시대의 연극' 시리즈 중 하나로 상연된 「템페스트」는 오태석 연출이 추구해온 연극미학의 성과와 특장이 더욱 정교하고 농밀하게 표출되었다는 점에서 찬사와 경탄이 이어지고 있다. 에딘버러 페스티벌의 극찬에 이어 동아연극상과 한국연극대상까지 석권하면서 명실공히 올해 최고의 공연으로, 나아가 오태석 연출의 최고 작품으로 내세워도 모자람 없을 평가를 받았다. 「템페스트」에 오태석 연출의 지문과 체취가 고스란히 인각되었다는 사실에는 의심의 여지가 없다. 예를 들어, 재생과 화해를 성취하는 신화적 공간, 동물과 인간, 괴물과 요정, 성과 속이 한데 뒤섞인 동화적 세계, 허재비와 동물들이 담당한 배경과 코러스의 역할, 생략과 비약을 통해 고도로 율격화된 대사와 어깨춤이 일렁이는 민요·동요 풍의 곡조, 승무, 사자춤, 가면극 등 우리 춤, 가락, 장단의 어우러짐, 전통극 마당을 연상시키는 열린 무대, 양식화된 동작과 동선이 빚어내는 격조 있는 역동성, 디베르티스망처럼 장면과 장면을 몽타주적으로 결합시키는 재기발랄한 구성, 한문식 문어체와 토속적 구어체의 어투 혼합, 익살과 골계를 함유한 재담과 해학, 맨발로 구르고 뒹굴며 해방감을 발산하는 자유로운 신체언어 등 오태석을 표상하는 모든 기호와 정서가 일사분란하게 도열하고 있다.

「템페스트」의 한 장면 ⓒ목화레퍼터리컴퍼니

형식의 폭주

　문제는 오태석 연출이 여태껏 옥조로 여겨온 양가적 중용의 미덕, 즉 형식의 파격과 내용의 밀도가 형성한 천혜의 황금비율이「템페스트」에 와서 균열의 조짐을 보이는 게 아닌가 하는 우려이다. 원래 오태석 극은 격렬함을 감싸 안는 양순함, 뻣뻣함을 눙치는 유연함, 아픔을 위무하는 희락, 과함을 에우는 여백 등 당착과 모순을 조화와 공존으로 가공하는 섬세한 균형감각과 균제미가 도드라진다. 이는 형식과 내용의 조율에서도 다르지 않아, 형식이 돌출하면 내용이 제압하고, 내용이 충돌하면 형식이 아우르는, 서로를 제하고 가하는 공생상조 관계를 견지한다. 내용과 형식은 교차와 병렬, 순행과 역행을 거듭하면서 자극적 변조와 호쾌한 반전의 미학을 꽃피운다. 하지만 전통연희에 대한 과도한 애착 때문일까,「템페스트」에는 형식적 질료가 서사의 극적 응축을 저해하여 오태석 본래의 균형감이 와

「템페스트」의 한 장면 ©목화레퍼터리컴퍼니

해되어버렸다. 한마디로 볼거리만 넘쳐나고 감동이 없다. 형식은 어지러운 난무를 추는데, 내용은 잉어등이다. 원작이 분출하고 있는 화해와 용서의 판타지는 공염불이 되어버렸다. 신기에 다다랐던 전통연희의 흥은 서사의 진행을 방해하고 극성dramatism을 질식시킨다. 언어의 음성적 측면에 대한 집착은 템포를 지체시키고 리듬을 분절시킨다. 절제의 경제학을 구가했던 생략과 압축은 오히려 맥락을 난해하게 만들고 논리적 연결을 파괴한다. 절도 있는 단문의 묘미는 생성을 지향하는 의미의 여백으로 평가되었지만, 「템페스트」에서는 끈 풀린 활시위처럼 느슨하고 헐겁다. 논리의 사슬을 파괴하는 과감한 비약은 산만하고, 간간히 삽입된 유희들은 팽팽한 긴장감을 배경으로 하지 않아 뜬금없고 부자연스럽다. 기발하고 독창적인 언어유희도 부족하다. 이 모든 것은 내용을 압도하는 형식의 난장에서 비롯된 것이다.

서사의 결함

　형식의 폭주 앞에서 꼬리를 내린 내용의 위축은 극적 긴장을 약화시키는 서사의 허박함에서만 연유한 것이 아니다. 각색도 번안도 아닌 '재구성'이란 용어가 포괄하는 허용의 잣대를 고려하면 개별 서사 단위들은 극의 이념적 총체성에 충실하게 복무해야 한다. 하지만 딸아이 앞에 원수의 아들을 던져놓는 질지왕의 장난도 그리 내키지 않고, 쌍두아를 분리시키는 것이 주인에 대한 반감을 해소하는 처방이라는 설정도 의아하다. 도술을 버리고 부채를 내던지는 질지왕의 급작스런 돌변도 그다지 탐탁치 않고, 모두 다 떠나보내면서도 자신의 행로를 기약하지 않는 모습도 선뜻 이해가 되지 않는다. 여전히 반역자로 남은 동생의 음험한 태도도 거슬리는 부분이다. 특히 그 '재구성' 목록에 반드시 들어가야 할 한국적 화해의 피날레에 대한 아쉬움. 민중연행의 외피를 둘러친 작품이라면 마지막 피날레에서는 죄를 사하고 앙금을 씻어내는 어울림의 굿판이 필요하진 않았을까. 숫저운 표

「템페스트」의 한 장면 ⓒ목화레퍼터리컴퍼니

정으로 머무적거리는 질지왕에게 피날레의 주권을 양도한 것은 수긍하기 어렵다.

누구나 인정하듯이 배 난파와 선상 화재를 형상화한 첫 장면은 「템페스트」의 이름에 제값 하는 압권 중 압권이다. 물과 불이 어우러지는 광란의 이미지는 한국연극이 반드시 기억해야할 명장면 중 하나이다.

오태석의 이름은 한국연극의 형과 결을 서술하는 어사^{御史}임에 분명하다. 기우가 없을 수 없다. 한편으로는 평론가가 오태석을 독점한 게 아닌가하는 의구심도 존재한다. 관객의 것은 관객에게 돌려줘야 한다. 아직 오태석의 정점을 논하기엔 이르다. 더 기다려야 한다. 물론 기다림의 행복은 관객들의 특권이기도 하다.

꿀발림 사탕의 체증

공연명: 「휘가로의 결혼」
원작: 보마르셰
연출: 구태환
극단: 실험극단
상연일시: 2010.12.10 ~ 2010.12.26
상연장소: 아르코예술극장 대극장
관극일시: 2010.12.18. 15:00

연극이라는 타자

일단 고백하자. 연극은 서유럽 예술
장르이다. 기본적으로 우리와 잘 맞지
않는다. 연극 개론서를 펴보자. 90% 이
상이 서유럽의 문화예술사 얘기다. 그들
이 삶에서 익힌 것을 우리는 학습을 통
해서 익힌다. 그들의 삶에서 가져온 것
을 우리는 책에서 가져온다. 우리에게
연극의 ABC는 영문법처럼 외우고 깨쳐
야할 외국어와도 같다. 아무리 꿰어 맞
춰도 우리 것은 아니다. 그렇다고 못하
란 법은 없다. 셰익스피어 축제나 체호프

「휘가로의 결혼」의 한 장면 ⓒ실험극단

축제에 동양 공연이 유럽인의 코를 납작하게 만드는 경우도 허다하다. 오리엔탈리즘만은 아니다. 연극은 아니더라도 '연희'의 차원에선 동서양 가릴 것 없다. 호모 루덴스의 일이다 보니 우리도 연극을 남 못지않게 잘 할 수 있는 것이다.

타자의 내면화

하지만 날고 기는 퓨전 맛집이 제아무리 기를 써도 원조 맛집을 따라잡을 수는 없는 법이다. 우리 연극은 '비극적', '희극적'이기는 하지만, 교과서적인 의미의 '비극'과 '희극(이하 '코미디'와 혼용한다)'엔 여전히 통달하지 못하고 있다. 그나마 비극은 낫다. 인간의 파토스엔 비슷한 면이 많아서 우리도 서양 비극의 역사적 표준에 많이 근접한 게 사실이다. 물론 TV드라마에서 걸핏하면 울고불고 퍼져버리는 연기행태라든가, 그것을 신들린 연기라고 추켜세우는 시청자들, 틈만 나면 주인공을 불치병으로 죽여 버리거나, 출생비밀이 있는 사생아로 쑤셔 넣는 극작 풍토를 보면 우리의 '비극'은 여전히 조금 빗나가 있는 듯하긴 하다. 그래도 그런 양식과 패턴이 아이러니하게도 무대공연에서는 한국적 '비극'에 힘을 실어주는 것은 사실이다.

결코 웃을 수 없는 희극

하지만 희극은 상황이 열악하다. 비극의 힘은 대본에서 나오지만, 희극은 연기에서 나온다. 비극은 말에서 파토스가 뿜어져 나오지만, 희극은 주로 행위에서(심지어 대사조차도 행위화된 말이다) 웃음이 발산되기 때문이다. 그래서 희극술은 학습되기보다는 타고난 자질로 체득되며, 문자화되기보다는 윗세대로부터 전수되는 전통을 가지고 있다. 이 사실이 참으로 아픈 지점인데, 환언하면 희극술은 오랜 시간을 통해 축적되는 것이며, 오랜 전파를 통해 문화적 코드로 공유되는 일종의 자산이라는 점이다. 100년 남짓한 연극 역사를 가진 우리가 원조 맛집을 넘볼 수 없는 이유가 여기에 있다. 100년 연극의 폐부는 바로 희극에 있는 것이다!

웃을 때까지 웃겨라

그렇다. 우리에게도 탈춤이 있고 소리가 있긴 하다. 하지만 이들의 장기인 풍자, 해학, 조롱이 코미디의 필요조건이긴 하지만, 충분조건은 아니다. 우리 것과 겹쳐지지 않은 코미디만의 차집합이 문제다. 위트, 말장난, 슬랩스틱, 딴청, 속임수·장난·음모 등 플롯화된 에피소드 등등. 이런 것들은 밑줄 치고 달달 외운다고 터득되는 게 아니지 않은가. 특히 이런 차집합들을 웃음으로 발화시켜주는 절묘한 타이밍은 어린 시절 사회화(=연극화) 단계부터 자연스레 체화되지 않으면 응집시키기 힘든 감각이다. 「휘가로의 결혼」을 보면서 내내 쓰리고 아린 이유, 바로 여기에 있었다. 학습보다는 본능에 더 가까운 이 웃음 타이밍(폭소의 유발·고조를 위해 행위를 지연·속전, 혹은 지속·단절시키는 일련의 기술)의 부재!

타이밍의 승부

「휘가로의 결혼」은 코미디의 정수를 보여주는 각종 기법과 장치, 테크닉들이 그야말로 넘치고 샘솟는 화수분과도 같다. 그 보물상자의 뚜껑을 여는 순간, 관객들은 요절복통으로 정신이 혼미하고, 파안대소로 경기를 일으키고, 포복졸도로 쓰러져 눕게 된다. 공연시간 내내 관객석이 데굴데굴 구르는 사람들로 아수라장이 되지 않으면, 연출이 희곡을 이해하지 못했거나, 관객이 지나치게 경건하거나, 둘 중 하나이다. 물론 모든 책임은 연출이 감당해야하는 경우가 대부분이다. 불행 중 다행으로 「휘가로의 결혼」 도중 발작을 일으킨 관객은 없었다. 객석은 고요했고 경건했다. 구석구석에서 단편적으로 튀어나오는 웃음소리는 오히려 관극을 방해하는 소음이다. 비극을 관람하는 사람들처럼 모두 두 눈을 부라리고 진지하게 무대를 본다. 희극을 보는 이들의 자태가 진정한 비극이었다.

구태환은 뛰어난 연출가이다. 그의 재능을 의심하지는 않는다. 그런데 왜 그의 웃음 타이밍 '촉'은 부러지고 무뎌졌나. 한 가지 추측은 시간제한에 쫓겨 타이밍을 구현할 여유가 없었다는 것. 「휘가로의 결혼」은 유난히도 대사가 많고 플롯이 복잡하다. 한정된 시간에 그 말의 성찬을 어떻게 소화할 것인가. 밀린 숙제하듯 속사포 대사를 하거나 플롯의 인과관계에 집착하여 논리에 방점을 두면 타이밍은 파괴된다. 웃

「휘가로의 결혼」의 한 장면 ⓒ실험극단

음 타이밍은 배우와 관객 사이의 은밀한 사랑놀이다. 때로는 한 템포 앞에서, 때론 뒤에서, 어떤 때는 두 호흡 길이로, 어떤 때는 반호흡으로! 이 밀애가 성사되지 않고 웃음의 엑스터시는 오지 않는다. 0.01초의 순발력과 0.01초의 인내력이 승부의 관건이다.

웃음의 조직화

코미디의 웃음은 방죽과 같아서 한번 터지면 밑도 끝도 없이 줄줄 새는 법이다. 웃음보가 갈기갈기 찢어진 날은 단점도 장점처럼 포장되지만, 관객의 배꼽이 단단히 채워져 있으면 그 정반대가 된다. 웃음 타이밍이 일그러지면 배우의 재능과 분전역투는 순식간에 뜬금없는 과잉연기가 되어버리고, 관객은 촉감이 무딘 불감증 환자로 전락한다. 백작 부인의 경우가 그렇다. 극 중반부 웃음 전선을 진두지휘(했어야)하는 배우 이항나의 매력적인 푼수 연기는 무리와 떨어진 오리알 마냥 고독하고 안쓰럽다. 히든카드처럼 제시된 비밀병기 백작부인 연기는 전체적인 앙상블을 해치고 타인의 웃음 타이밍까지 빼앗아버렸다. 웃음은 설득이 아니지만, 웃기기 위해서는 최소한의 설득력이 필요하다. 왜 백작부인에게만 그런 '튀는' 성격이 부여되었는지, 그것이 극해석의 결과인지, 아니면 배우이해의 결과인지 스케치를 해줄 필요가 있다. 그것이 없다면 그녀의 연기는 개인기에 불과하다.

「휘가로의 결혼」은 너무나 달콤한 사탕 같은 코미디이다. 그 단맛에 취하면 체하기도 하는 법이다. 코믹 요소에 대한 냉철한 이해와 자로 잰 듯한 타이밍의 구사만이 그 체증을 가라앉힐 것이다.

삶의 산문화에 저항하라

공연명:「죄와 벌」
원작: 도스토옙스키
각색/연출: 나진환
극단: 극단 피악
상연일시: 2012.03.27 ~ 2012.04.01
상연장소: 대학로예술극장
관극일시: 2011.03.29. 19:30

형식의 번역

러시아 형식주의의 가장 큰 공적은 일상어와 문학어를 선명하게 구분하여 예술이 삶의 잉여물이라는 고전적 관념을 전복한 데에 있다. 예술이 삶의 모방이나 반

「죄와 벌」의 한 장면 ©극단 피악

영이 아니라 자족적 목적성을 가진 독립체라는 과감한 주장은 새로운 예술언어 탐색에 몰두하던 당대 아방가르드 예술가들을 흥분시켰다. 반면 일상의 디테일로 예술을 포화시키고자 했던 자연주의나 삶의 진실성 앞에 예술을 종속시키고자 했던 사실주의는 이 예술의 독립선언서에 크게 분노했다. '형식주의'라는 모욕적 규정도 이들의 손에서 만들어진 것이다. 형식주의자들은 예술을 일상과 서사가 제거된 정화의 공간으로 만들었다. 예술은 메마른 자동화의 관습이 지배하는 삶의 산문화에 저항하는 반란의 참호가 된 것이다.

산문언어(일상어)는 조급하고 신속하며 논리종속적인 반면 예술언어(문학어)는 지각의 지연을 통해서 각성의 에너지를 축적시키는 완만하고 부드러운 리듬을 가지고 있다. 먹고 자고 싸는 일상의 복잡한 생리작용을 해소하는 것이 산문언어라면 예술언어는 이 일상의 번잡함을 뒤틀고 망가뜨려 유희적 해방으로 이월하는 언어이다. 일상의 산문언어와 초월적 예술언어의 대립을 상징적으로 보여주는 작업이 바로 소설을 연극으로 극화하는 '문예연극' 분야이다. 이미 일상어의 때를 씻어내고 예술언어가 된 소설작품을 산문언어로 규정하는 것 자체가 모순적이지만, 소설적 발화 양식을 연극으로 번역하는 연출가의 입장에서 보면 이 대립구도는 대단히 실제적이고 유용한 프레임임에 틀림없다. 특히 관념적 수사와 서사적 해설이 많고 분량 자체도 장편에 속하는『죄와 벌』을 무대화 하는 경우에는 이 산문언어와 예술언어 간의 대립문제, 즉 소설과 연극 간의 등가성과 대체가능성은 실로 가장 큰 창작 과제라고 해도 과언이 아니다. 사태를 단순화하기 위해 소설을 일상적 산문언어의 영역으로 내몰고 무대 각색을 장르간의 형식적 변별성을 극대화하는 미학적 변형과정으로 규정해두자. 그렇다면 소설의 무대화를 구현하는 연출가는 필연적으로 형식주의자가 될 수밖에 없다. 소설의 산문적 리듬을 무대에서 (연)극적 언어로 풀어내는 문예연극이야말로 형식의 번역에 다름 아니다.

'생략과 완서법'

연극의 경쟁자인 영화 쪽 얘기(물론 영화는 콧방귀도 뀌지 않겠지만)를 해서 자존심이 상하긴 하지만, 소설의 각색 문제에 대해서는 좋은 일례가 있다. 베르나노스의 소설을 영화화한 로베르 브레송의 「어느 시골 신부의 일기」와 그의 영상 작업을 극찬한 앙드레 바쟁의 각색옹호론이 그것. 브레송은 길고 지루한 만연체 서술과 생생하고 강렬한 심리표현이 특징인 베르나노스의 소설을 극도로 절제된 방식으로 영상화했고, 리얼리즘 전사 바쟁은 원작과 정면으로 상반되는 그러한 표현법이 역설적으로 원작의 등가성을 확보하게 만든 동력이라고 분석한다. 도스토옙스키의 열렬한 추종자였으며 자신의 모든 작품에 도스토옙스키 소설의 모티프를 삽입시켰던 브레송이었기에 이러한 단순화 전략은 『죄와 벌』의 무대화에 있어서 중요한 가르침을 준다. 그렇다고 브레송의 작품이 원작의 임의적 축약과 양적 단순화에 의해서 만들어진 것은 아니다. 오히려 브레송의 각색 미덕은 원작의 문장 하나하나에 대한 집요한 충실성에서 유래한 것이다. 이 기계적 충실성과 영상미학적 배반 사이에서 발생하는 충돌과 마찰의 대위법이 원작의 예술성을 복원하는 최고의 비법이었다.

'말하는 미장센'의 실종

나진환의 「죄와 벌」은 각색연극에 대한 이 고전적 논쟁을 떠오르게 한다. 라스콜니코프의 내면세계라는 심리 서사에 대한 일관적 집착이나 원작의 이념적 테마에 대한 충실한 전달, 혹은 라스콜니코프의 회개에 대한 최종적 해석 자체는 문

「죄와 벌」의 한 장면 ⓒ극단 피악

제가 되지 않는다. 테마의 선택과 변형은 누구도 침범할 수 없는 연출만의 성소이
다. 세 시간이 넘는 관극 조건도 여담에 불과하다. 형식주의자들은 형식에 대한
지나친 맹종으로 인해 비난받았지만, 사실 형식주의자들은 '형식'을 발견했을 뿐
이지 '내용'을 외면하거나 형식'만'을 추종한 것은 아니었다. 그들의 미학은 질료의
물질적 변환 방식으로서의 형식에 그에 응당한 주권을 제공해주었고(내용과 형식에
대한 차별 없는 민주화), 내용으로서의 형식, 혹은 형식을 구성하는 내용이라는 불가
분론을 태동시킨 중추가 되었다.

　나진환 연출은 내용과 형식의 불가분론을 누구보다 잘 이해하는 연출가이다.
브레송이 「어느 시골 신부의 일기」에서 실현한 가치들, 즉 대사를 무력화시키는
순간 떠오르게 되는 풍부한 이미지의 구현, 원작의 산문적 과장법을 시적 완서법
으로 변환시키는 형식질료 운용술 등은 나진환 연출에게도 그대로 적용시킬 수
있는 미덕들이다. 이전 작 「악령」과 「덤웨이터」에서 보여준 서사를 제압하는 이미

지의 구축, 말을 소리로 수축시키고 몸의 가능성을 탐색하는 종합적 언어구사력, 원근법적 스펙터클과 회화적 심미성을 강조하는 미장센 등은 분명히 그의 연출술을 지탱시키는 들찬 조목들이었다. 하지만 「죄와 벌」에서 내용 속에 물리적으로 유착된 형식, 혹은 형식이라는 표현층위를 구성하는 내용이라는 그의 파격적 내재율은 심하게 주저앉았다. '형식을 구성하는 내용'은 서사에 종속된 전달체로 추락하고, '내용으로서의 형식'은 심미성을 축조하지 못하고 허물어지고 말았다. 다시 말하지만 이는 인물들의 대사량이 많아서 생긴 불균형이 아니다. 한 장면이 20분씩 이어진다고 지루함을 호소하는 것이 아니다. 인물이 말하는 것이 아니라 미장센이 말하게 만드는 이미지 연출술, 이를테면 '말하는 미장센', 혹은 '귀로 듣는 회화'의 미감이 사라진 것이다. 미장센이 입을 닫고 인물들의 대사만이 넘실거릴 때 연극은 '스마트'한 오디오북을 능가하지 못한다. 또한 미장센의 감각적 표현이 귀와 눈을 자극하는 아름다운 회화를 그리지 못할 때 소리의 물감은 문자언어의 정교함을 이겨내지 못한다. 배우의 '소리'가 미장센의 입을 통해 발화되고, 미장센의 의미적 모자이크가 무대의 모든 극 형식을 지배할 때 연극은 종합적 총체성에 도달한다. 「죄와 벌」에서 나진환 연출은 배우의 소리에만 집착했다. 결과적으로 미장센은 입을 닫는다.

'말하는 미장센'을 파괴하는 또 다른 장애는 관의 이미지를 가진 철조구조물. 개념만 앞설 뿐, 기능이나 효용에서는 그다지 쓸모(?)가 없었던 이 철조물은 공간적 상상력을 억압하고 전체 미장센을 난도질하는 거추장스러운 흉물이 되어버렸다. 프랑스 가수 스베틀라나(Svetlana)의 음반 한 장(「Chansons Russes」)을 넘어서지 못하는 음악적 감식안도 이해되지 않는 부분이고, 라이트모티프로 반복 사용된 곡 '나 홀로 길을 나서네'(레르몬토프 시※)는 CD 작동사고가 아닌가 하는 의구심이 들 정도였다. 프로메테우스가 새겨진 후면 구조물은 형식과 내용의 이격을 압축적으로 과시하는 듯하다. 아름답지 않는 형식과 그다지 호소력이 없는 내용의 결합은 미장센의 김을 빼는 배출구 이상이 아니다.

성공적 실패의 조건

소설의 내용이 연극의 형식을 통해 전달될 수 있다면, 즉 어떤 동질의 내용이 존재하고 그 형식 자체가 번역 가능하다면, 소설의 무대화 각색은 기법의 문제로 수렴될 수 있을 것이다. 현대 수용이론은 동질의 내용이란 존재할 수 없으며 예술형식은 1:1 등가 번역이 불가능하다고 말하지만, 예술이 기법의 총체라는 형식주의자들의 주장을 신뢰한다면 그리 틀린 말은 아닐 것이다. 도스토옙스키의 『죄와 벌』이 아니라 나진환의 「죄와 벌」이 절실한 이유이다. 원작 등가성은 대사의 충실도나 사상의 정밀도 같은 양적 개념이 아니다. 연극은 소설의 대체재가 아니다. 관객이 바라는 것은 '내용'에 의해 필연적으로, 운명적으로 선택된 형식으로서의 연극이다.

수잔 손탁은 브레송의 '실패'는 대다수 감독의 성공보다 높은 가치를 지녔다고 말했다. 「죄와 벌」은 실패라고 말할 수는 없다. 평작 이상임은 분명하다. 하지만 나진환 연출이 자신이 가진 도전적이고 혁신적인 '어플'들을 마구 사용하여 진정한 실패에 도달했다면, 그래서 형식주의자란 오명을 쓰고 아방가르드의 전선에서 의연히 피를 흘렸다면 손탁의 저 찬사는 또 다시 인용될 수 있었을 것이다. 빛과 소리가, 색과 면이, 대사와 움직임이 산문적 내용에 압도되지 않고 시적 형식에 의탁하여 (연)극적 판타지를 창조해냈다면, 그의 실패는 기꺼이 성공의 밀알이 될 수 있었을 것이다. 나진환 연출은 높은 기대치에 대한

「죄와 벌」의 한 장면 ©극단 피악

강박을 숙명처럼 인내해야 한다.

「죄와 벌」에서 성공적 실패의 조건을 서술하는 훌륭한 표본이 되고 있는 김태훈(라스콜니코프 역)의 연기는 상찬을 거듭해도 과하지 않다. 원톱 주인공으로서의 역할론이나 그의 입에서 나오는 고상한 언어, 혹은 세 시간을 무리 없이 감당해내는 괴물 같은 호흡 능력을 말하는 것은 아니다. 연출의 의도를 정확하게 이해하고 표현할 줄 아는 그의 다의적인 연기는 배우가 직접 미장센을 주도적으로 구축할 수 있다고 설파한다. 미장센의 부속품인 한 배우가 홀로 미장센 전체를 떠받드는 광경은 배우 스스로 형식이 되어 '말하는 미장센'을 창조하는 신기를 보여준다. 그의 흐느적거리는 동작과 움츠린 어깨선이 그려내는 시적 리듬감이 산문적 메마름과 대결하고 있기 때문이다. 앙드레 바쟁이 브레송의 영화를 걸작으로 판정한 근거, "지성보다는 감성을 자극하는 힘", 바로 그것이 그의 연기 속에 들어있기 때문이다. '다시 문제는 형식이다.'

chapter 2

예술의 존재론

거기, 예술에 삶이 있었네

공연명: 「예술하는 습관」
원작: 앨런 베넷
연출: 박정희
제작: 명동예술극장
상연일시: 2011.06.22 ~ 2011.07.10
상연장소: 명동예술극장
관극일시: 2011.06.30. 20:00

두 거장의 만남

▷ 위스턴 휴 오든Wystan Hugh Auden, 1907-1973: 20세기 전반부 영국시단을 이끈 위대한 시인. 지성적이고 철학적이며 풍자적인 시세계를 구축하였다. 1939년 보수적인

「예술하는 습관」의 한 장면 ©명동예술극장

영국을 떠나 미국으로 이주, 1973년 비엔나 호텔에서 객사했다.

▷ 벤자민 브리튼Benjamin Britten, 1913-1976: 영국 최고의 오페라 작곡가. 다채롭고 다양한 작곡 경향을 가졌으나 항상 절제와 중용을 고수했다. 테너가수 피터 피어스와 40년 넘게 동반자 관계를 유지했다.

유력한 노벨 문학상 수상 후보였던 오든과 20세기 영국 최고의 작곡가였던 브리튼. 이들이 (가상적으로) 만났다. 1972년, 오든이 죽기 1년 전의 일이고, 브리튼은 죽기까지 4년의 유예기간을 남겨둔 해였다. 도대체 무슨 일이 일어난 걸까? 한때 예술혼을 함께 불사르던 동지였으며, 또한 서로에게 소중한 연인이기도했던 이 둘의 만남은 단순히 노년기의 추억어린 해후도 아니며, 묵은 감정을 씻어내는 화해의 랑데부도 아니었다. 작품 속 극작가 닐의 필치로 그려낸 이들의 만남은 인간과 인간의 상면을 넘어서는 거대한 우주적 접촉, 하나의 예술 세계가 다른 예술 세계와 강한 자기장을 형성하며 결합하는 웅장한 예술적 교섭의 순간이었다. 이 예사롭지 않은 만남의 현장에는 두 거장의 우정과 예술정신뿐만 아니라, 문학과 음악, 삶과 예술, 과거와 현재, 예술가와 대중, 창작적 자유와 규범적 절제 등 섞일 수 없는 것과 함께 할 수 없는 것들이 빛과 향기를 내며 때론 충돌로, 때론 어울림으로 자리를 차지하고 있다. 비록 한국 관객들에겐 주석 없이 접근할 수 없는 이름들이지만, 이들의 삶과 예술의 궤적은 20세기 예술사에 등재된 수많은 미학적, 철학적 주제들에 발을 담그고 있다. 베넷의 상상력으로 엮어 올린 이 가상의 만남이 전기적 드라마나 인생극장의 우화가 아니라, '예술하는 습관', 예술적 삶에 대한 드라마적 탐색이 되는 이유도 여기에 있다.

마찰과 충돌의 향연

「예술하는 습관」, 더 정확히는 그 속에 극중극으로 삽입된 「칼리반의 날」이 제기하는 첫 번째 예술적 주제는 미학적 아름다움과 윤리적 진실간의 괴리, 즉 이른바 진-선-미로 일컬어지는 삶의 가치에 대한 문제이다. 참이고 선한 것이 아름다울 수 있는가? 칸트가 『순수이성비판』(진)과 『실천이성비판』(선) 이후에 제기한 '미적 대상에 대한 주관의 심미적 자율성'(『판단력비판』) 개념이 지향하는 것처럼 예술은 진리나 도덕의 문제와 별개인가? 아름다움이 그 자체로 세계 구원의 메시지가 될 수 있는가? 푸시킨이 「모차르트와 살리에리」에서 던진 질문, 즉 예술의 정의에 관한 물음은 어떤가. 신이 내린 천재지만 천방지축인 악동 모차르트와 재능은 떨어지지만 성실한 노력파인 살리에리 중 우리는 누구를 모델로 삼을 것인가? 세종대왕이 500년 후 서정주를 위해 한글을 만들었다는 평가와 그의 야비한 친일행위는 양립가능한 것인가?

「예술하는 습관」의 프롤로그에 해당하는 도널드의 대사 "이 세상에 위대한 사람들, 그들의 결점에 대해 듣고 싶습니다."는 앞으로 전개될 오든의 형상 속에 바로 이 진선미의 논쟁이 기저텍스트로서 잠복해 있을 것임을 암시한다. 입 안 가득 독기를 품고 칼을 세운 험구를 날려대고, 타인을 조롱하고 야유하는 데에 서슴없는 오든의 본모습이 철학적이며 관념적인 그의 시정신과 일으키는 마찰은 어떠하며, 개수대에 소변을 마구 지리고, 자신의 거처를 먼지와 쓰레기의 은신처로 바꿔버린 오든의 실제 삶이 고상하고 이지적인 그의 문학세계와 일으키는 충돌은 어떠한가. "작가의 사생활은 가족 그리고 친구들 말고는 다른 사람의 관심거리가 되면 안 되는 거야."라고 항변하는 오든의 방어막은 예술은 삶의 반영이고, 예술작품은 창조자의 품성과 세계관에 대한 표상이라 주장하는 역사주의비평 앞에서는 힘을 잃고 만다. "실제 삶을 통해서 오든을 표현하는 거 말고, 다른 방법이 있나요?"(극작가 닐)라는 베넷의 반박을 상기한다면, 오든의 시적 진실은 구질구질한 진창에서 핀 연꽃으로 간주할 일이거나, 혹은 그의 시적 아름다움은 일반적 상식으로 규정할 수 있는 삶의 진실과는 거리가 먼 초월적 가치라고 치부해버릴 일이다. 그렇다고 베넷이 고상한 예술과 추악한 삶 간의 모순 양상 자체만을 보여줄 뿐이라고 때이른 결론을 내리는 것도 섣부른 일이다.

"아름다움이 세상을 구원하리라!"(도스토옙스키)

「예술하는 습관」에서 미추와 선악의 아이러니는 오든의 삶에 대한 자연주의적 접근(실제 삶의 '진실'한 반영)을 넘어서는 내재적 상징으로 기능하고 있다. '실제 삶을 통해 오든을 표현하는 것'은 '오든을 통해 오든의 문학세계를 표현하는 것'과 동일한 술어논리이다. 즉, 「예술하는 습관」을 지탱하고 있는 진선미에 대한 논쟁은 오든이 자신의 문학행위를 통해 증명하고자 한 예술과 삶의 문제와 직결되는 것이다. "너무나 예민해서, 세계 반대편에 고통까지도 느낄 수 있는 분이 왜 자기 이웃의 고통에 대해서는 귀를 틀어막고 있는 걸까요?"라는 카펜터의 질문은 일찍이 도스토옙스키가 인간본성을 탐구하기 위해 꺼내든 화두였다. 베넷은 도스토옙스키에 의지해 오든의 삶과 예술 간의 모순이 어떻게 그의 문학세계로 투영되고 있는지 질문을 던지고 있는 것이다. 도스토옙스키에게 아름다움'의 우위는 진과 선이 가진 세계 구원의 권능을 참칭하는 것이 아니라, 진과 선이 그 자체로 아름다울 수 있다는 종교적 예술론에 대한 옹호였다. "詩란 아무 일도 발생시키지 못한다"는 예술 무력론에 빠져 차츰 기독교 사상에 깊이 침윤되었던 오든의 궤적

「예술하는 습관」의 한 장면 ©명동예술극장

과 일치하는 대목이다. 오든에게 있어서 아름다움(예술)은 진과 선의 영역을 넘어서는 종교적 초월의 세계에 거주하고 있다. 2차 세계대전 이후 그의 종교적 성향이 강화되었다는 사실로 미뤄볼 때, 예술이 현실을 전혀 개선시키지 못한다는 비관적 판단이 오든을 사로잡았을 공산이 크다. 그래서 오든이 1944년 완성한 「바다와 거울」은 "예술이 놀이에 불과"하다는 그의 예술관을 그대로 표현하고 있다. 그렇다면 「예술하는 습관」은 삶이 예술에 반영되는 양상보다는 예술이 삶에 미치는 영향에 대한 사유에 경사돼야함이 타당하다. 만약 아직도 오든의 추악한 모습이 그의 예술세계를 얼룩지게 한다거나(피츠의 '두려움'을 상기하라), 「예술하는 습관」이 삶과 예술을 난전 펼치듯 보여주는 전기적 드라마라고 믿고 싶은 분이 있다면 "진짜 예술가들은 좋은 사람들이 아니다. 그들의 지고한 감정들은 작품으로 가고, 실제 삶에 남은 것은 찌꺼기뿐이다."라는 오든의 경구를 참조하시길.

예술의 몰락

오든이 삶이 예술로 가는 길을 차단하고 예술이 삶으로 흘러나오는 그 역작용에 더 깊은 관심을 가졌다는 사실은 「바다와 거울」의 이해에 도달하는 첩경을 제공한다. 「바다와 거울」은 셰익스피어의 「템페스트」란 슈제트(=내용)가 남긴 것, 「템페스트」라는 예술형식(=연극)이 남긴 것에 대한 사유로 채워져 있다. 여기서 '남긴 것'이란 예술이 제공하는 변화와 영향에 대한 질문이다. 「바다와 거울」 대부분을 무대관계자들(2장)과 칼리반(3장)에게 헌정한 것도 이런 이유에서였다. 「템페스트」에서 프로스페로는 자신의 마법으로 일군 섬을 벗어나 다시 밀라노로 복귀하는 도중에 마법지팡이를 부러뜨려 바다에 던져버린다. 마법이 그의 예술이고, 자신이 쫓겨난 섬이 그가 상상력으로 일군 미학적 유토피아라면, 마법지팡이 투척은 예술의 종결을 의미한다. 프로스페로에게 밀라노 복귀는 예술을 중단하고 삶으로 진입하는 상징행위이다. 마술(이 구축한 섬)은 꿈이고 환상이며, 예술이고 현실도피다. 용서와 화해의 축제 뒤에는 유일하게 길들여지지 않은 야만인 칼리반이 남겨져 있다. 프로스페로의 마술(예술)로도 결코 교화되지 못한 인물 칼리반. '칼리반이 관객에게'란 부제를 지닌 3부의 발언권이 칼리반에게 있는 것은 '남겨진 삶'에 대한 작가의 입장을 반영한다. 아름답고 근사한 프로스페로의 미학적 유토피아에서 추하고 어리석은 존재로 남겨진 칼리반은 결함과 모순투성이인 인생 자체를 의미한다. 칼리반의 존재는 예술이 삶을 교정할 수 없다는 논리에 대한 증거이다. 「바다와 거울」에서 오든이 은밀하게 노정하는 예술의 궁극적 목표는 이상과 현실 간의 괴리를 깨닫는 것, 즉 칼리반의 존재를 승인하는 것이다. 프로스페로의 조화로운 마술세계가 화려할수록, 그의 예술이 아름다우면 아름다울수록, 그것은 삶과 멀어지는 것을 의미한다. '거울'은 바로 이 미학적 유토피아 속에서 삶의 추악상을 보는 도구이다. 결국 칼리반은 프로스페로 예술의 추악상을 증명하는 거울이 되는 것이다. 그렇다면 예술은 그 아름다움으로 인해 삶과 멀어져야 하는가, 아니면 삶과 밀착하기 위해 덩달아 추해져야 하는가. 예술은 진퇴양란에 빠진다. 예술가가 이뤄낸 결과물이 삶과 가까워지기 위해서는 그 예술이 망가질 수밖에 없다. 아름다움은 추할 때 완성되는 것, 이것이 예술이 가진 자멸의 공리이다. 예술은 침묵 이외에는 다른 선택지가 없다. 침묵이 오히려 진실에 가까운 것이다.

오든의 「바다와 거울」은 예술 덕분에 예술가의 삶은 화려해졌지만, 과연 그 예술은 인간에게 어떤 영향을 주었는지 질문하고 있다. 「예술하는 습관」에서 오든의 행위는 일종의 퍼포먼스이다. 자신의 예술을 몰락시키기 위해 선택할 수밖에 없는 추한 삶의 퍼포먼스! 오든에게 '예술하는 습관'은 삶의 추악함으로 예술의 몰락을 선언하는 방식인 것이다.

텍스트의 천국, 저자의 지옥

예술의 종말은 주관의 심미적 자율성이 일종의 방종이고 망상임을 내포한다. 삶을 완성시키지 못하는 예술은 정신의 방황이고, 목적지향성을 상실한 텍스트는 기호의 횡포이다. "예술의 신비는 사람들에게 경험을 줄 수는 있지만, 그 경험을 이용하도록 지시할 수는 없다." 오든의 이 도저한 절망의 제스처는 복잡하게 뒤엉킨 실타래처럼 「예술하는 습관」을 옭아매고 있다. 셰익스피어의 명작 「태풍」과 그에 영감을 받은 오든의 난해한 연작시 「바다와 거울」, 이를 토대로 남은 자들에게 발언권을 주고자 집필한 극작가 닐의 「칼리반의 날」 그리고 이 공연의 연습과정을 내용으로 삼는 「예술하는 습관」, 이 물고 물리는 지난한 꼬리찾기 놀이는 수수

「예술하는 습관」의 한 장면 ©명동예술극장

께끼 같은 지적 유희도 아니며, 저자의 현학을 과시하기 위한 요설도 아니다. 「예술하는 습관」은 현실과 삶의 관계를 끊임없이 유추하게 만든다. 예술을 참조하는 삶, 삶을 흉내 내는 예술, 삶과 예술의 그 끈질긴 불원관계, 승패 없는 영원한 길항관계, 뫼비우스띠처럼 겉과 속이 드러나지 않는 순환관계를 어지럽게 추적하게 만든다. 「예술하는 습관」은 한마디로 오든의 문학세계에 대한 주석이다. 오든에게 가기 위해서, 오든의 문학세계에 도달하기 위해 반드시 거쳐 가야 할 심원한 텍스트들의 계곡과도 같다.

그렇다면 「예술하는 습관」은 과연 누구의 텍스트인가? 엘런 베넷이라고 쉽게 단정하지 말자. 「예술하는 습관」을 보기 위해서 우리는 헷갈림의 습관을 먼저 가져야 한다. 그것이 이 작품의 미덕이다. 마치 '저자의 죽음'(롤랑 바르트)을 대면하는 것과 같다. 끊임없이 저자의 저작권을 쫓다보면 저자의 흔적은 없어지고 오직 텍스트라는 공허만 남게 된다. 저자란 기호와 문화가 만나는 일종의 공간이다. 「예술하는 습관」의 (저자라고 추정되는) 베넷은 험프리 카펜터의 전기를 "상당히 많이 활용했"고, 너무 많이 의존한 나머지 결국 카펜터 본인이 작품 안으로 진입하는 것을 제어하지 못했다고 고백하고 있다. 카펜터를 분한 도널드가 극작가 닐의 원작에 자신의 공연을 추가하고, 연출가의 무자비한 각색에 저항하는 것은 이런 맥락이다. 카펜터의 진입을 베넷조차 막아내지 못하지 않았던가. 끝이 없는 텍스트의 고리는 무한 반복하는 텍스트의 쳇바퀴를 형성한다. 텍스트가 참조하는 어떤 외적 실체란 존재하지 않고, 끊임없이 텍스트가 텍스트를 물고 이어지는 '텍스트(만)의 유토피아'가 완성되는 것이다. 결국 "텍스트 밖에는 아무 것도 없"(자크 데리다)게 된다. 이것은 "고통에 대해 말하지 않고 어떻게 고통을 견딜 수 있을까?" 하는 프로스페로(『바다와 거울』)의 한탄과 맞닿는다. 오든 식으로 말하면, 고통 없이 어떻게 고통을 이야기할 것이며, 예술적이지 않고서 어떻게 예술에 파탄을 선고할 수 있냐는 것이다. There is nothing outside of the art!

말하는 형식, 보여주는 내용

아이러니와 역설을 통해 진선미의 고전적 카테고리를 파괴하는 「예술하는 습관」이 형식과 내용의 전통적 규정, 즉 내용이 말하는 것을 보여주는 것이 형식이라는 명제를 뒤집는 것은 이상할 것 없다. 「예술하는 습관」이 보여주는 복잡한 마스크놀이 형식은 이미 그 속에 내용을 포함시켜놓고 있다. 메타드라마의 자기반영성이 그러하듯 형식이 스스로 말을 하는 형국. 이것은 또한 오든과 브리튼의 입장도 반영하고 있다. 브리튼은 관객을 배려하고 주제의 제약을 의식하는 반면, 오든은 창작의 자유와 예술가의 상상력을 절대화한다. 오든이 내용을 본다면, 브리튼은 형식을 본다. 문학이 내용에 가깝고, 음악이 형식에 가까운 것과 같은 이치다. 내용과 형식의 문제는 예술가와 대중의 문제를 거쳐 예술형식의 본령인 음악과 문학의 변증법적 결합으로 다가가고 있다. 니체가 비극의 본질을 '음악의 시각적 상징화'라 한 것, 상징주의가 문자언어 너머에 있는 초월적 본질에 접근하는 방식으로 음악적 감성에 의탁한 사실도 오든과 브리튼의 만남 이면에 담긴 기저텍스트subtext의 목록이다. 물론 베넷이 브리튼의 형식주의를 소아성애pedophile를 은닉하기 위한 회피 수단으로 설정한다든가, 음악의 우월성 주장을 오든에 대한 열등감에서 발원한 콤플렉스로 묘사하는 측면도 있지만, 이들의 대립과 대결이 바그너의 음악극(음악+문학)이 추구한 총체예술Gesamtkunstwerk 개념에 기여하는 담론임에는 틀림없다. 「칼리반의 날」이 「트리스탄과 이졸데」(바그너)에 나오는 사랑의 이중창으로 개시되는 것은 우연이 아니다.

베넷이 작품 속에 등장시킨 음표와 문자의 앙증맞은 놀이도 오든과 브리튼의 만남과 이 만남이 은유하는 음성기호(음악)와 문자기호(문학)의 변증법적 결합(혹은 대결)을 염두에 두고 있다. 베넷은 이 장면이 지닌 동화적이고 애매모호한 양가성에 대한 지적에 "뭔가 비현실적인 걸 몰래 반입해 보려는 시도"라며 "가벼운 농담"일 뿐이라 둘러대고 있지만, 이것이 내용과 형식에 대한, 음악과 문학에 대한, 청각기호와 시각기호에 대한 고전적 논쟁의 연장이라는 혐의를 벗어날 수는 없다. 결국 오든과 브리튼의 만남은 한 시대를 풍미한 두 거장의 만남일 뿐만 아니라, 세계와 세계의 만남, 총체예술을 받드는 두 기둥축의 만남이라는 예술적 해석에 도달하게 된다.

체호프의 그림자

　다양한 예술장르와 다채로운 예술담론들의 집적을 미덕으로 삼고 있는 「예술하는 습관」이 자신의 선배 체호프의 잔향을 깊이 간직하고 있는 점 또한 눈여겨볼만하다. 문자와 문자 사이에 놓인 음표처럼 짙은 공명을 울리는 휴지라든가, 포괄극과 극중극의 교체로 인해 발생하는 대화의 단절과 소통의 실패, 인물들 모두가 동등하게 주인공의 권리를 주장하는 구도, 보이지 않는 주인공·에피소드의 존재 등이 그것이다. 체호프의 극에서 트레플레프의 자살(「갈매기」), 투젠바흐의 결투(「세 자매」) 같이 중요한 에피소드나, 이반 뉴힌의 아내(「담배의 해독에 대하여」), 디셴카(「벚꽃동산」) 등은 무대에 등장하지 않지만 극의 분위기와 정조에 큰 영향력을 발휘한다. 특히 「세 자매」의 '모스크바' 같은 경우는 수시로 극적 긴장감을 리부팅하는 무형의 존재로서, 부재의 대상으로 인해 유발된 잔혹한 시간을 견디고 버티게 만드는 텅 빈 기호로 작동한다. 이것이 「고도를 기다리며」나 「대머리 여가수」의 긴장조성 원리로 변전된다는 것은 주지의 사실이다. 「예술하는 습관」에서 이에 호응하는 설정은 연출의 부재인데, 마치 섬을 떠난 프로스페로의 경우처럼 미학적 절대의지가 부재한 상황 속에서 배우들은 각자의 목소리로 삶의 권리를 요구한다. 섬에 홀로 남겨진 칼리반과 에어리얼이 프로스페로의 마술적(예술적) 질서와 다른 방식으로 삶을 유지하듯이, 연출이 부재하자 배우들은 길들여지지 않는 야성으로, 예술이 아닌 삶의 목소리로 자신의 존재감을 확보한다. 문제는 연출의 부재로 야기된 미학적 '주관'의 상실이 삶과 예술의 아이러니를 압축적으로 보여주는 멋진 도상이 된다는 점이다. 「예술하는 습관」이 벌어지는 시공간은 관객이 보아서는 안 되는 연습장면이다. 배우들은 대사도 정확히 암기하지 못하고, 미장센도 제대로 결정되지 못한 상태이다. 이는 삶(배우)이 예술(배역)로 넘어가기 전의 단계, 혹은 예술이 삶의 때를 벗겨내지 못한 상태, 삶과 예술이 뒤엉켜 치열하게 주도권을 다투는 경합의 현장이다. 오든이 암시한 예술의 교착상태에 대한 은유로서 이보다 더 적절한 선택이 있을까. 예술이 아름다워질수록 삶은 추해진다는 역설적 시소운동을 그대로 보여준다는 점에서 「예술하는 습관」이 메타드라마로 직조된 것은 필연에 가깝다.

스튜어트, 구멍 난 인물

「예술하는 습관」은 참으로 까다로운 텍스트이다. 멸사봉공의 희생정신이 없으면 냉소와 냉담을 견딜 수 없다. 달고 실한 알곡이 숨어 있지만, 그 깍지를 벗겨내기가 여간 어려운 일이 아니다. 그런 점에서 듣기 좋고 보기 좋은 공연을 만들어낸 박정희 연출에게 일단은 박수! 입에 착착 감기는 번역을 뽑아낸 고영범의 수완에도, 세련되고 예쁜 무대를 쌓아올린 여신동의 재치에도 박수!

단, 박정희 연출은 내용과 형식, 문자(희곡)와 소리(공연), 자유와 격률, 선과 악, 예술과 삶 등 이 텍스트가 응집시키고 있는 양가적 대립소를 정작 자신의 창작물에 적용시키는 것에는 소홀한 게 아닐까?

「예술하는 습관」의 한 장면 ⓒ명동예술극장

희곡 속에는 두 세계가, 두 개념이, 두 가치가 충돌하고 불을 뿜는데, 정작 무대는 우아하고 다소곳하다. 오든 식의 예술적 교착도, 베넷 풍의 수수께끼 같은 미궁도 사그라졌다. 행여 박정희 연출은 관객을 의식하지 않는 오든의 자유분방한 방종 대신 브리튼의 '타락한 순수성'을 더 선호한 건 아닐까. 오든과 브리튼이 논쟁하는 1막 후반부 장면에서 보여준 그 옴팡진 긴장감과 팽팽한 템포를 무대 전체에 도배하는 것이 타당한 전략이지 않나 싶다.

한 가지 더. 「예술하는 습관」의 무대화 작업에서 가장 애매한 계륵 같은 존재는 아마도 '스튜어트'일 것이다. 오든의 「바다와 거울」에서 주인공으로 등극한 칼리반을 다시 오든 앞으로 호출하여 가공한 인물 스튜어트는 일면 「칼리반의 날」의 숨겨둔 주인공처럼 보이기도 한다. 마술사(예술가) 프로스페로 뒤에 남겨진 인물인 칼리반, 오든 같은 위대한 예술가 뒤에 남겨진 인물 스튜어트는 그 처지와 위상에 있어서 유사한 것은 사실이며, 일면 오든이 「바다와 거울」에서 시도한 예술의 종말, 예술의 무력함에 대한 해명을 위해 적절히 성격화된 인물인 것처럼 여겨진다. 하지만 오든이 「템페스트」의 대단원에 대해 "너무 말쑥하게 마무리 지었다"라고 언급한 것이 극작가 닐이 해석한 것처럼 뒤에 남겨진 자들에 대한 연민 때문이었을까? 「칼리반의 날」에서처럼 그들에게 발언권을 주고 '함께 할 수 있'도록 해주는 것이 진정한 오든식 정의였을까?

이에 답하기 위해서는 극작가 닐의 작품 「칼리반의 날」이 훌륭한 희곡인가에 대해서 판단해야 한다. 「예술하는 습관」에서 「칼리반의 날」 연습이 계속 중단되고 흐름이 끊어지는 유일한 이유는 극작에 대한 문제 때문이다. 연출가와 배우들의 반란 앞에서 극작가는 주석가 이상의 역할을 떠맡지 못한다. 자신의 작품을 수호하지도, 배우들을 설득하지도 못하는 극작가는 그저 「예술하는 습관」에 등장하는 '투덜이' 중 하나일 뿐이다. 연출의 작위적 첨삭과 배우들의 불평불만은 그저 연극 연습에서 흔히 벌어지는 에피소드들을 보여주고자 하는 '장치'인가, 아니면 희곡 「칼리반의 날」의 불완전성과 미비함을 반영하는 '평론가' 베넷의 날카로운 조롱인가? 후자일 공산이 크다. 배우들에게 적용하기 힘들다는 닐의 불평에서 그가 문청 딱지를 갓 땐 초년생 작가임을 알 수 있다. 연출이 대본에 대해 전횡을 부려도 될 만큼 만만한 상대였던 셈이다. 닐이 마지막 장면에서 케이에게 묻는다. "내가 맞죠, 그렇죠? 누군가는 항상 뒤에 남게 되잖아요. 어떤 식으로든." 닐, 자기 확신도 부족하고 줏대도 없다.

물론 한 인물의 캐릭터가 명확하지 않다고 해서 「칼리반의 날」을 졸작으로 내몰 수는 없다. 베넷은 콜보이 스튜어트가 자신의 작품에서 줄곧 등장하는 인물 유형, "자기가 사람들 바깥으로 밀려나 있다고 느끼는" 부류 중 하나라고 언급하고 있다. 베넷 스스로도 "이 인물이 어떤 존재인지" 알지 못한다고 딴청을 부린다. 하지만 분명히 하자. 스튜어트를 이해하기 위해서 "꼭 필요한" 부분, "이 작품에서 심장"과도 같은 부분, 「바다와 거울」에 대한 해석을 쏙 빼버린 것도 결국 베넷이다. "스튜어트가 자아를 찾은 후에 관객들과 얘기 하는 부분"을 위해 필수적인 이 시 해석을 등장하지도 않는 연출가의 짓이라며 빼버린 것이다. 그렇다면 관객들에게 「칼리반의 날」은 '구멍 난 텍스트'(위베르스펠트) 정도가 아니라, 앙꼬 빠진 찐빵 같은 텍스트가 아닌가. 원작이야 어떻든 관객들이 본 「칼리반의 날」은 졸작에 가까울 수밖에 없다. 극작가 닐의 책임이 아닐 수도 있겠지만, 최소한 「칼리반의 날」을 다 읽었던 연출가가 보기엔 그건 불필요한 부분이었고, 관객들은 이 작품의 '심장'을 보지도 못한 상황에서 「칼리반의 날」에 후한 평점을 줄 수는 없는 노릇이다. 어찌됐든 스튜어트의 형상이 베넷에 의해 의도적으로 '구멍 난' 인물인 이상, 관객들이 목격한 「칼리반의 날」은 그리 좋은 작품이 아닌 것은 분명하다.

스튜어트를 통한 훈화적 메시지가 「칼리반의 날」의 함정이고, 「바다와 거울」에 대한 오독(오든이 칼리반이라 생각한 스튜어트가 스스로 칼리반임을 거부하는 것을 보라)이라면, 새삼 다시 시선을 돌리게 되는 것이 바로 오든의 예술 무력론이다. 칼리반을 교화시키지 못해 슬퍼하는 프로스페로처럼 극작가 닐에게 오독을 허용한 것도, 베넷에게 그 오독의 현장을 극화하게 만든 동인도 결국 오든의 몫이 아닐까. 그래서 베넷이 보여주고자 한 것은 「칼리반의 날」의 (연습)실패와 그로 인해 선연히 드러나는 삶과 예술의 불화를 통해 예술의 효용성에 대한 오든의 무기력을 부각시키는 것이 아니었을까.

無用之用

김현의 말을 약간 비튼다면, "우리는 연극을 함으로써 배고픈 사람 하나 구하지 못하며, 물론 출세하지도, 큰돈을 벌지도 못한다." 그럼에도 불구하고 "연극은 그 배고픈 거지가 있다는 것을 추문으로 만들고, 그래서 인간을 억누르는 억압의 정체를 뚜렷하게 보여준다. 그것은 인간의 자기기만을 날카롭게 고발한다." 비록 "연극은 권력에의 지름길이 아니며, 그런 의미에서 연극은 써먹는 것이 아니다. 그러나 역설적이게도 연극은 그 써먹지 못한다는 것을 써먹고 있다." 평생을 시와 함께 한 오든의 예술 무력론은 어쩌면 예술을 보다 높은 초월경으로 승화시키고자 한 그의 수사학적 전략일지도 모른다. 평생 그가 쓴 수많은 작품들은 아름다움이 세상을 구원할 것이란 믿음에 대한 증거로서 부족함이 없다. '쓸모없음의 쓸모', 無用之用(노자)의 전략이 그러한바.

숭고의 열락, 혹은 종말의 추억

공연명: 「레드」
원작: 존 로건
연출: 오경택
제작: 신시컴퍼니
상연일시: 2011.10.14 ~ 2011.11.06
상연장소: 이해랑예술극장
관극일시: 2011.10.22. 15:00

"자식은 아버지를 몰아내야 해. 존경하지만 죽여야 하는 거야."(로스코)

친부살해 제의

프로이트는 『토템과 터부』에서 종교를 비롯한 모든 문화의 기원을 친부살해 충동에 근거해서 설명하고 있다. 비교적 젊은 아버지-추장에 의해 쫓겨난 아들들은

「레드」의 한 장면 ⓒ신시컴퍼니

함께 세력을 규합하여 아버지를 죽이고 그 육신을 나눠 먹는다. 아버지의 피와 살을 자신의 몸속으로 흡입하는 (상징)행위는 망자와의 완전한 통합을 위한 의식이자, 자식들끼리 공범의식을 공유하여 신성동맹을 강화하려는 의도이다. 형제들은 이 상징의식을 통해 혈연적 유대를 공고히 하고 평화와 공존을 위한 일종의 사회계약을 맺게 된다. 그리고 친부살해의 죄책감과 처벌에 대한 두려움을 동물에게 투사하고, 거기에 주술적 힘을 부여한다. 토템을 금기와 공포의 대상으로 격상시켜 질서유지와 권위획득의 수단으로 삼는 한편, 매년 토템 동물의 고기를 함께 나눠먹는 의례행위를 통해 친부살해 장면을 반복함으로써, 아버지와의 동일시를 시도하고 망부와의 화해에 도달하는 것이다. 토테미즘과 종교적 제의는 복종의 규칙을 통해서 아버지에 대한 반란의 심리를 억압, 순화하는 제도적 장치이며, 죄책감과 처벌의 두려움을 완화시키기 위한 일종의 면탈행위이다. 이런 관점에서 보면 원시부족의 토템신앙과 기독교의 영성체의식 모두 친부살해의 인류학적 흔적으로 볼 수 있다. 부권의 부재를 전제하는 난생설화나 수생설화 또한 아버지를 능가하는 초인적 능력을 강조한다는 점에서 이와 크게 다르지 않다. 가부장적 혈통의 수혜를 받지 못한 부르주아의 등장과 그들이 추구한 자유가 본원적으로 부권으로부터의 해방에 정초한다는 사르트르의 통찰도 마찬가지다. 프랑스혁명의 'Fraternité'(우애)란 덕목도 아버지를 죽인 자식들이 죄책감을 사회적으로 분배, 경감하려는 정치적 무의식의 발로에 다름 아니다.

배반의 미술사

프로이트의 사유에서 눈여겨 볼 점은 반항과 복종이라는 '오이디푸스 콤플렉스'

의 개인 서사를 가족사, 부족사로 확대하고, 나아가 인류문명사의 보편적 원리로 재해석하는 일반화의 전략이다. 바꿔 말하면, 인류의 유아기에 해당하는 원시부족의 터부가 사회적 법규와 문화로 진화하여 문명화의 토대가 되었다는 그의 가설은 보편-인간의 성장사 속에서도 유사한 굴곡을 형성한다는 것이다. 이른바 개체발생이 계통발생을 되풀이한다는 헤켈E. Hacket의 이론. 개체의 성장이 종의 진화를 반영한다는 이 이론을 들뢰즈는 "모든 위대한 화가는 자기만의 미술사를 갖고 있다."라고 바꿔 말하고 있다. 화가의 전기 속에 미술사의 도표가 그려져 있고, 그 도표를 배경으로 새로운 혁신이 탄생한다. 그 혁신은 친부살해의 선언이며, 자신 또한 자식에 의해 죽임을 당할 것이라는 자기예언이다. 미술사는 아버지에 대한 자식의 배반과, 화가 자신이 걸어온 미술사적 궤적에 대한 자기배반의 기록이다.

이 몰락과 탄생의 파노라마, 이 소멸과 생성의 변증법이 「레드」를 포박하고 있는 긴장감의 본체이며, 이것이 켄의 도착과 떠남으로 분절되는 2년간의 시공이 로스코의 전기에서, 20세기 현대미술사에서, 나아가 인류 회화사에서 점유하는 역사적 맥락의 의미이다. 따라서 「레드」에 대한 분석은 로스코의 색면화Colorfield Painting가 그렇듯이 제한적 시공의 디테일을 넘어 계통적 진화의 관점에서, 즉 모더니즘의 몰락과 팝아트의 출현이 친부살해 매커니즘 속에서 진행되는 과도기적 시기(1950년대)에 대한 통시적 조망 속에서 진행되는 것이 합당하다. 존 로건John Loean이 미국현대회화의 위대한 장세기를 호령했던 영웅호걸 중 유독(하필) 로스코에게 드라마적 관심을 투여한 것도 그의 삶과 예술이 이 과도기의 미술사적 뉘앙스와 통시적으로 공명하기 때문이었을 것이다. 1950년대 말과 1960년대 초에 전성기를 맞이한 최후의 모더니스트, 팝아트의 저속한 상업주의에 저항한 엄숙한 숭고주의자, 자기 미술사의 몰락을 자살이라는 마지막 '레드' 퍼포먼스로 마감한 비극의 화신, 친부살해의 디오니소스적 생동력을 창조의 영감으로 수용한 니체주의자. 존

로건이 「레드」를 통해 형상화 하고자했던 로스코의 본면목이 이러한 것들이라면, 이는 마땅히 개체의 존재론이 계통의 현상학과 어떻게 교호하는지에 대한 분석을 아울러야 할 것이다.

'미국형 회화'(C. 그린버그), 그 위대한 살부의식

두 차례의 전쟁으로 유럽이 만신창이가 되기 전까지 신대륙 미국은 그저 수도권 인근의 신도시쯤으로 홀대받던 유럽의 변방이었다. 허나 1950년을 전후로 미국은 순식간에 정치, 경제, 군사 맹주로 등극한다. 미국은 소련과의 이데올로기 대립 전선에 선 선봉장으로서 서구의 절대적 지지를 받았고, 자본주의의 시장이자 공장으로서, 세계 물류의 출발점이자 종착점으로서 경이적인 발전을 거듭한다. 바야흐로 팍스아메리카나의 꿈이 여물어가고 있었던 것이다. 하지만 역사도, 문화도 빈약한 코흘리개 국가라는 신대륙 콤플렉스는 돈으로 메울 수도, 대포로 무장할 수도 없는 노릇이다. 에드가 앨런 포를 발견한 것도, 흑인 재즈의 가능성을, 알프레드 히치콕의 천재성을 발굴한

씨그램 Seagram 빌딩

것도 유럽이었다. 20세기 초까지만 해도 미국은 내세울 문화도, 그런 문화를 식별할 안목도 박약했다. 이런 후진성의 장막을 걷어낸 첫 시도가 1940년대에 혜성처럼 나타난 '뉴욕파'의 활약이었다. 회화는 오페라나 발레 같은 고전 장르처럼 오랜 훈련이 필요한 집단예술도 아니고, 대단한 인프라가 축적된 기본기가 필요한 것도 아니었다. 뉴욕의 '앙팡 테리블'들은 아버지 유럽을 보란 듯이 살육했다. "우린 큐비즘을 끝장냈어, 드 쿠닝과 나, 폴락, 바네트 뉴먼, 기타 등등이 함께. 우린 큐비즘을 짓밟아 숨통을 끊어버렸어."(로스코).

하지만 이것이 끝이 아니었다. 유럽의 자식들이 유럽을 죽였지만, 실상 1940년대 미국은 전쟁통에 미국으로 이민 온 유럽의 전위 예술가들의 천국이었다(레제, 몬드리안, 샤갈, 모홀리나기, 달리, 마송, 에른스트, 마타, 브레통 등). 완벽한 친부살해 의식이 수행되기 위해서는 좀 더 나아가야했다. 로스코를 비롯한 (예비) 추상표현주의자들은 "유럽 미술의 유산이 판을 치는 1940년대를 참을 수 없었다."(로스코). 유럽에 대한 이들의 열등감은 모더니즘을 극단으로 밀어붙였고, 그 극단은 새로운 친부살해 의식(팝아트)으로 변전되는 50년대를 예고했다. 켄의 등장은 모더니즘의 종말과 포스트모더니즘의 발현으로 기록되는 1950년대 말의 풍경을 배경으로 하고 있다. 재기발랄한 '젊은 피' 켄은 잭슨 폴락의 사망을 공표하는 명계의 신 하데스이자 로스코의 몰락을 고지하는 아들—저승사자이다. 로스코와 켄이 나누는 초반부 대화(로스코: 제일 좋아하는 화가는? – 켄: 잭슨 폴락)와 로스코의 의사죽음, 켄의 무의식을 지배하는 죽음의 '화이트'가 그 증거이다. 켄의 이름에서 친부살해자 앤디 워홀의 「캠벨 수프」 깡통을 연상하는 것은 어렵지 않다. 앤디 워홀의 깡통이 아버지 로스코에게 '결정타'를 먹이는 장면을 보라.

로스코: (신중하게) 이 젊은 화가들은 날 죽이려고 나왔어.

켄: 그건 좀 격한 표현인데요.

로스코: 하지만 정확하지.

켄: 야스퍼 존스가 선생님을 죽이려고 한다구요?

로스코: 그래.

「…」

짧은 사이. 이어 결정타:

켄: 앤디 워홀?

로스코, 대답도 하지 않는다.

이 깡통은 자신이 노쇠한 아버지의 살부의식을 집행하는 형리임을 숨기지 않는다. "선생님과 동료들은 입체파와 초현실주의자들을 몰아내셨죠. 아, 정말 즐거우셨을 거예요. 그리고 이제 선생님의 시간은 지나갔는데 선생님은 비키려고 하지 않으세요. '어, 하수로 퇴장하세요, 로스코'. 왜냐면 팝아트가 추상표현주의를 몰아내고 있거든요."(켄).

켄, 그림들을 둘러본다.

켄: 생각해 보세요, 죽어가는 종족의 마지막 발악을… 헛된 노력이죠.

문제는 로스코의 몰락이 개체적 단위의 소멸을 능가하는 계통의 전회, 혹은 종의 진화를 강제하는 혁신의 전조를 배경으로 진행되고 있다는 점이다. 모더니즘의 최후, 나아가 예술의 종말에 대한 담론이 그것. 팝아트가 쌓아올린 세대교체의 단두대는 추상표현주의의 몰락을 넘어, 예술미학의 최종적 의미증발에 대한 이정표가 된 것이다.

숭고의 시대

　"정신이 스스로 자신의 정체가 정신임을 깨닫게 되었을 때, 역사의 종말이 온다."(헤겔). 절대정신의 목표는 자기인식, 자기실현이고, 이것이 바로 철학이다. 예술을 이에 대응시켜보면, 예술이 외부세계의 재현을 포기하고, 자기 자신에 대해, 자신의 가능성에 대해 사유하기 시작하는 순간, 다시 말해, 모더니즘이 예술의 자기존재를 탐구하고, 순수미학의 가능성을 타진한 순간, 예술은 종착점을 향한 막차를 탄 셈이 된다. 인상파와 입체파, 야수파, 미래파, 초현실파에 이르기까지 모더니즘의 역사는 사물과 재현 사이의 불일치를 즐기며, 자기 자신이 누구인가에 대한 탐문으로 일관했다. 고전 회화가 동일·유사·도상·재현에 목을 맸다면, 모더니즘은 캔버스·붓·물감·색·선·형태 등 회화적 특성과 물질적 조건에 집착했고, 자기의 정체성을 찾기 위해 오직 '(색)다르게'란 구호를 지상과제로 삼았다. 오성의 선험적 형식인 '범주'에 얼마큼 부합하느냐에 따라 쾌가 발생한다는 칸트의 미학이 종말을 고하고, "원리상 개념에 일치하는 대상을 구상력이 표현하지 못할 때 발생하는 감정"(장 리오타르), 즉 표현할 수 없는 것을 가시적인 표현으로 가리키는 '숭고의 시대'가 도래한 것이다. "미술가는 보이는 것을 복원(representation)하는 게 아

메디치 도서관의 미켈란젤로 벽화

니라, 보이게(presentation) 만든다."(마이어스, 『독일표현주의』). 관객은 대상인식의 실패에 따른 박탈감과 구상력의 한계를 인식하고, 이후에 찾아오는 안도감과 의식의 고

양을 통해 제시물에 대한 숭고의 정서를 체험하게 된다.

이제 미는 "아름답기를 포기하는 것"(앙드레 브레통)이며, 그 의미는 세상이 아름답지만 않다는 자기반성적 우울로 이해되었다: "사람들이 뭘 좋아하는지 아나? 행복하고 밝은 컬러를 좋아해. 예쁜 것들을 좋아한다고. 아름다운 것들을 좋아한다고– 빌어먹을, 누군가 내 그림이 '아름답다'고 하면 난 토할 거 같아!"(로스코).

인상파와 입체파까지만 해도 재현의 방법론을 고민했으나, 야수파는 캔버스를 완전한 자기해방의 공간으로 간주하고, 회화 자체의 원리와 구성을 탐구했다. 야수파는 인상파의 모호한 색채를 거부하고 선명한 원색을 선호했으며(線의 복원), 3차원의 2차원적 '추상化'를 견디고자 한 입체파에게는 양감과 명암을 제거하는 방식으로 대응했다. 마티스의 색과 형은 재현대상(기의)과 결별한 기표이며, 기표 자체의 선과 색으로 회화 자체의 내재적 질서를 창조하고 있다. "내가 전시한 사각형은 빈 사각형이 아니었으며, 대상의 부재에 대한 의식의 표출이었다"고 일갈하면서 "재현의 결과란 얼마나 거짓될 수 있는가 깨달았다."(말레비치, 「비대상의 세계」)

「레드」의 한 장면 ©신시컴퍼니

는 한 절대주의자의 고백은 모더니즘의 내용을 이루는 기표가 '영원히 드러나지 않음'이라는 기의를 가진 텅 빈 기표임을 증명한다. 기표의 유일한 가능성은 '도저히 표현할 수 없음의 표현'만을 환기시킬 뿐이다. 이것이 색면추상이 도달한 모더니즘의 극단이다. 재현의 도상적 기능을 완전히 지우고 색면이라는 단순화·추상화의 최종자만 남겨진 상태, 대상지시적 기표의 의미제한성을 풀고 무한한 해석지평을 열어둔 상태, 공간감·부피·양감을(심지어 초현실파의 기하학적 형태조차도) 모두 삭제하고 오직 형이상학적 숭고만을 응시하는 엄숙한 상태. '결과'가 아닌 바로 그 '상태', 목적이 아닌 과정, 완결이 아닌 생성이 색면추상이 지향하는 모더니즘의 궁극이었다.

예술의 종말, 종말 이후의 예술

이에 반해 추상표현주의를 '짓밟아 숨통을 끊어버'린 팝아트는 모더니즘의 숭고함도, 철학적 형이상학도, 자기탐구의 치열함도 없다. 부르주아에 대한 혐오감도, 자본에 대한 거부감도, 사회비판적 냉소도, 엘리트주의적 도도함도 없다. "진지함의 중요성"도 알지 못하고, "완전 일시적이고, 완전 일회용이야, 크리넥스처럼." 일상성과 유희, 통속·범속·세속이 화면을 지배하고, 상업적 대중문화의 아이콘들이 버젓이 예술의 영역으로 침투한다. 로스코는 자기 그림이 부자들의 호사스러운 파티장이나 고급가구 사이에서 벽지와 어울리는 장식품으로 전락하는 것에 대한 알레르기 반응을 보이지만, 팝아트는 고급예술과 대중예술의 이분법적 위계를 종식시키고, 스스로 명예훼손과 품위저하를 자행한다. 예술이 예술이기 위해서는 "성전"이 필요하고, 그것을 알아볼 "진짜 인간"이 필요했지만, 팝아트는 텔레비전이나 상품광고, 쇼윈도, 거리의 표지판에 마구 널브러져 있었고, 코카콜라나 수프 캔, 만화 주인공 같은 일상적이고 범속한 상품 이미지들로 도배가 되었다. "성전"은 시장으로, 엄숙함은 조롱으로, "환희의 신음"은 키득거림으로, "진짜"는 시뮬라크르로, "불멸"은 "크리넥스"로, 영원은 "지금 바로 이 순간", "그리고 약간의 미래"로, "예술"은 "비즈니스"로 추락해버렸다. 그림은 "그냥 그림들일 뿐"(켄)이다. 이어지는 지문: '켄, 로스코를 노려본다. 일종의 도전이다.'

무릇 예술이 종말을 고한 것이다. "어떤 대상을 예술로 본다는 것은 우리 눈이 볼 수 없는 무엇 – 예술이론의 정조, 예술의 역사에 대한 지식, 곧 예술세계를 필요로 한다."(아서 단토). 즉, 예술에서 중요한 것은 이제 예술 자체가 아니라, 예술을 둘러싼 담론과 이론적 해석이 된다. 회화는 그 자체로 존재할 수 없으며 부차적 설명과 해석이 덧붙여져야 하나의 가치와 의미를 지닌 구성물로 성립할 수 있는 것이다. 회화는 외부세계의 무언가를 가리키는 기호가 아니라, 누군가의 설명

포시즌 레스토랑

92

과 해설을 위한 교재일 뿐이다. 예술은 이제 예술이 무엇이냐를 설명하기 위한 도구가 되었다. 회화와 대상과의 관계가 아니라, 회화와 해설자의 관계로 무게중심이 이동했다. 이는 예술이라는 미의 형식이 의미의 영역, 철학의 영역으로 이월되었음을 보여준다. '예술의 목적론적 자기운동'은 종말에 다다랐다. 예술의 본질을 찾아 시작된 모더니즘 프로젝트는 드디어 끝장을 본 것이다. 인류의 역사와 함께 시작된 예술의 꿈은 시뮬라크르의 세계에서, '초미학'의 세계에서 영면에 들었다. 집떠남과 자아찾기로 이어진 예술의 거대한 서사가 마침내 완결된 것이다. 팝아트가 죽인 것은 자신을 낳아준 50년대의 '미국식 회화' 뿐만 아니라, 수천 년을 이어온 예술 자체였다.

예술과 상업주의 상품미학과의 만남은 가히 혁명적이었다. 뛰어난 감수성을 지닌 예술신동들은 공장과 시장으로 진출했고, 제품과 광고, 대중매체는 예술보다 더 예술적으로 변모했다. 예술이 나날이 범속화되는 대신, 일상은 경이적으로 미학화되었다. "예술이 더 이상 없기 때문이 아니라, 예술이 너무 많기 때문에 예술은 죽은 것이다."(보드리야르). 세계 전체가 미학화되고, 예술이 상품으로, 상품이 예술로 변신한다. 유일하게 장인적 생산 전통을 이어온 예술이라는 영역은 대량 생산되는 '원본 없는 복제'(시뮬라크르), '진짜'는 없는 가상이 된다. 종말 이후의 예술은 현란한 광고나 그럴듯한 포장지 이상이 아니다.

죽음의 블랙

이제 죽음을 얘기할 순간이다. 예술의 종말을 목격한 로스코가, 종말 이후의 예술이 앓아야했던 그 악몽 같은 신열을 실존으로 견뎌야했던 로스코가 선택할 수 있는 대안이란 그리 많지 않다. 로스코가 잭슨 폴락의 죽음을 읽는 방식을 보자. "그는 예술을 너무나 사랑했거든... 그는 예술이 중요하다고 생각했어. 그림이 중요하다고 생각했어... 짠해서 심장이 멈춰버릴 것 같지 않아?... 어떻게 이 이야기가 비극 아닌 것으로 끝날 수 있었겠어?" 모더니스트들은 예술이 현실재현(모방)의 노예가 되거나, 정치구호의 삽화가 되는 것을 경계했다. 그들은 예술이 삶으로 침투하여 윤리와 철학의 종결자가 되길 간원했다. 예술지상주의 성전을 지키는 사제가 되어 예술이 세상을 구원하는 지락의 구경究竟을 동경했다. 이 도저한 엘리트주의! "폴락은 진실을 봤어. 그런데 그에겐 더 이상 그를 보호해 줄 예술이 없었어... 그 누가 살아남았겠어?"(로스코) "예술을 예술답게!" 만들기 위해 자기목적적 여정을 떠난 모더니즘이 도달한 곳은 결국 예술하기의 '액션'조차도 지워내는 사라짐의 현장이었다. 그 지고한 유토피아적 욕망은 대중과의 소통 영역에서 존재할 수 없었다. 절대진리와의 대면은 타자가 철저히 배제된 자기의식의 진공 속에서나 가능했다. "관람객에 대한 믿음도 잃었고... 더 이상 믿을 수 없게 된 거야, 세상에 그림을 봐줄 진짜 인간이 존재한다는 걸."(로스코)

"진짜 인간"의 부재는 창조자와 관객 사이의 성스러운 계약이 파기되었음을, 예술이 숭배의 대상이 아니라, 유희의 대상이 되었음을 반증한다. 폴락이 본 진실은 모더니즘이, 예술이 참수되는 피범벅의 형장이었다. 남은 것은 예술의 체험. 로스코의 예술체험론만이 예술을 성립시키는 유일한 조건이 된다. 예술의 모든 물적 토대(색·면·형)를 포기하고, 관계와 소통의 '바라봄'만이 존재하는 초월의 형이상학. 「레드」의 초입부터 등장하는 바라봄의 주제는 물리적, 가시적 제한을 극복하는 몰입·몰아의 황홀경으로 이어진다. "예배당 같은... 교감의 장소", "반성과 안전의 장소", "명상적 경외감으로 가득한 성전"은 종교적 엑스터시를 확보하기 위한 전제이다. 따라서 로스코의 회화에서 레드가 블랙으로 변모하는 현상은 제시물에 대한 화가의 관념이 변했다기보다는 바라봄의 창조적 역동성이 수축됨에 말미암은 바가 크다. 거리, 조명, 배치 등 환경요인과 관람자의 지적 능력 및 수용태도가 회화의 생사를 결정하는 것이라면, 1960년대 블랙의 출현은 관람조건의 악화와 수용가능성의 약화라는 외적 동인에 의한 것이다. 로스코가 고백하듯이, "우리 인간들이란... 레드를 블랙으로 만들려고" 하기 때문이다. 그래서 블랙은 물감의 추가혼합으로 인한 채도의 약화가 아니라, "빛이 사라"진 것이며, 휘도가 감쇠한 것이다. 로스코가 "생명력의 감소"와 "죽음"을 의미한다고 말한 그 블랙, 삶에서 가장 두려운 것이 "언젠가 블랙이 레드를 삼켜버리는" 것이라고 말할 때의 그 블랙은 대중이 캔버스 너머의 황홀경으로 진입하는 "어두운 사각형", "출입문 같은, 구멍"을 찾지 못하고, (그림도, 대중도) 소통이 절연된 암흑의 세계에 고립되

「벨사살 왕의 연회」(Belshazzar's Feast) – 렘브란트

어버리는 소외의 상징, 차폐의 상징이다. 켄은 그 소외와 차폐가 이미 예정된 것임을 날카롭게 지적한다: "선생님은 진짜 '인간'을 찾으며 평생을 보내셨다고 하셨죠, 공감하면서 선생님 그림을 봐줄 사람들을요. 그런데 선생님은 가슴 속에선 그런 사람들이 존재한다는 걸 더 이상 믿을 수 없어요... 그래서 선생님은 믿음을 잃으셨고... 그래서 희망도 잃으셨고... 그래서 블랙이 레드를 삼켜버린 거군요."

로스코는 렘브란트의 「발타자의 만찬」에 쓰여진 히브리어 중 "왕을 저울에 달아봤더니 부족하더라"란 구문의 맥락, 즉 이 심오한 진리 앞에서 그 의미를 해독하지 못하는 소외와 차폐의 상태가 자신이 말한 블랙의 의미라고 고백하지만, 그래서 대중의 지력이란 항상 2% 부족할 수밖에 없다는 한탄을 쏟아내지만, 정작 그 구문 '므네 므네 드켈 브라신'의 정확한 내포가 바빌로니아의 멸망과 왕의 폐위에 대한 암시(세대교체)였다는 사실까지는 간파하지 못한다. 켄은 색면추상의 불가지성不可知性과 소통 불가능성을 조롱한다: "선생님 그림을 감상할 자격이 있을 만큼 훌륭한 사람이 존재하기는 할까요?", "우리 모두를 저울에 달아보셨는데 우린 부족했던 거군요." 켄은 '므네 므네 드켈 브라신'의 정확한 의미를 포착할 수 있는 "진짜 인간" 다니엘, 그리하여 벨사살의 죽음 이후 왕국의 통치자가 된 다니엘이 바로 자기(세대)임을 은근히 과시한다.

켄, 로스코 바로 앞에 서 있다.
켄: 선생님, 선생님은 진짜 인간을 알아보지 못하실 거예요. 그 사람이 선생님 코앞에
  서 있어두요.

1970년 2월 25일, 씨그램 빌딩의 포시즌 레스토랑에 전시하기로 계약했던

포시즌 레스토랑 벽화 배치도

벽화 12점 중 9점이 런던 테이트 갤러리에 도착하던 날, 로스코는 자살을 한다. "난 자살한다면 의심의 여지가 없도록 할 거야"란 약속처럼 한 치의 실수도, 한 줌의 의심도 허락하지 않도록 정확하게 동맥을 끊었다. 모더니즘의 단말마를 자신의 우울로 인고하던 고독한 수도승 로스코는 황홀경의 "출입문 같은, 구멍" 속으로 들어간 마지막 사제가 되었다.

2% 부족한 저울추

현대미술의 난해한 이론과 그 철학적 담론을 쉬운 언어와 극적인 삽화들로 풀어낸 존 로건John Logan의 번뜩이는 순발력과 본능적인 드라마 감각은 그 명성에 걸맞은 찬사의 가치가 있다. 치밀한 복선과 암시로 다인극못지않은 긴장과 흥분을 유도하고, 불꽃 튀는 갈등과 뜨거운 논쟁으로 2인극의 응축력을 충분히 발휘하는가 하면, 로스코의 색면추상의 본질에 해당하는 관조와 응시의 여유 또한

로스코 예배당 외부

놓치지 않는다. 삶의 영역과 예술의 영역을 넘나드는 전환의 리듬도 느슨함이나 압박 없이 자연스럽고 율동적이다.

'하지만' 감동이 없다. 총점도 평균이상이고 과락도 없는데, "출입문 같은, 구멍" 속으로 들어가고픈 충동이 없다. 교과서처럼 산뜻하고 미끈한데, 저울로 재어보면 부족하다. 레드의 왕성한 생명력과 역동성을 흡취하고 싶은데, 디오니소스적 황홀이 없다. 첫째, 두 인물 간의 갈등 벡터가 방향도, 크기도 맞지 않는다. 로스코의 상업적 타락과 자기모순, 위선에 대적하는 켄의 대항소는 무엇인가? 반면, 켄의 부성부재와 창작욕에 맞서는 로스코의 대항소는 무엇인가? 두 인물의 갈등 벡터는 어긋나 있다. 이 두 개의 상반된 대항소가 폭발력을 가지려면 선반 뒤에 감춰진 켄의 그림이 공개되어야 한다. 이 그림을 매개로 켄의 인정투쟁認定鬪爭과 로스코의 자기모순이 서로 정면 충돌해야 한다. 감정이 뒤틀리고 논리

로스코 예배당 내부

가 뒤엉키는 충돌의 포화 속에서, 예리하고 저돌적인 충돌의 포성 속에서 긴장감은 정점을 찍을 수 있다.

둘째, 갈등상황이 점층적인 역동성을 확보해야 한다. 「레드」는 시간의 경과, 성격과 상황의 변화에 따른 감정의 수위조절 폭이 제한되어 있다. 로스코의 퇴화와 켄의 성장이 강렬하게 대비되고, 동시에 교감과 교호의 제스처가 후방지원을 할 때, 신출내기의 승리와 거장의 명예로운 퇴장은 여운과 여백을 남길 수 있다. 유사–사제지간, 유사–부자지간에 대한 암시 없는 건조한 논쟁과 격돌은 말 그대로 메마르다. 자신이 인정하든 않든 로스코는 켄의 성장서사를 추동하는 유일한, 동시에 강력한 스승이다. 로스코에겐 "변덕"과 "수다"였겠지만, 켄에겐 하루하루가 거장과의 만남이고, 대화 하나하나가 각성의 계기들이다. 하지만 켄이 성장하는가? 그의 성숙이 표층으로 드러나거나 인증을 받고 있는가? 로스코의 변덕과 짜증이 혹독한 지옥훈련을 위해 의도된 포즈였다면, "넌 이제 밖으로 나가야 해, 세상 속으로, 사람들에게 네 주먹을 흔들고, 네 주장을 펼치고…", "뭔가 새로운 걸 만들어봐."라는 스승의 하산 허락은 승인의 지표로 삼을 수도 있을 것이다. 하지만 켄은 크지 않는다(더 정확히는 로스코가 그를 키우지 않는다). 선전포고만 있지 각성은 없다. 켄은 자신의 전사와 트라우마만 노출시킬 뿐이다. 굴곡 없는 감정의 경직된 흐름으로 인해 로스코의 이별선언은 매정한 악덕 고용주의 횡포로, 성숙을 위한 '집떠남'을 시도하는 켄의 성장서사는 청년실업자의 암울한 방황으로 오염된다.

셋째, 「레드」에서 켄의 등장과 퇴장, 혹은 켄과의 만남과 이별을 사주하는 핵사건은 포시즌 벽화 작업의 시작과 포기라고 할 수 있는데, 이 핵사건에 대한 명확한 의미해석이 결핍되어 있다. 로스코의 위선에 대한 폭로? 예술의 비즈니스화에 대한 경고? 예술가 정신의 회복? 또한 벽화 작업 포기는 왜, 어떻게 이뤄지는가? 아니, 벽화 작업을 수락한 이유는 정확히 무엇이었나? 여전히 핵사건에 대한 해명은 미약하고 미진하다. 핵사건에 대한 집요한 추궁이 이뤄지지 않으면 핵갈등도 효과적이지 않고, 극의 집중력도 떨어지기 마련이다.

넷째, 실존인물, 특히 예술가의 극화 작업에 필수적인 신화화의 요소도 부족하다. 예술가의 기행이나 엽기적 에피소드, 위대한 업적, 고상한 예술관의 피력 등 예술가에 대한 대중의 환상과 동경을 자극할 소재가 충분하지 않다. 예술성과 예술사, 예술가의 삶 등에 대한 논쟁은 많으나 정작 예술에 대한 쾌는 부족한 게 아닐까.

다섯째, 인물에 대한 심도 있는 접근에 실패했다. 예술강좌가 아니라면, 예술가 드라마는 한 인물의 개성과 성격, 세계관에 대해 납득의 수준까지 묘사하고 서술하는 것이 합당하다. 「레드」 후에도 여전히 로스코는 베일 너머 저 멀리 피상으로만 존재한다. 내면을 드러내지 않고, 독백을 거부하는 그의 완고하고 고루한 이미지(만)을 의도한 것이 아니라면 좀 더 다면적이고 다채로운 형상화가 필요했을 것이다.

사실적 무대 유감

　로스코의 회화는 그 의도와 기획에 있어서 연극성의 농도가 매우 짙다. 비극에 대한 동경이라든가, 관람자와 대상과의 대면 형식과 거리감각, 벽과 바닥의 색채, 섬세하게 설정된 조명, 미장센에 이를 정도의 정교한 작품배치(전시 구성) 등 로스코의 회화는 바라봄의 형식을 하나의 사건으로 연출하려는 기획의 욕망이 넘쳐난다. 몰입의 체험과 드라마틱한 감정이입은 만남과 교감이라는 연극의 원리와 상통한다. 그렇다면 구태여 로스코의 그림들을 소품화하여 스튜디오 한편에 가둬둘 필요가 있었을까? 군이 추상의 현시를 위해 엄격한 구상을 도입할 이유가 있었을까? 오경택의 「레드」가 선택한 사실적 무대에는 로스코의 삶만 있고 그의 예술은 없다. 그의 그림이 우리를 유혹하지 않는다. 그 "출입문 같은, 구멍"으로 들어오라고 말을 걸지도 않는다. 무대의 형식이 내용을 말하게 하는 구성적 전략, 외적 형식이 내용의 풍성함으로 승화되는 양식적 기법이 필요하다. "내부의 움직임과 경계의 사라짐을 경험하여, 불가해한 것에 대한 외경감"을 갖게 만드는 무대, "생명을 가진, 물질을 초월한 추상적 형상과 색체를 통해 관객이 '초월적 실체'를 경험"하고, 연극이란 "경험에 관한 것이 아니라, 경험 자체"(로스코)임을 웅변하는 그런 무대가 아쉽다. 로스코의 그림들이 꿈꾸던 "자신들을 위해 만들어진 장소" 말이다.

선과 색이 그린 사랑의 비극

공연명: 「화장」
극작: 백하룡
연출: 윤우영
극단: 청맥
상연일시: 2011.10.23 ~ 2011.10.24
상연장소: 대학로예술극장
관극일시: 2011.10.23. 18:00

20세기 회화의 모천

1878년 파리 만국박람회에 일본은 도자기류를 출품했는데, 그때 도자기를 포장

「화장」의 한 장면 ©청맥

한 종이가 에도시대에 유행한 풍속판화 우키요에浮世繪였다. 화려한 색과 독특한 형식을 가진 이 우키요에는 새로운 회화양식을 찾기 위해 골몰하던 유럽 인상주의자들을 단박에 사로잡았다. 이상적인 아름다움보다는 유동적인 변화와 순간적인 미를 중시한 우키요에, 즉 덧없이 사라지는 이 세계의 이미지들에 대한 찰나적 표현은 시시각각 변하는 대상세계를 직관적인 인상으로 포착하려는 인상주의자들의 미술관과 정확하게 일치했던 것이다.

모네, 반 고흐를 비롯하여 마네, 고갱, 드가, 쇠라 등 전유럽 회화는 자포니즘 Japonism의 격류에 쓸려들어갔다. 강렬하면서도 순수한 색채와 선명한 명암대비, 형과 색을 부드럽게 포위하는 뚜렷한 윤곽선, 현란한 배색효과는 인상주의 회화의 캔버스를 물들였고, 원근법적 질서와 대칭적 구도를 파괴한 공간 구성, 양감과 공간감을 지워버리고 원경과 근경을 극단적으로 대비시키는 조감 시점, 과감하게 잘려져 나간 형상과 묘한 신비감을 주는 대각, 사선구도도 인상주의자들의 시선을 사로잡았다. 전에 없는 표현방식과 탈중심적 시각효과는 그들에게 신대륙 발견의 쾌감과 과거로부터의 해방감을 선사했다.

선과 색의 변증법

20세기 회화의 모천이 된 이 우키요에의 역사에서 최고의 천재로 꼽히는 토슈사이 샤라쿠東洲齋寫樂가 조선인 김홍도(혹은 신윤복)였다는 주장이 있다. 1794년 갑작스레 등장하여 1795년 홀연히 일본 화단에서 사라진 신비의 인물 샤라쿠는 단 10개월간의 활약을 통해 140점의 우키요에를 남겼다. 「화장」은 참신한 화풍과 독특한 기법으로 우키요에의 발달에 있어서 획기적 전환점을 마련한 샤라쿠가 조선인 신윤복이라는 가설을 토대로 그의 일본체류기를 재구성하고 있다. 물론 신윤복의 샤라쿠 설은 아직 학계의 검증과 추인이 없고, 근거가 박약한 추측에 불과한 가설이기 때문에 극작가 백하룡은 이 가설의 증명과 타당성 제시보다는 가설 자체가 제공하는 상상력의 영역에 천착하고 있다. 김홍도와 달리 유연한 선과 화려한 색채를 사용했던 신윤복의 화폭에서 선과 색의 결합이라는 현상이 바로 우키요에와의 만남에 의해서 성립되었고, 그런 통합의 에너지가 우키요에의 역사를 반전시켰다는 설정이 그것이다. 그리고 예술가의 삶에서 창작의 영감으로 빠지지 않는 사랑의 테마가 음양의 이치에 버금가는 색과 선의 결합을 추동한 원동력이고, 이분법적 세계를 통합하는 궁극의 가치이며, 보이지 않는 것을 보이게 하고, 느끼지 못하는 것을 느끼게 만드는 체험과 각성의 계기였다는 드라마적 논리가 그것. 선이 멈춘 곳에서 색이 시작하고, 색의 존재가 선의 미학을 완성한다는 회화적 원리는 조선의 선과 일본의 색이라는 민족적 특수성의 융합으로, 사랑이라는 정신적 각성의 승화로 이어진다.

합일의 변증법

대상의 겉모습이 아니라 그 속에 내재한 혼과 정신을 통찰하라는 스승의 주문과 일본 에도의 지도를 몰래 그려오는 조건으로 자신의 외설죄를 만회하려는 조선인 샤라쿠의 방책은 여형배우 도미사부로의 너그러움과 판목장 사토의 딸 아야카의 순수한 사랑을 통해 결국 성공에 이른다. 두 여인(!)의 숭고한 희생을 통해 선과 색의 진정한 조화와 합일을 달성한 것이다.

외적인 화려함과 내면의 진실, 궁극의 미를 찾으려는 예술가의 방황과 고뇌,

가부키 춤사위 속에 어린 선과 색의 관능적 미학, 포용과 희생을 통해서만 도달할 수 있는 순수한 사랑의 환희 등 「화장」 속에는 모순적이고 양가적인 가치와 현상들이 때로는 불꽃 튀듯 충돌하고, 때로는 승화와 혼용을 위해 뒤섞이고 어우러진다.

연출가 윤우영은 자극적인 대비와 동양적인 여백으로 이 쉽지 않은 작업을 무난히 성사시켰다. 피아노와 해금의 서정적 선율, 선과

「화장」의 한 장면 ⓒ청맥

색이 융합·대조된 강렬하면서도 은은한 조명, 정적이고 조형적인 한국화의 이미지로 빚은 동작들은 자칫 지루할 수도, 난해할 수도 있는 텍스트의 숨은 결과 향을 효과적으로 표출시키고 있다. 특히 직선과 곡선으로 기하학적 형태를 그려내는 안무가 노준성의 서사성 높은 동작은 묵(선)의 유연함과 안료(색)의 화사함을 감각적으로 형상화하고 있다.

슬픔으로 수렴되지 않은 피날레

극이 지닌 유약함도 없지 않다. 희생적 사랑과 때늦은 깨달음이라는 멜로드라마적 구도가 진부함의 멍에를 벗어내기 위해서는 예술가의 삶과 철학으로 좀 더

「화장」의 한 장면 ⓒ청맥

방점이 이동해야 한다. 한국과 일본의 차이를 선과 색으로 단순화시킨 점이나, 샤라쿠 회화에 대한 미술사적 의미, 이방인의 실존, 샤라쿠 회화의 다름과 차이에 대한 주석작업 등이 미약한 점은 아쉬움이 아닐 수 없다. 또한 샤라쿠의 반골적, 외설적 화풍이 우키요에의 혁신을 견인했다는 사실과 그의 지칠 줄 모르는 좌절과 방황의 근원에 대한 심리적 묘사는 마땅히 추가되어야 한다.

도미사부로의 인내하는 사랑과 아야카의 충동적 사랑이 결과적으로 경쟁하는 관계가 된 것도 미덥지 못하다. 샤라쿠의 각성에 동원된 (샤라쿠가 사랑하지도 않았던) 두 명의 희생도 거북하거니와 도미사부로의 '쌩얼' 연기가 샤라쿠에게 가한 예술적 충격도 그 기원이 모호하고, 도미사부로가 건넨 "참다운 사랑"에 대한 전언 또한 지나치게 추상적이다. 아야카의 죽음(살해)도 너무 허망하고, 그녀의 사랑이 순간적인 열정이나 철부지의 맹목적 짝사랑으로 그려진 것도 내키지 않는다. 차라리 단순명료함을 자랑하는 멜로드라마의 문법을 철저히 준수하는 편이 극성 dramatism 을 확보하는 영악한 전략이 아닐까. 눈물 어린 애잔한 비극임에도 슬프지가 않은 이 좁혀지지 않는 거리감을 어찌할 것인가.

한 여배우를 위한 찬가

공연명:「고곤의 선물」
원작: 피터 셰퍼
연출: 구태환
제작: 명동예술극장
상연일시: 2012.02.23 ~ 2012.03.11
상연장소: 명동예술극장
관극일시: 2011.02.25. 15:00

자연스러운 부자연

　　그녀의 연기는 부자연스럽다. 이때 '부자연'은 인위적 제약을 두고 하는 말이 아니다. 그 '부자연'은 일상적 행위가 무대 위로 호출될 때 필연적으로 발생하는 예술적 변형을 의미한다. 날것으로서의 삶이 '작가—연출가—배우'로 이어지는 창조적 굴절을 통해 의미와 맥락을 가진 기호체로 가공되는 연극화 과정을 흔히 관례theatrical convention 라고 통칭한다.

「고곤의 선물」의 한 장면 ©명동예술극장

관례성은 무대 위의 행위가 연극이라는 장르의 문법으로 발화된 하나의 의미소라는 사실을 상기시킨다. 연극을 삶과 분절시켜주고, 연극을 연극이게끔 보장해주는 것이 관례성의 기능이다. 삶이 무대 위에서 재구될 때 관례성은 필연적으로, 필수적으로 자신의 몸을 드러낸다. 연극이 현실이 아님을, 예술이 삶이 아님을, 기호가 물物이 아님을 명확하게 증명하는 표지가 바로 관례성이다. 연극은 본래 관례적이다. 연극이 삶의 피륙을 예술가의 의지로 마름하고 누빈 한 별의 정장이라면, 관례는 그 옷감 사이에 남아있는 시침자국이며, 재단의 칼자국이고 가봉의 흔적이다.

이상理想― 이상異常

일련의 예술가들은 이 바느질 자국을 없애려 안달이었다. 스타니슬랍스키가 대표적이다(마이닝겐이나 앙투안느까지 갈 필요는 없다). 그는 무대를 실제 삶의 사실성으로 충만시켰고, '부자연'을 없애려 혈안이 되었다. 기운 자국 하나 없도록 '한 땀 한 땀' 장인정신으로 매끈매끈한 표면을 주조했다. 무대는 완벽하게(!) 현실로 대체되었다. 혹은, 현실은 완벽하게 무대를 점령했다. 「벚꽃동산」에 등장하는 걸인 역에 실제 걸인을 캐스팅했다는 것은 유명한 일화이다. 스타니슬랍스키에게 '연극은 현실 자체가 아니다'라는 전제는 마치 연극은 현실보다 열등하다는 경고와도 같았다. 그는 연극이 허구나 거짓으로 폄하되는 것을 참을 수가 없었다. 그래서 연극을 '성전'聖殿으로 만들었다. 그에게 무대는 현실에 봉헌된 제단이었다. 연극 성전의 거룩한 제사장이 되는 것이 그의 이상이었고, 그의 연극은 거듭남을 위한 성사聖事였다. 스타니슬랍스키의 연극 윤리학이 탄생하는 지점이다.

관례성의 승리

　이후로 현실에 대한 연극의 일편단심 짝사랑이 시작되었다. 내적 감정에 대한 사실성은 무대의 외적 형식에 대한 사실성과 짝패가 되었다. 정확한 형식(무대미술, 소품, 분장, 의상 등)은 정확한 감정을 배태했고, 감정의 사실성은 형식의 사실성으로 치환되었다. 무대현실의 사실성은 내면적 진실성과 등가였다. 스타니슬랍스키는 연극적 관례성을 지우고 숨겨야할 금기처럼 취급했다. 하지만 오늘날 그가 열애한 '내면적 진실성'을 의심하는 자는 없지만, 마찬가지로 그가 신봉한 '무대현실의 사실성'을 추종하는 자도 별로 없다. 스타니슬랍스키 이후, 20세기는 관례성의 위대한 승리를 증언한다. 그리고 바로 이것이 그녀의 연기를 상찬할 수밖에 없는 이유이기도 하다. 그녀는 이 연극적 관례를 누구보다 정확하게 이해하고 있다. 그래서 그녀의 연기는 연극적이다. 당연히 이때 '연극'은 가식이나 허위를 의미하

「고곤의 선물」의 한 장면 ⓒ명동예술극장

지 않는다. 연극 예술 본래의 관례성을 정확하게 이해하고, 적확하게 표현할 줄 안다는 의미이다.

연속극에서 울고불고 까무러치는 장면이 나온 다음날이면 연예기사에 빠지지 않고 등장하는 클리셰가 있다. '신들린 연기!' 목이 잠기고 실신할 정도로 울부짖는 연기에 주로 붙이는 수식이다. 여배우가 눈물 콧물 흘리며, 눈밑이 검게 얼룩지도록 '망가지는' 것이 진정한 연기의 시금석이 된다. 통곡의 카타르시스를 옹호하는 민족

「고곤의 선물」의 한 장면 ©명동예술극장

적 기질이 존재하는 것이 아니라면, 이런 자학적 연기방법과 그것을 즐기는 가학적 관객심리는 변태적이고 엽기적이다. 이것이 '농도 짙은 사실성'을 표방하는 한국적 방송연기의 실체라면 차력사나 '달인'의 그것과 다른 게 뭔가. 유럽인에 비해 감정표현에 서툰 한국인의 성정을 상기하면 미스터리다. 스타니슬랍스키의 연기론을 일찍 수용했던 일본의 연기 경향이 신파극과 신극을 타고 한국으로 전래된 그 역사적 경위까지 언급할 필요는 없겠지만, '내면적 진실성'이 '외면적 과도함'으로 오인되는 이 현상, 혹은 이미 폐기된 '무대현실의 사실성'이 여전히 득세하고 있는 강단 연기의 후진성[정체성]이 그 미스터리의 주모자가 아닐까. 그렇다면 한국 연극(의 연기론)은 여전히 근대의 그늘에서 주춤하고 있는 것은 아닐까. 그런 면에서 그녀는 현대적 감수성으로 무장한 몇 안 되는 연기자 중 하나일 것이다.

예술의 독립선언

그녀의 연기는 유표적이다. 느닷없이 객석을 향해 고개를 돌리는 그녀의 강렬한 시선이나 졸도나 격앙을 표현하는 유연한 움직임, 혹은 공포에 사로잡혀 멍한 표정으로 빙의된 사람처럼 대사를 읊조리는 표정을 보라. 그것은 '무대현실의 사실성'을 능가하는 '내면적 진실성'이 번개처럼, 폭풍처럼 관객을 강타하는 장면이다. 이때, 연극은 현실의 노예가 아니라 주인이 된다. 바로 이때, 예술은 삶의 노리개가 아니라 '그 자체'가 된다. 기호는 더 이상 물物을 지향하지 않는다. 연극 자체의 논리와 문법이 주인이 되는 순간이며, 연극의 자기지시적 숭고함이 의기양양하게 주도권을 요구하는 순간이다. 스타니슬랍스키가 추구한 '무대현실의 사실성'도 궁극적으로는 이러한 순간에 발생하는 강력한 교감을 탄착점으로 하고 있었을 게다.

그녀는 현실을 능가하는 비사실적 리얼리티, 자연을 능가하는 부자연스러움의 천연성을 가능하게 한다. 연극의 성패는 극장에 진입한 관객들이 얼마나 빠르고 단호하게 삶의 리듬을 버리고 무대현실의 리듬 속으로 편입되는가에 달려있다. 관례성은 연극 특유의 리듬을 요구한다. 연극의 리듬은 발성, 행위, 동선 차원에서도 삶의 그것과는 다르다. 연극적 관례성을 자극하는 그녀의 연기는 신속정확하게 삶의 리듬을 끊어내고 연극 자체의 리듬으로 관객을 포섭하는 힘을 지녔다. 리듬은 일정한 규칙의 반복을 통하여 형성되는 통일적 율동감이다. 그녀의 발성과 시선처리, 상대역과의 호흡, 관객과의 교호reaction 등 머리끝에서 발끝까지 이르는 세세한 움직임에는 특유의 리듬이 있다. 그리고 그 리듬은 다양한 완급 박자tempo를 타고 정박, 엇박, 겹박을 연주한다. 그 음악적 리듬은 강조, 변화, 암시 등을 통해 의미적 리듬과 대위법을 구성한다. 그녀의 연기에 하나의 음표만 그려진

「고곤의 선물」의 한 장면 ⓒ명동예술극장

게 아니라, 화성과 선율까지도 포괄하는 복잡한 톤이 어려 있는 이유가 여기에 있다. 그녀는 연출술이라는 추상적 언표체계를 예술적 기호로 번역하는 무대 확성기이다. 그녀의 음역은 이미 가청주파수의 경계를 넘어섰다. 그 의미적 진폭은 새롭고 독특한 해석을 보장하는 사유의 지평이 되었다. 이 광활한 진폭이 복잡한 알레고리와 심오한 철학적 사변으로 가득 찬 「고곤의 선물」의 난해함을 극복하게 만든 원동력이다. 이것이 괴짜 에드워드의 횡포에 억눌려 여태 제대로 기를 펴보지 못했던 헬렌을 드디어 이 극의 주인(공)으로 우뚝 서게 만든 뚝심이다. 구태환의 「고곤의 선물」이 그녀에 와서야 별 다섯 개에 상응하는 완성도를 누리게 된 것은 우연이 아니다.

chapter 3

체호피아다

- 20세기로 가는 '큰길가에서'.: 「큰길가에서」
- 체호프로 가는 징검다리: 「숲귀신」
- 스타니슬랍스키거나 말거나, 혹은 체호프도 저리 가!: 「갈매기」
- 코드네임 '오경택'의 「벗꽃동산」: 「벗꽃동산」

20세기로 가는 큰길가에서

공연명:「큰길가에서」
원작: 안톤 체호프
연출: 양승희
극단: 연희단 거리패
상연일시: 2010.03.23 ~ 2010.04.04
상연장소: 게릴라극장
관극일시: 2010.03.27. 16:00

1. "내가 700년을 산다고 하더라도 다시는 희곡을 쓰진 않을 겁니다."
  - 체호프,「갈매기」실패 직후

「큰길가에서」의 한 장면 ⓒ연희단 거리패

체호프는 딱 한 사람(셰익스피어)을 제외하면 세계에서 가장 많이 공연되는 작가이다. 흔히 국제규모 연극축제를 할 때 희랍비극, 셰익스피어, 체호프를 3대축으로 설정하는 것은 이런 통계에 근거한 것이다. 그렇다면 이 시대에 체호프는 더 이상 하룻밤 유흥을 위한 불쏘시개가 아니라 연극의 진수를, 예술의 본령을, 삶의 진실을 전하는 성전^{聖典}이라 평해도 과함이 없을 것이다. 이제 체호프는 셰익스피어처럼 개별 작가의 수준을 넘어서 연극이라는 유구한 장르의 구성물

「플라토노프」1881
「큰길가에서」1885
「담배의 해독에 관하여」1886-1902
「백조의 노래」1887
「이바노프」1887-1889
「곰」1888
「청혼」1888-1889
「타티아나 레피나」1888
「억지로 맡은 비극배우」1889-1890
「결혼」1889-1890
「숲의 정령」1889-1890
「기념일」1891
「재판 전날 밤」1895
「갈매기」1896
「바냐 삼촌」1897
「세 자매」1900-1901
「벚꽃동산」1903-1904

체호프 극작 연보

처럼 물화되고 있다. 그런 점에서 초기작 「큰길가에서」는 체호프라는 현대극의 주어가 어떤 뿌리에서 성장해왔는지를 밝혀줄 수 있는 좋은 단서가 될 것이다.

앞서 말한 '유흥'과 '성전'^{聖典}의 비유는 19세기 웰 메이드 연극^{well-made play} vs '신극'^{new drama}의 대립을 상징하기 위해 종종 사용되던 수사인데, '극장은 성전'^{聖典}이라는 스타니슬랍스키의 모토에서도 볼 수 있듯이, '신극' 경향을 주도한 작가들(입센에서 체호프까지)은 고루하고 저속한 지난 시대의 극작풍을 배격하고 연극의 새로운 의미와 기능을 탐색하는 데에 주력했다. 러시아에서 이 신극 경향은 인간과 세계에 대한 새로운 이해(개체나 집단을 능가하는 초인간적 힘의 존재, '영원한 여성' 같은 상징주의

적 초월자에 대한 동경, 사회적 패덕, 종교적 종말론, 자본주의의 음영 등), 피할 수 없는 삶의 비극, 전통극과의 단절(반연극) 등을 특징으로 하는데, 체호프는 이 신극 경향의 완성자 · 종합자이자, 그리고 20세기 드라마의 정초자로서 자리매김 된다.

그렇다고 「큰길가에서」가 19세기 멜로드라마와 분명하게 선을 그었던 신극 작가 체호프의 명료한 문제의식이 농밀하게 녹아있다거나, 후기대작의 징후를 음미할 수 있는 작품이라는 것은 아니다. 바로 이 어긋남과 벗어남에 「큰길가에서」만이 가지는 매력과 가치가 있다. 최초의 희곡인 「아비 없는 자식」(일명 「플라토노프」)은 주제를 풀어가는 스타일이나 인물구성 측면에서 후기 대작의 맹아를 함유하고 있는 반면, 그 차기작인 「큰길가에서」는 대로의 연속성을 포기하고 이질적인 행보를 보인 것은 왜일까.

2 "「큰길가에서」는 체호프가 아니다." - 엠마누일 베스킨

체호프의 최초 희곡 「플라토노프」는 약관 18세의 나이에 시작하여 1881년(21세)에 완성한 희곡이다. 완성 후 말리극장의 M. 예르몰로바를 찾아가 상연을 의뢰했으나, 보기 좋게 퇴짜를 맞는다. 이에 절망한 나머지, 원고를 갈가리 찢어버렸고, 이후 4년간 희곡을 쓰지 않는다. 이후 단막극을 10편 집필하고 장막극을 2편 더 쓴다. 「갈매기」를 상자한 것이 1896년이니 이 15년간의 긴 세월은 극작가 체호프에게 와신상담과 절차탁마의 시기였던 셈이다. 「플라토노프」 실패 이후 처음으로 집필한 「큰길가에서」는 그래서 습작 차원의 작품이란 의미로 étude란 부제를 달았다. 한마디로 「큰길가에서」는 「플라토노프」 실패 이후 극(성)의 새로운 이해를 위해 시도한 진지한 탐색의 일환이라 할 수 있다. 이후 집필한 「담배의 해독에 관하여」

와 「백조의 노래」가 공연의 최소단위로 무대를 채우는 모놀로그, 2인극인 점을 감안한다면, 체호프의 초기작은 장편에서 단편으로 이행하는 독특한 이력을 가진다 하겠다.

게다가 10편의 단막극 중 「큰길가에서」, 「백조의 노래」, 「억지로 맡은 비극배우」, 「결혼」, 「기념일」 등은 자신의 단편소설을 토대로 각색을 한 작품이다. 이는 체호프가 새로운 주제에 골몰하기 보다는 주어진 (소설적) 상황을 드라마적으로 재해석하는 일에 치중했다는 사실을 보여준다.

「큰길가에서」의 한 장면 ©연희단 거리패

단편소설 「가을에」를 희곡으로 고쳐 쓴 「큰길가에서」에 체호프 소설 특유의 색채가 흔적처럼 남아있는 것은 당연한 일, 주인공 보르초프가 극 갈등의 중심에 서지 못하고 묘사대상으로 물러나 있는 점이나 급격한 위기 도래와 그 일소 등도 그의 단편에서 자주 목격되는 특성들이다. 완전히 다른 작품으로 개작하지 않는 한, 이런 소설적 잔재들이 극의 생체리듬을 교란시키고 체증을 유발할 것임은 명약관화하다.

또 하나 「큰길가에서」를 체호프답지 않은 드라마로 만드는 요인은 후기 장막극에서 보이는 멜로성에 대한 강한 척력이 「큰길가에서」는 그리 두드러지지 않는다는 점이다. 사랑, 신분추락, 살인, 복수, 극적 긴장의 폭발 등 체호프가 경멸했던 멜로드라마적 요소들이 극의 중추에 놓여있다는 사실은 「큰길가에서」를 족보 없는 사생아로 몰아가기에 충분한 조건이다.

3. "체호프는 개별 작품이 아니라, 전체 속에서 바라봐야 한다." – 프랜신 프로즈

이처럼 체호프의 극풍과 이질적인 몇몇 면모에도 불구하고 「큰길가에서」가 체호프의 극작 완성 도정에서 분명한 가치와 의의를 지니고 있다는 점은 부인할 수 없다. 집필 당시의 역사적 상황과 후기작과의 연관관계를 추적해보면, 즉 전체 극작사의 윤곽 속에서 「큰길가에서」의 위상을 조명해보면 이 사실을 좀 더 정확할 것이다.

이 작품이 집필된 1885년은 알렉산드르 2세 암살(1881년) 이후 왕좌에 오른 알렉산드르 3세의 반동정치가 악명을 떨치던 시기였다. 정치사회적 보수화, 반동화가 심화되었으나 극단적 혁명세력의 성장세를 막을 수는 없었고, 이런 극단적 대립은 민중의 삶을 바닥으로 내동댕이쳤다. 또한 세기말의 데카당한 분위기가 무르익어 갔고, 비판적 리얼리즘이 퇴각한 자리에 상징주의를 비롯한 모더니즘 문학이 둥지를 틀기 시작한다. 「큰길가에서」는 이러한 시대적 소용돌이의 한가운데에서 탄생한 작품이다. 뿌리 뽑힌 민중의 삶과 세기말의 종말론적 불안감이 작품의 발판이 된 것이다. 덕분에 보수권력의 검열에 철퇴를 맞아 먼지 속에 묻혀 있기도 했다(상연금지이유는 "여자로, 술로 패가망신한 지주가 등장"하기 때문이었다).

특히 이전에는 문학 속으로 들어올 수 없거나 귀족문학의 소품처럼 취급받던 비천한 계급의 인간군상들이 무대의 주인공으로 입성하는 장면은 현대연극사가 반드시 기억해야할 순간일 것이다. 개인의 품성이나 성격과 무관하게 잔혹한 운명에 의해 삶과 인간성이 짓밟힌 사람들에 대한 연민은 후기 장막극에서도 쉼 없이 반복되는 체호프의 문제의식이다. 사회의 구조적 모순에 대한 의사다운 냉철한 진단이 훗날 사회과학적 접근법과 결합하여 고리키의 「밑바닥에서」(1901)로 진화하는 장면 또한 연극사적으로 눈부신 빛을 발하는 순간이다. 공동체의 삶에서 떨어져나가 출구 없는 나락으로 휩쓸려버린 사람들의 이야기는 「밑바닥에서」의 전조였을 뿐만 아니라, 20세기라는 큰길 앞에 세워진 이정표와도 같은 것이었다.

「큰길가에서」의 핵심 플롯은 자신을 파멸시킨 여인을 잊지 못하는 보르초프가 다시 그녀에게 퇴짜를 맞는다는 애처로운 이야기이다. 무능한 알콜중독자로 폐인 취급받던 보르초프의 전사가 우연한 기회에 노출되고, 그의 타락 이유가 아내의 배신 때문이었다는 사연은 주변인들의 동정과 연민을 유발한다. 「큰길가에서」에서 보르초프는 분명 플롯의 중앙에 있지만 마치 3인칭 관찰대상처럼 수동적으로 그려진다. 그가 극 진행에서 수행하는 유일한 행위는 한 치의 구원가능성도 차단된 완벽한 페인의 몰골을 보여주는 것이다. 이 극단적 선택은 동정의 여지가 없는 사회적 폐물에게도 동정 받을 만한 과거와 동정 받을 만한 인간적 품성이 내재한다는 점을 드러낸다. 여기에 또 다른 낭만적 주인공 메리크의 투박하고 야성적 행동이 추가되어 긴장감을 형성하고 있다. 제도권 밖에서 자유롭고 방종한 삶을 영위하는 이 신비롭고 음울한 성격의 무법자는 낭만주의 소설에서 익히 봐왔던 악마적 주인공과 유사하다. 메리크는 19세기말의 버려진 인간종으로, 종교도, 법질서도 그의 행동을 제어하지 못한다. 하지만 보르초프의 외로움을 인간말종인 메리크가 가장 뼈아프게 공감한다는 설정은 이 작품이 가진 또 하나의 아이러니다.

「큰길가에서」는 숨겨진 신분의 폭로와 낭만적 인물, 사랑과 배신, 그리고 우연한 조우 등 멜로드라마적 모티프를 사용하긴 하지만, 복수와 살인이라는 파국 대신에 메리크의 공감이라는 예측 밖의 대단원을 보여준다('실패한 살인'에서 「바냐 삼촌」을 연상해도 좋다). 무법자와 알콜중독자라는 구제불능의 두 인간이 유사한 체험을 토대로 서로 감정교감을 이룩하는 이 장면은 고통의 현상유지, 혹은 더 이상 진전 없는 갈등의 봉합이라는 점에서 체호프의 후기 극작술을 선취하고 있다. 희곡의 행위들이 핵갈등(보르초프에 대한 연민과 메리크의 야만)을 비등시키지도, 해소시키지도 않는 이러한 '무사건'의 전략은 도착과 떠남의 패턴을 가진 후기작에서도 그대로 적용되고 있다. 비록 마리야의 등퇴장이 폭발성 다분한 극 후반부에 배치되어 있더라도 이 기막힌 운명의 장난이 보르초프의 외로움과 메리크의 우울에 별다른 영향을 미치진 못한다.

4. 모자란 듯, 넘치는 듯, 줄타기

위의 언급처럼 「큰길가에서」는 체호프적이지 않다는 비난과, 그래서 완성도가 떨어진다는 혐의에서 자유롭지 못하다. 체호프답지 않은 지나친 진지함, 길이에 비해 너무 많은 등장인물들과 그로 인한 집중력 부재, 그리고 보르초프와 메리크 간의 극적 연관성의 결핍 등은 「큰길가에서」의 공연가능성을 저해하는 장애들이다. 이에 대해 양승희 연출이 선택한 해결책은 참신하면서도 명쾌하다. 먼저 귀족의 자존심까지 몽땅 헌납하는 보르초프의 비참함에 비중을 두어 삶의 애잔함을 그리려는 원작과 달리, 인물의 무게중심을 메리크에게 건네주고, 그의 포악한 기질과 감정선에 많은 에너지를 투여하고 있다. 위치도 관객과 가깝고 동선이나 제스처도 훨씬 넓고 크다. 보르초프를 무대 뒤

「큰길가에서」의 한 장면 ©연희단 거리패

에서 폭행하는 강렬한 장면을 추가한 것도 인상적이고, 보르초프를 우연히 살해하게 된다는 비극적 결말도 이색적이다. 피해자—가해자 관계를 복잡하게 뒤섞고, 예기치 않은 살인이란 비극적 파토스를 끼워 넣는 이런 조작은 체호프적 애매모호함·미적지근함을 빼내고 극성을 살찌우는 성과를 달성했다.

성격의 조형성이 약한 주변인물들을 코믹하고 개성 있게 묘사한 공로도 언급해야 한다. 진지함과 웃음을 넘나드는 세 명의 순례자, 술집 주모의 강단이 물씬 풍겨나는 티혼도 원작에 비해 훨씬 더 입체적이며, 앙상블 배역들의 깨소금 연기도 볼거리와 재미를 거드는 요소이다. 인물들이 천둥소리에 함께 반응하고, 폭력 장면과 소동 장면에서 같은 움직임을 보여주는 것도 극의 진지함을 중화시켜주는 효과적인 장치이다. 「비창」이 나왔을 법한 지점에 나폴레옹을 격퇴하고 축포를 쏘는 「1812년 서곡」을 등장시킨 것도 이런 장치들과 연동하고 있다.

이 모든 것은 (아이러니하게도) 체호프를 포기했을 때 얻게 되는 미덕들이다. 이 미덕이 모자라야 좋은 건지, 넘쳐서 즐거운 건지는 논쟁이 가능할 터이다. 중립적이고 무미건조한 체호프 문체 속에서 웃음과 파토스를 추출해내고, 유머와 폭력을 먹음직스럽게 가미한 양승희 연출의 기발한 상상력은, 그래서 양날의 칼과도 같다. 메리크의 포악함에 지나치게 경사되다보니 그의 환멸과 냉소가 인간적이기보다 악마적이고 맹목적으로 느껴지며, 수난 당하는 예수 형상을 흉내 내는 방랑객 사바를 배경으로 할 때는 적그리스도의 이미지까지 흘러나오고 있다. 보르초프의 죽음을 악마의 저주로 가공해버리는 이런 과감성은 선악의 경계를 부정하고 인간본성의 유약함을 확신하는 체호프와는 너무나도 먼 것이다. 무시무시한 도끼를 들고서도 결국 파리 한 마리도 못 잡는 부실한 인간이 체호프의 주인공이기 때문이다. 그리고 살인이나 결투, 자살 같은 무시무시한 사건은 항상 무대 밖으로 밀어내는 체호프의 딴청도 상기해볼 일이다.

체호프로 가는 징검다리

공연명: 「숲귀신」
원작: 안톤 체호프
연출: 전훈
극단: 애플씨어터
상연기간: 2010.09.08 ~ 2010.09.12
상연장소: 국립극장 달오름극장
관극일시: 2010.09.10. 14:00

체호프가 집필한 최초의 희곡으로 기록된 「플라토노프」는 21살(1881년)의 어린 나이(?)에 완성되었다. 희곡을 들고 당시 최고의 극장이던 말리극장을 찾아갔으나, 보기 좋게 퇴짜를 맞았고, 이에 절망한 체호프는 원고를 갈가리 찢어버린 후, 4년간 희곡 쪽은 쳐다보지도 않는다. 그의 4대 장막극 중 첫 작품 「갈매기」가 쓰인

「숲귀신」의 한 장면 ©애플씨어터

것이 1896년이니, 4년을 뺀 11년간의 시기는 대작 완성을 위한 절차탁마의 기간이라고 간주해도 무방할 것이다. 이때에 집필된 작품들은 짧은 보드빌(유쾌하고 우스꽝스러운 익살극)이 주를 이루는데, 극의 기초부터 건실히 체득하려는 체호프의 진지한 의도가 엿보인다. 어느 정도 필력이 쌓인 1889년, 체호프는 야심차게 장막극 「숲귀신」을 완성한다. 결과는 대실패. 다시는 희곡을 쓰지 않겠다는 그의 다짐이 뒤따랐다. 도대체 「숲귀신」한테 무슨 일이 일어난 걸까?

후기 체호프의 진입로

체호프는 「플라토노프」가 겪은 말리극장의 악몽에도 불구하고, 또다시 「숲귀신」으로 말리 극장 문을 두드렸다. 하지만 말리 극장 문턱은 여전히 높았다. 희곡이 아니라 소설 같다는 잔인한 평가와 함께 상연 부적합 판정을 받은 것이다. 체호프는 격분했고, 이류 극장에서 상연을 시도하지만, 쏟아지는 혹평을 피할 수는 없었다. 그 7년 후부터, 그러니까 1896년 「갈매기」부터 1903년 「벚꽃동산」까지 그의 전성기가 이어지니, 어떻게 보면 「숲귀신」은 체호프에게 무엇을 어떻게 써야할지 가르쳐준 반면교사였다고 볼 수 있다. 즉, 「숲귀신」은 단막극에서 장막극으로, 사건에서 일상으로 진화하는 체호프 극작술의 발전상을 목도할 수 있는 귀중한 이정표인 것이다. 이후 「숲귀신」이 「바냐 삼촌」으로 개작된다는 사실을 감안한다면, 「숲귀신」은 저주받은 실패작이라기보다, 대작에 이르는 터닝 포인트이자, 걸작의 맹아를 품은 가려진 진주라고 할 수 있다. 바로 이 진술 속에 「숲귀신」을 통해 볼 수 있는, 혹은 봐야하는 모든 것이 들어있다.

이도 저도 아닌 그것!

체호프는 「숲귀신」의 장르를 '장막 희극—소설'이라 칭했다. '희극'은 그의 4대 장막극 장르 규정에서도 보듯이, 삶의 본질을 관조하는 그의 세계관과 관련된 개념이고, '소설'이란 말은 낭만적 사랑이야기란 원뜻을 가진 로망™을 음차한 것이다. 즉, 「숲귀신」은 체호프가 이전에 몰두하던 보드빌 장르의 유쾌한 웃음에 서정적 연애담이라는 새로운 내용을 장전한 코믹 로맨스라 할 수 있다. 장막극의 형식과 연애 희극의 내용, 보드빌의 분위기가 혼합되어 「숲귀신」이라는 다소 이중쫑한(?) 작품이 탄생한 것이다. 그래서 무겁고 음울한 체호프를 기억하는 관객이라면 의외일 수도 있다. 숲귀신이란 별명을 가진 환경운동가 흐루쇼프(「바냐 삼촌」에서 아스트로프의 원형)와 철부지 귀족아가씨 소냐와의 결합이나, 망나니 같은 난봉꾼 표도르와 정숙하고 아리따운 율리야와의 갑작스런 연애를 볼라치면, 어떤 사랑도 허락하지 않는 4대 장막극의 잔인한 체호프는 찾아보기 힘들다. 세레브랴코프 교수와의 불화에서 유발된 보이니츠키의 자살도 느닷없고, 그 충격이 전체 플롯에 미치는 파급력도 미미하다. 옐레나에게 보기 좋게 차이는 표도르의 어리석음이나, 소냐에게 퇴짜를 맞는 졸투힌의 미련함은 보드빌의 단골 모티프들이다. 이런 미비점, 내지는 색다른 면모들이 「숲귀신」을 4대 장막극의 수준에 이르지 못하는 미숙한 작품, 혹은 「바냐 삼촌」의 습작 정도로 폄하하게 만드는 요인이다.

「바냐 삼촌」으로 가는 징검다리

그렇다고 「숲귀신」에 내재한 과도기적 맹아까지 애써 지워버릴 필요는 없다. 맥락이 단절된 파편적인 의사소통상황이나 삶의 회한이나 덧없음에 대한 한탄, 얽히고설킨 러브라인, 무대 뒤에서 이뤄지는 자살 장면 등은 이후에 부단히 접하게 되는 체호프의 레퍼토리들이다.

「숲귀신」의 한 장면 ⓒ애플씨어터

무엇보다 진보적 환경론자이며, 평등사상과 민주적이고 개방적 사고를 지니고 있고, 따뜻한 휴머니즘으로 무장한 흐루쇼프라는 독특한 인물은 아스트로프(「바냐 삼촌」)와 투젠바흐(「세자매」), 로파힌(「벚꽃동산」)의 장점만을 합쳐놓은 듯하여, 두고두고 기억해둘만하다. 불륜과 비련이 난무하는 환경 속에서 진실한 사랑의 감정을 키우다가 결국 해피엔딩으로 종결되는 흐루쇼프의 러브스토리는 사랑도, 삶도 여지없이 붕괴되는 4대 장막극을 배경으로 하면 어지간한 발견임에 틀림없다.

체호프 웰메이커, 연출가 전훈

사정이 이렇다 보니, 「숲귀신」 공연은 「바냐 삼촌」의 묵직한 여운과 초기 보드빌의 간결한 리듬 사이에서 무게중심을 찾아야 하는 모험적인 줄타기가 되기 마련이다. 2010년 9월 열린 '2010 세계국립극장페스티벌'에 초청된 전훈 연출의 「숲귀신」(극단 애플씨어터)에 주목하는 이유가 바로 여기 있다. 휴지 신호가 많고, 인물들의 진중함과 감정의 절제가 전체 분위기를 짓누르는 「바냐 삼촌」과는 달리, 「숲귀신은 극의 속도도 빠르고, 대사도 훨씬 더 직설적이며, 보드빌이나 소극의 모티프도 넘쳐난다. 전훈 연출의 「숲귀신」은 이 지점을 정확하게 짚어내고 있다. 속도감 넘치는 촘촘한 장면구성과 인물 내면묘사의 과감한 생략, 보드빌의 익살스러움과 흥겨움에 대한 천착 등은 전훈 연출의 「숲귀신」에 생명을 불어넣는 소중한 영감들이다. 특히, 입에 척척 감기고 귀에 쏙쏙 박히는 전훈 연출의 놀라운 번역술은 의역의 무모함에 대한 염려를 가벼이 일소하고, 구어성과 행위성을 고려한 최적의 희곡 번역에 도달하고 있다.

세레브랴코프의 지나친 건조함과 엄격한 문어체가 대조의 의도를 넘어서는 점이나, 보이니츠키의 성마르고 괴팍한 성격이 심리적 깊이 없이 너무 노골적으로 드러난 점, 그리고 경박하게 처리된 옐레나의 묘사 등은 옥에 티처럼 거슬린다. 그리고 원어 제목과 가장 가까운 '산도깨비'란 우리말을 놔두고, 「숲귀신」이란 애매한 역어를 선택한 것도 걸고 넘어갈 땃죽이다. 허나 이 정도는 121년만의 국내 초연이라는 수식에 비하면 차라리 곰살맞지 않은가.

스타니슬랍스키거나 말거나, 혹은 체호프도 저리 가!

공연명: 「갈매기」
원작: 안톤 체호프
연출: 오경택
극단: 맨씨어터
상연일시: 2011.11.25 ~ 2011.12.11
상연장소: 서강대 메리홀
관극일시: 2011.12.11. 15:00

체호프로 가는 길

　전 세계적으로 셰익스피어 다음으로 많이 공연되는 체호프이지만, 그의 공연을 올리는 일은 어지간한 배포로는 녹록치 않다. 사건의 부재나 소통의 단절 등 非아

「갈매기」의 한 장면 ©맨씨어터

리스토텔레스적인, 체호프의 말을 빌자면, "모든 드라마 규칙에 반하는" 극작풍 때문만은 아니다. 체호프가 제대로 수용되지 못하는 이유는 우리 앞에 놓인 높다란 장벽 때문이다. 동서양의 거리, 혹은 상이한 오감 구조가 그대로 높이로 치환된 실팍하고도 강고한 인식의 장벽. 그동안 많은 연출가들이 이 장벽의 존재를 부정하면서 자신만의 삽투압으로 장벽 너머의 체호프를 흡인하려고 몸부림쳤지만, 창작자의 재미interesting와 관객의 재미exciting는 어긋나기 일쑤였다. 그 와중에 체호프 작품은 재미없는 희곡, 재미있더라도 표현하기가 너무나도 지난한 희곡이 되어버렸다. 당대 체호프가 발산했던 혁신의 아우라는 더 이상 새로울 게 없는 고답의 늪에서 허우적거렸고, 그의 작품에 내재한 삶의 비의는 재현불가능한 탐미의 방언으로 변질되어버렸다. 우리에게 체호프는 손에 닿지 않는 '신포도'거나, 잡힐 듯 보일 듯한 신기루와도 같았다. 우리의 손을 내치고, 우리의 눈을 가로막는 장벽 때문이다. 이 장벽을 축조하는 구성요소들은 심리적 정서나 문화적 감성(문화코드)부터 역사적 조건, 연극사적 맥락까지 다양하다. 체호프로 가는 길을 막고선 이 장벽의 구성목록을 살펴보면 역으로 그 해체가능성을 타진할 수 있다. 장벽 너머를 투시할 수 있는 예리한 부감俯瞰 능력이야 말로 체호프를 영접할 수 있는 최고의 비법이기 때문이다.

심리의 장벽

먼저 우리와 다른 체호프의 심리적 정서란 무엇인가? 일단 체호프의 '심리'에 대해 논하기 전에 우리 연극의 심리부재를 인정해야겠다. 역사적으로, 장르적으로 한국 연극에서는 아직 드라마적 심리가 계발되지 못했다. 고뇌와 갈

등을 표상하는 햄릿, 탐구정신과 절대자유를 상징하는 파우스트, 저돌성과 과
대망상을 실천하는 돈키호테, 혹은 가까운 예로 해롤드 핀터의 불안한 주체나
피터 셰퍼의 나르시시즘적 자아 등 내면세계가 구체적인 물성을 띠고 인물상
을 구축하는 그런 심리 유형이 한국 연극에는 없다는 것. 소설의 예를 들자면,
『광장』의 이명준처럼 시대정신의 외연과 내적 욕망의 표피를 말과 행동 속에
서 자연스레 뿜어내는 상징적 심리체계가 없다는 것. 설령 있더라도 아직 역
사화 되지 못했거나, 추상명사화 되지 못했다는 것. 작가나 연출가가 엿보고,
인용하고, 참조하고, 배반할 구체적 심리와 기질이 없으므로 인물들은 서사
의 구연자나 극적 상황의 부하물 이상이 될 수가 없다. 처세술의 달인 꺼삐딴
리와 히스테리의 화신 B사감을 무대 위에서 체험하지 못한 한국연극이 '상황
→ 인물 → 심리'로 수렴되어진 체호프의 세계를 조감하기엔 당연히 역부족이
다. 보이지도, 만져지지도 않는 심리는 책으로 학습한다고 체득되는 게 아니

「갈매기」의 한 장면 ⓒ맨씨어터

다. 심리가 하나의 구조라는 점에서 그것은 일순간 '창조'되기보다는 오랜 시간 '적층'되면서 지속적으로 '활용'되는 대상이다. 「시골에서의 한 달」(투르게네프)에서 흘러나와 「이바노프」에서 지류를 형성하고 「갈매기」에서 대해를 이루는 체호프의 심리는 장구한 세월과 두터운 문화적 축적물이 길러낸 역사적 산물이다. 게다가 체호프의 심리는 양가적이고 미완결된 발화를 통해서 드러난다. 행간의 미세한 의미와 단락 간 컨텍스트를 해독하지 못하면 텍스트의 지옥에서 헤어날 수가 없다. 체호프의 인물들이 일류 단편소설가의 간결하고 섬세한 펜 끝에서 태어났다는 사실을 상기해야 한다. 가려지고 은닉된 체호프의 심리는 드러남과 폭로를 목표로 하는 '사건'에 대한 저항이라는 점도 명심해야 한다. 연극성의 본좌를 차지한 '사건'과 그 사건에 연루된 번잡스러운 언어를 극복하는 유일한 대항마로서 심리가 전면에 등장한 것. 말을 극복하는 심리, 언어를 대체하는 심리에 대한 예민한 촉수가 없으면 체호프는 지리멸렬하다.

문화의 장벽

체호프의 이해를 저해하는 두 번째 장벽은 러시아적 문화코드에 대한 설면함에서 비롯된다. 「갈매기」(를 비롯한 체호프 장막극)의 배경이 되는 폐쇄된 시골공간을 보자. 도시인의 도착과 떠남, 트레플레프의 중앙문단 데뷔, 니나의 도시 무대활동, 도시에서 살고픈 소린의 염원 등 「갈매기」에는 도시와 지방의 대결이 존재론적 차원의 쟁투로 비화되고 있다. 대도시 인기작가와의 사투(자살시도와 결투신청), 그로 인한 니나와의 결별, 자신의 문학세계를 인정하지 않는 중앙평단의 횡포 등이 트레플레프가 겪었거나 겪고 있는 고통의 목록들이다. 시골은 존재의 폐허이다. 좌절과 몰락, 무기력이 판을 치는 죽음의 공간이다. 떠난 자(니나)도, 돌아온 자(소린)도, 남아있던 자(트레플레프)도 망각과 쇠락의 족쇄를 풀어낼 수가 없다. 이는 1825년 '12월 혁명' 이후, 중앙정치판에서 소외되었던 러시아 인텔리겐치아들의 실존적 절망과 한 궤를 형성한다. 여기서 러시아 특유의 문화코드인 권태와 나태가 유래한다. 우리 민족이 가장 저주하는 품성들! 트레플레프의 글쓰기와 니나를 향한 맹목적 사랑이 자신의 불안과 분열을 은폐하기 위한 자의식적 방어이며, 자기의 존재이유를 설명하기 위한 최후저지선이라는 사실, 그리고 이것이 19세기 러시아 지식인들이 숙명처럼 간직해야했던 생존의 비법이라는 사실, 즉 당대 주변부 지식인들이 선택한 권태와 나태라는 자폐적·자학적 태도가 시대의 불모성에 대한 최소한의 저항이었다는 사실을 인정할 때 트레플레프의 자살이 갖는 드라마적 진정성이 납득가능할 것이다. 이쯤 되면 그의 자살을 철부지의 격분이나 베르테르주의로 얼렁뚱땅 덮어버리려는 시도가 얼마나 무모한지도 알 수 있을 것이다.

연극사적 장벽

셋째, 19세기 말의 연극사적 맥락도 체호프의 이해를 위해 반드시 넘어야할 산이다. 체호프가 등장하던 시기는 대중취향적 상업극이 무대를 점령하던 well-made play의 전성기이자 이를 극복할 새로운 연극에 대한 열망이 들끓던 때였다. 이미 스트린트베리, 입센, 메테를링크 등이 '신극'(new drama) 운동에 불을 지폈고, 이 불길은 순식간에 러시아 무대로 옮아붙었다. 작위성과 우연성, 천편일률성, 오락성을 거부하는 새로운 극작 양식에 대한 요구가 비등했다. 스타니슬랍스키가 모스크바예술극장 개관공연으로 체호프의 「갈매기」를 선택한 것은 마치 예정된 주인공의 등장처럼 자연스럽고 당연해 보인다. 「갈매기」에서 well-made play의 애용품인 살인, 음모, 반전, 출생의 비밀, 폭로, 뒤얽힌 연정, 불륜 등은 전혀 다른 방식으로 전개된다. 어긋난 사랑도, 불행한 가족사도 well-made play처럼 타오를 듯하다가 소진되어 버린다. 기존 극을 조롱이라도 하듯이 체호프는 절제하고 생략한다. 구태의연한 선악 구도와 갈등의 극적 청산은 없다. 헛된 욕망과 허망한 감정들은 가차없이 절삭되고 절망의 정조와 낙담의 분위기만이 주인행세를 한다. '그렇고 그런', 혹은 '내 맘 같지 않는' 비정한 삶 자체만이 제대로 된 주인공이다. 에누리는 없다. 체호프는 이것이 진정한 삶의 모습이라고 선언한다. 삶을 소재로 조작해낸 · 흉내낸 극성dramatism이 아니라, 삶 자체의 극성을 드러낸 것이다. 체호프의 작품들은 '삶에 대한 드라마'가 아니라 '삶의 드라마'이다.

성공한 쿠데타는 처벌받지 않는다?

　문제는 「갈매기」를 탄생시킨 이러한 배경들이 체호프로 가는 길을 막아선 장벽이 되어 우리의 시선을 가리고 있다는 사실이다. 우리의 선택지는 두 가지다. 이런 배경들을 무대 위로 끌고 와서 보따리장수가 되든지, 즉 「갈매기」가 집필된 1896년의 감성으로 관객들에게 세례를 베풀 것인지, 아니면 체호프의 장벽 앞에서 과감히 회군하여 우리식 공연을 만들 것인지. 오경택 연출은 후자를 선택했다. 그의 「갈매기」를 성공한 공연으로 규정할 수 있다면, 그것은 오경택 연출이 위의 두 가지 선택지 사이에서 갈팡질팡했던 수많은 연출가들의 시행착오를 단호히 물리치고 과감하게 자신만의 해석과 전략에 몰두한 덕

「갈매기」의 한 장면 ©맨씨어터

분이다. 물론 그의 「갈매기」는 아직 '성공한 공연'이라기보다 '성공한 회군'에 가깝지만 말이다. 어쨌거나 그의 '회군'은 배신이나 반란이 아니라 축배를 들 경사임이 분명하다. 넘기 힘든 장벽 앞에서 망설이지 않고 깨끗하게 외면하는 것, 그래서 우회로든, 퇴각로든 제 갈 길을 가는 풍모는 「갈매기」 실패史가 이룩한 대단한 성과임에 틀림없다. 유쾌한 아이러니다.

장수의 칼날

첫째, 오경택 연출은 「갈매기」를 따라다니는 수식어와도 같았던 스타니슬랍스키의 이름을 지워냈다. 물론 알렉산드린스키극장의 「갈매기」 실패 이후 "700년을 더 살더라도 절대 희곡은 쓰지 않겠다"던 체호프를 호출하여 작금의 명성에 이르도록 생명을 불어넣어준 스타니슬랍스키의 공로를 외면하는 것은 아니다. "스타니슬랍스키가 내 작품을 망치고 있다."고 투덜대며 그가 연기한 트리고린이 중풍

환자 같다고 악담을 늘어놓은 체호프의 불만을 과장하려는 것도 아니다. 하지만 체호프 공연의 성패가 스타니슬랍스키의 프리즘에 저당 잡혀 볼모신세에 있다면, 그래서 그것이 체호프에 도달하기도 전에 연출가들을 기진맥진하게 만들기도 한다면 감연하게 내칠 수밖에 없지 않는가. 오경택 연출의「갈매기」에 스타니슬랍스키는 없다(물론 그의 연기훈련술이 아니라, '무대적 사실주의'라 불리는 연출술을 말한다). 스타니슬랍스키風의 '만약' 공식과 집중, 이완의 연출법이 없다는 얘기다. 결과적으로 잃은 것은 사슬이고, 얻은 것은 자유다. 무대도, 연기도, 장면해석도 억눌리고 주눅든 기색이 없다. 원작의 개작도 적당하고 적절하다. '성공한 회군'을 수행한 장수치고는 겸손할 정도다.

채우고 메우고

둘째, 오경택 연출은 체호프가 의도적으로 미완결 상태로 만든 대사, 혹은 대사 사이의 '휴지'를 알차게 채워 넣었다. '심리'나 '분위기'가 삽입·형상화되어야 하는 지점들, 대부분의 연출가들이 의미의 공백으로 방치해버렸던 그 부분들을 애드리브나 짧은 문구로 빼곡히 메웠다. 뿐만 아니다. 스타니슬랍스키가 몰입과 집중으로 표현하고자 했던 이른바 '내면연기'의 자리에는 부산스러운 동선과 끊임없는 제스처가 들어섰다. 스타니슬랍스키의 애제자이자 강력한 경쟁자였던 메이에르홀드의 주장, 즉 '관객은 들으러 온 게 아니라, 보러 온 것이다'라는 모토가 실현된 순간! 체호프 특유의 양가적 모호성도 말끔히 제거된다. 인물도, 장면도 애매하거나 불명확하지 않다. 연출은 선명하고 적확한 자신의 관점을 고수한다. 그리고 그걸 정확하게 표현해낸다. 게다가 친절하고도 자상하다. 논리적이기보다는 몽타주에 가까운 체호프의 장면 전환에는 전후로 여백이 많이 배치되어 있는데, 이곳도 예비연기와 마무리연기로 깔끔히 마감을 해주고 있다. 장애물이 없는 무대설정 덕분이기도 하지만, 인물들의 등퇴장으로 장면들 간의 이음새를 보강한 것도 애교 넘치는 볼거리다.

연출의 변조는 무죄!

셋째, 무엇보다 눈에 띄는 것은 색다르고 독특한 인물성격의 변조이다. 침울하고 내성적인 트레플레프는 활달과 우울을 반복하는 조울증 풋내기로, 능란하고 교활한 아르카디나는 히스테릭한 철부지로, 차분하고 우유부단한 트리고린은 자학적인 냉소가로, 무미건조하고 엄격한 마샤는 경박하고 무모한 패배자로 바뀐다. 역시 돋보이는 것은「갈매기」의 주인공이라 할 수 있는 니나의 형상. 오경택 연출의 니나는 트레플레프의 가족드라마에 무참히 희생되는 오필리아도, 구세대에 대항하며 자신의 운명을 개척하다 좌절하는 근대적 신여성도, 헛된 꿈을 좇아 자신의 삶을 탕진하는 어수룩한 시골처녀도 아니다. 오경택 연출의 니나는 청순, 발랄, 순진무구가 각인된 러시아판 바비인형! '심리'라는 무겁고 거추장스러운 장기를 말끔히 세척해낸 '삼촌들'의 로망(싱크로율 100% '아이유')! 얼마나 한국적이고 동시대적인 발상인가. 단, 한 가지 아쉬운 점이 있다면, 이 백치미의 화신이 망가지는 마지막 장면이 기대치에 부응하지 못했다는 것. 아르카디나나 트리고린의 변조율을 상기한다면 뭔가 엽기적이고 충격적인 장면을 예상할 수도 있었는데, 의외로 차분하고 진지한 진행에 약간 실망한 것도 사실이다. 여하튼 중요한 점은 이런 참신한 변조가 '차이'의 생성에만 머무르지 않고 작품의 총체성을 양육하는 토대로서 성실히 복무한다는 것이다. 체호프에 매몰되지 않고 과감히 체호프와 결별하려는 애초의 연출 입장을 짐작해 본다면, 이런 차이는 이질적이거나 혼돈스러운 게 아니라, 오히려 통일성 있고 일관된 분위기를 유지하는 데에 기여하고 있다. 성격의 변조가 새로운 장면해석을 창출하는 것도 자명한 사실. 일일이 나열할 수 없을 정도로 많은 장면들은 기존의 해석맥락에서 이탈하여 새로운 해석, 새로운 관계를 보여주고 있다. 이런 차별적 면모는 '약병'을 들고 있는 니나의 모습이나 작품 전체를 메타드라마로 각색해버리는 트리고린의 마지막 독백조차도 그리 놀랄 일이 아닌 것으로 만든다.

오경택 연출의 「갈매기」가 지닌 가장 큰 미덕은 뭐니 뭐니 해도 지루하지 않다는 것이다. 체호프라 믿기지 않을 정도로 부산하고 경쾌한 리듬감, '심리'의 공백을 기발한 유흥으로 슬쩍 이월시키는 손빠른 재간, 과장과 변조를 통해 선명성을 지향하는 성격묘사 등이 체호프의 강박을 극복하게 만든 묘수들이다. 스타니슬랍스키가 아니라고, 체호프가 아니라고 흉보지 마라. 달을 가리키는데 손가락 끝을 바라보는 우를 범할 필요는 없다. 오경택은 오경택의 길을 간다. 그리고 그 길 끝에 체호프가 있을 것이다. 이것이 체호프를 우리식으로 (제대로) 이해하는 첫걸음이자 큰 걸음이라 철석같이 믿는 사연이다.

코드네임: '오경택의 「벚꽃동산」'

공연명: 「벚꽃동산」
원작: 안톤 체호프
연출: 오경택
극단: 맨씨어터
상연일시: 2012.10.12 ~ 2012.10.28
상연장소: 세종문화회관 M씨어터
관극일시: 2012.10.26, 20:00

오경택이라는 이정표

역시 오경택 연출이다. 거침없다. 불도저 같다. 그는 체호프 텍스트의 그 수
많은 굴곡을 판판하고 단단한 웃음의 아스팔트로 말끔하게 정리했다. 그 직선

「벚꽃동산」의 한 장면 ⓒ맨씨어터

신작로에서 맛보는 일사천리의 속도감과 파죽지세의 쾌기는 체호프를 잊게 만든다. 그것은 자신감이다. 흥행사 오경택 연출만이 펼칠 수 있고 누릴 수 있는 기막힌 승부수이다. 그 앞에서 체호프의 '물밑흐름'이나 '삶의 드라마' 같은 장광설을 늘어놓는 것은 뚱딴지에 불과하다. 적당한 길이에, 적당한 미각에, 게다가 포복절도의 웃음까지 장전한 오경택의 「벚꽃동산」은 한국의 체호프 수용사가 어떤 임계점, 혹은 변곡점에 도달했음을 보여준다. 그 표지석의 가치에 부응하기 위해서는 '오경택의 「벚꽃동산」'이란 라벨이 필요하다. 감히 평하건대, 여태껏 우리에게 그 누구의 「벚꽃동산」은 없었다. 남의 것에 대한 콤플렉스 없이 '나의 「벚꽃동산」'으로 분명한 소유권을 주장한 적도 없었고, 체호프 텍스트를 우리의 입맛과 기호에 맞게 뒤집고 해체한 적도 없었다. 그런 의미에서 오경택의 「벚꽃동산」은 명백히 하나의 사건임에 틀림없다. 그렇다면 우리는 오래도록 오경택의 「벚꽃동산」을 기억해야 한다. 이제 한국의 「벚꽃동산」에는 오경택 이전과 오경택 이후가 있(을 것이)기 때문이다. 우리는 체호프의 「벚꽃동산」이 아니라 오경택의 「벚꽃동산」을 사유해야 한다. 그것은 향후 「벚꽃동산」이 오경택 연출이 변곡시켜놓은 그 신작로 위에 도열해야 함을 뜻한다. 오경택 연출은 체호프의 태산장강 앞에 그 연속과 극복이라는 과제를 선물처럼 던져놓았다.

비우면 보인다

오경택의 「벚꽃동산」에 체호프는 없다. 아니, 더 정확히 말하면 체호프는 '필요' 없다. 이것이 오경택 연출의 최대 장점이다. 비워냈을 때 드디어 보이지 않던 것

「벚꽃동산」의 한 장면 ⓒ맨씨어터

이 보인다. 부재의 현전이 역설적으로 체호프를 보여주는 것이다. 마그리트가 「이미지의 반란」에서 보여준 것과 동일한 전략이다. Ceci n'est pas une pipe This is not a pipe! 오경택의 「벚꽃동산」은 이것이 체호프가 아니라고 말한다. 체호프의 기표를 내밀면서 그 기의를 비운다. 그 모순과 전복의 상상력이 그 기의의 빈 공간을 채운다. 체호프는 그저 기의의 빈 자리를 지시할 뿐이다. 관객들이 보는 파이프가 실제 파이프가 아니듯, 오경택의 「벚꽃동산」도 체호프의 것이 아니다. 3차원 오브제가 2차원 평면으로 치환될 수 없고, 문자기호가 회화성을 대체할 수 없다. 마찬가지로 러시아 「벚꽃동산」이 한국의 「벚꽃동산」으로 치환될 수 없고, 체호프식 삶의 이해가 한국적 멘탈리티로 대체될 수 없다. 바로 이런 모순과 불합치의 조건이 오경택의 「벚꽃동산」을 색다르고 기발한 텍스트로 주조하는 동력이다. 체호프를 감추고 가렸을 때 체호프의 영상은 더 선명하게 떠오른다. 든 놈보다 난 놈이 눈에 띄는 법! 비우지 않은 것은 드러나지 않는다.

유쾌, 상쾌, 통쾌!

오경택의 「벚꽃동산」이 지워낸 대표적 기의는 물밑흐름이라 불리는 체호프 특유의 기저텍스트! 지방이라는 배경, 쇠락한 귀족집안, 외부인의 유입과 떠남이라는 4대 장막극의 공약수에는 공통적으로 지루함과 게으름이란 코드가 내재한다. 지루하지 않으면 일어나지 않을 충돌이고, 게으르지 않으면 맞닥뜨리지 않을 사건이다. 오경택의 「벚꽃동산」에는 이 핵심적 기저텍스트가 깔끔히 지워져있다. 속도감 있는 전개와 부산한 움직임, 경쾌한 웃음과 역동적 장면구성 덕분에 지루함과 게으름의 정서는 일소되었다. 체호프 이해를 저해했던 가장 강력한 정서적 장벽이 말끔히 제거된 것이다.

러시아 문화사에서 이 지루함과 게으름의 코드는 1825년 혁명 실패 이후 좌절과 무위에 빠진 지식인들이 겪은 정신적, 정치적 패배감과 관련 있다. 19세기 러시아문학은 이 고뇌하는 인텔리겐치아의 정신적 유폐와 정치적 무위를 역사적으로 재현하고자 한 저항의 산물이었다. 이른바 '잉여인간'이라는 문학적 개념으로 공식화된 이 무위의 저항은 그리보예도프의 차츠키(『지의 슬픔』), 푸시킨의 예브게니 오네긴(『예브게니 오네긴』), 레르몬토프의 페초린(『우리시대의 영웅』), 투르게네프의 루진(『루진』) 등을 거치며 하나의 러시아적 성격이자 경향으로 고착화되었다. 특히 주인공 오블로모프가 침대에서 기어 나오는 장면묘사에 소설의 30%를 헌납한 곤차로프의 『오블로모프』는 잉여인간 종결자의 모습을 통해 트라우마를 넘어 질병화 되어버린 피폐한 무위도식을 그리고 있다. 이 소설에 등장하는 오블로모프와 그 반대편에 선 실천형 행동파 시톨츠 간의 대립구도는 라넵스카야 측의 무능력과 로파힌의 진취성을 선취하고 있다.

「벚꽃동산」에서 이 잉여인간의 전통은 정신적 출구 폐쇄와 현실적 실천력 부재 차원을 넘어 지주계급의 몰락과 신흥 부르주아의 등장이라는 역사적 시간과 마주하고 있다. 개체로서의 잉여인간은 귀족몰락이라는 국가적, 집단적 사건 앞에서 이미 그 패배가 예정된 존재로 등장한다. 그들은 개인적 선함과 인성적 고상함과는 무관하게 이미 운명이 결정된 존재들이다. '잉여'는 주류권력에 대한 저항의 포즈로서 국가의 지적 자산이 방치·소진되어감을 증명하기 위해 스스로를 파괴하는 자폐적 무의식이다. 하지만 「벚꽃동산」의 잉여인간들은 인텔리겐치아들의 정신적 공황성과 저항성은 삭제하고 그 무위의 피질만을 차용하고 있다. 그들의 무위·무용성은 삶의 내부에 코드화된 일상의 속성으로 축소되고 거대한 역사의 흐름 앞에서는 무력하기 그지없는 폐습으로 던져져 있다. 선배 잉여인간들이 그려 놓은 저항과 자학의 지성사적 지형을 배경으로 했을 때, 이들이 처한 정신적 위기와 역사적 실존이 모습을 드러낸다. 하지만 오경택의 「벚꽃동산」은 텍스트 기저에

「벚꽃동산」의 한 장면 ⓒ맨씨어터

「벚꽃동산」의 한 장면 ©맨씨어터

놓인 권태와 나태의 상징소들을 말끔히 제거했다. 의사소통의 단절이나 잦은 '휴지'가 주는 답답함과 고립성을 웃음과 활기로 채워 넣었다. 부정확성과 오해를 유발하던 '앓던 이'를 애초부터 발치한 것이다. 기저텍스트가 갖는 역사성과 심리적 깊이 대신, 텍스트의 문구와 문맥에 천착하여 즉각적이고 직접적인 반응을 도출한다. 오경택 연출은 라넵스카야와 가예프의 무능력과 무위를 이해시키지 않는다. 어차피 체호프 4대 장막극 주인공들이 갖는 정신적 격리성이나 심리적 폐쇄성은 권태와 나태를 죄악시하는 한국인의 기질상 이해가능한 범주의 것이 아니다. 높은 이상에 비해 답답한 실행력을 가진 만년대학생 트로피모프가 예비혁명가가 아니라 어리석고 우스꽝스러운 얼간이로 묘사되는 것을 보라.

웃어라, 머저리들아

오경택의 「벚꽃동산」를 장식하는 또 하나의 레터르는 포복절도의 웃음! 이렇게 유쾌한 「벚꽃동산」은 본 적이 없다. 체호프는 「세 자매」 이후 「벚꽃동산」을 구상하면서 "내가 쓸 다음 희곡은 웃음을 그칠 수 없게 만드는 작품이 될 거요. 적어도 구상은 그러합니다."라고 말하면서 「벚꽃동산」을 "뒤로 자빠질 정도로 웃긴 희곡"이라고 규정하고 있다. 반면 스타니슬랍스키는 「벚꽃동산」을 읽은 후 "나는 여자처럼 울었습니다. 참으려고 했지만 그럴 수 없었어요."라고 썼다. 당연히 모스크바 예술극장의 「벚꽃동산」에는 슬프고 애잔한 분위기가 지배했다. 체호프는 지속적으로 이에 불만을 토로했다. 연습 중인 네미로비치-단첸코에게도 "당신은 왜 내 희곡에 우는 사람들이 많다고 하는지 모르겠소. 그런 사람이 도대체 어디에 있단 말이오?"라고 따져 물었다. 심지어 피르스가 조용히 바닥에 눕는 "마지막 장면의 분위기는 즐거워야 합니다."라고 떼(!)를 쓰기도 했다. 이쯤 되면 왁자지껄 소극처럼 소란스러운 오경택의 「벚꽃동산」이 체호프의 미완성 기획을 제대로 완료한 역작으로 치부할 법도 하다. 하지만 체호프가 의도한 '희곡'은 오경택의 '소극'과는 분명히 다른 범주이고, 체호프의 '삶의 희극'과는 더욱더 멀다. '삶의 희극'이란 뭔가? 성격희극은 모순적이고 비정상적인 성격으로 인해 벌어지는 희극이고, 상황희극은 멀쩡한 인간조차도 바보로 만들고 마는 어처구니없는 상황에 방점을 둔다. 체호프가 말하는 '삶의 희극'은 삶 자체로 말미암은 희극이다. 삶 자체가 우스꽝스럽고 너절하기에 그걸 적확하게 반영하는 드라마는 희극이 될 수밖에 없다. 삶은 '머저리'들의 향연이다(「벚꽃동산」에는 '머저리'란 표현이 모두 4번 등장한다). 그것은 말장난이나 슬랩스틱, 과장, 흉내 등 소극적 웃음과는 다른 것이다. 삶의 비극성을 숨기려 인위적으로 소극 코드를 주입하는 것이 아니다. '삶의 희극'은 삶의 진실, 그 자체가 돼야한다. 그 자체로 삶의 모습일진대, 과장된 소극적 웃음을 의도적으로 인입한다면 그것은 연출가가 보기에 (체호프의 주장과 달리) 「벚꽃동산」이 그만큼 웃기지 않든가, 혹은 「벚꽃동산」이 보여주는 삶의 희극성을 용납할 수 없든가, 둘 중 하나일 것이다.

　오경택 연출은 「벚꽃동산」을 소극의 백화점으로, 소극의 만물상으로 업종전환 시켰다. 체호프 특유의 헛웃음이나 피식 웃음 대신에 요절복통 박장대소를 진열 대 위에 전시했다. 중요한 것은 오경택 연출 스타일의 소극적 해석이 감히(!) 관객 을 웃기지 못한 그동안의 금기를 깨고 포복절도의 웃음을 허했다는 점이다. 체호 프의 의도와는 다르게 피르스의 모놀로그 장면이 지나치게 경건하고 장엄하게 처 리된 점이 거북하고 부담스럽긴 하지만, 전체적으로 '웃음금지', '경박금지'의 딱지 를 떼고 제대로 웃겼다는 점에서 오경택의 「벚꽃동산」은 분명한 진화이자 혁신이 다. 그것은 진지 대왕 스타니슬랍스키의 오류와 구시대의 몰락과 신흥 계급의 등 장이라는 역사적 사건을 통해 구악 청산의 도식을 추출하려했던 소비에트 비평을 동시에 극복하는 것이며, 또한 '삶의 희극'이라는 체호프적 개념에 보다 근접하는 근사한 충격요법이다.

「벚꽃동산」의 한 장면 ⓒ맨씨어터

오경택 연출이 보여준 강단은 체호프에 대한 새로운 해석이 아니라, 체호프 앞에서 주저하고 망설였던 우리들의 콤플렉스와 왜소증을 한순간에 훌쩍 뛰어넘었다는 것이다. 인물묘사에 있어서 내적 깊이 대신 인물 표면의 풍부한 질감을 애호한 점, 희극보다 요란한 소극적 웃음을 선택한 점, 그리고 대사를 잘게 세분하여 소화효소를 듬뿍 뿌려주고, 에피소드의 연극적 표현성을 한층 농축시킨 전략은 이제 우리(만)의 체호프가 필요[존재]함을 여실히 보여준다. 이것이 오경택 연출이 이 시대의 선물이자 과제인 이유이며, 이것이 또한 오경택 연출이 우리에게 선사한 선물형 과제의 정체이다. 「바냐 삼촌」이나 「세 자매」 혹은 셰익스피어 작품을 통해서 우리는 그의 또 다른 선물보따리를 풀어봐야 할 것이다. 오경택 연출의 응답은 이제 의무가 되었다.

chapter 4

역사적 삶, 삶의 역사

죽음의 입사의식

공연명: 「돐날」
극작: 김명화
연출: 최용훈
극단: 작은신화
상연일시: 2011.06.03 ~ 2011.07.10
상연장소: 대학로 아트원씨어터 2관
관극일시: 2011.07.09. 15:00

후일담의 시대

    1930년대 마르크시즘의 퇴락 이후에 도래한 전향문학을 지칭하는 후일담 형식(김윤식)은 1990년대 문학상황을 설명하기 위해 다시 호출되었다. 혹자는

「돐날」의 한 장면 ⓒ작은신화

봇물처럼 쏟아지는 고백체 소설과 성장소설을 80년대 시대정신에 대한 배반
이라며 우려를 표했고, 혹자는 거대담론에 의해 압사당한 개인의 체험사는 공
백으로 남겨졌던 소설 제국의 한 영토를 비옥하게 개간하는 일종의 '발견'이
라고 환영했다. 90년대의 환멸을 80년대의 (주로 정치적인) 결핍에 대한 안티테
제로 설정하여 좀 더 통합적인 신테제를 구상하고자 하는 시선 또한 제외시킬
수 없다.

어떤 입장이든 80년대와 90년대가 내용과 형식에 있어서 극명한 변별성을
보여준 시기였음에는 이견을 가지지 않는다. 90년대는 격렬한 투쟁 이후의 몸
살처럼 급작스럽게 닥쳐왔다. 80년대의 뜨거운 열망과 그 대가로 지불한 심
신의 아픔은 90년대를 지배하는 상처와 기억으로 신속하게 변조되었다. 세계
도, 예술도 그 신열과 무기력증에 시달렸고, 벗어날 수 없는 환멸과 후유증에
기진맥진했다.

「돛날」의 한 장면 ©작은신화

동지는 간데없고 깃발만 나부껴..

80년대의 정열로 데워진 머리와 90년대의 냉담으로 경직된 몸은 부조화 자체였다. 그 부조화를 견뎌내는 방식은 환멸이라는 검은 아가리 속에 백기 투항하거나 이상 과열된 머리를 식히기 위한 냉소와 자포자기적 청산주의로 완전무장하는 것이었다. 80년대의 오류에 대한 자책과 사회주의권 몰락이라는 변화된 정세는 '평가와 전망'이라는 정상적 의식의 발전과정을 허용하지 않았고, 신세대 담론과 포스트모더니즘의 유혹, 벤처 정신의 유포는 무대포 청산주의를 변호하는 그럴듯한 포장지가 되어주었다. 야합과 변칙으로 살아남은 적들이 여전히 득의양양하게 권력을 향유하고, 오히려 더욱 기고만장하게 팡파르를 울리며 축가를 부르는 상황임에도 전선은 와해됐고, 동지는 떠난 것이다.

과거를 청산하는 방식

80년대에 어느 깊이만큼 발을 담구고 있느냐에 따라 환멸과 청산주의의 양상은 다양한 스펙트럼을 형성하지만, 80년대를 먼 과거로 이격시켜 기억과 회상의 기법을 통하지 않고서는 도달할 수 없는 인식대상인 것처럼 화석화시키는 태도는 90년대의 보편적 포즈였다. 이념이든 생활방식이든 80년대적인 것을 시대착오적인 청산의 대상으로 격하시키려는 이런 혐오주의는 자신이 처한 현실의 모습을 불편하게 만드는 엄격한 진실들로부터 탈출하고자 하는 자기방어의 일환이었다. 80년대를 복구하고 그 이상을 신화화하려는 시도조차도 이 자기방어의 마수에서 자유롭지 못했다. 적에 대한 분노와 피 끓는 열정, 자기희생적인 성실성이 제거된

「돛날」의 한 장면 ©작은신화

90년대의 창백한 삶은 바람 빠진 풍선처럼 밋밋했다. 그것은 등 푸른 생선처럼 팔딱거리던 20대 청춘과의 결별하고는 전혀 다른 상실감과 좌절감을 안겨준 것이다. 투쟁은 함께 했으되, 패배감은 각자의 몫이었다. 자기부정의 유일한 대안은 철두철미한 자기방어이다. 자기옹립과 자기갱생이 이뤄지지 않으면 세계와의 투쟁은 지리멸렬한 포즈에 불과하다. 90년대를 과감하게 성찰의 시대라고 규정하고 싶은 것도 이 때문이다.

　회고든 청산이든 어떤 식으로든 과거를 해명하고 현재를 규정하기 위한 자기정립의 분투에 386소설이라 부를 수 있는 서사가 그 선봉에 섰다. 386소설의 의식을 가장 적나라하게 노출시키는 서사는 80년대의 인자를 온몸 구석구석에 상처처럼 간직한 인물들을 현재 시점으로 호출하여 진열시키는 방식이 주를 이룬다. 예를 들면 이런 식이다. 80년대 청춘들이 몇 년이 지나 어떤 계기로 인해 만나게 된다. 주로 누군가의 애긋은 죽음이나 전혀 예상치 못한 인물로 변한 지인의 등장이 그 만남을 주선한다. 그들은 과거 회상하며 소회에 젖는다. 노스탤지어가 끼어든 다. 과거를 어떻게든 미화하고 정화시키려는 것은 인간의 본능이자 함정이다. 노 스탤지어와 내성Selbstbeobachtung의 차이가 여기에 있다. 자기성찰 없는 기억은 신경소 자의 화학적, 물리적 연쇄작용과 다를 바 없다. 내성內省과 노스탤지어와의 충돌은 불가피하다. 변해버린 자아에 대한 분노가 끓는다. 그것은 변해버린 타인에 대한 증오로 전이된다. 이 시점에서 당시에는 거대담론에 짓눌려 표출할 수 없었던 감 정이나 사건이 폭로되는 것이 필수적이다. 분노는 증오로, 증오는 오해로, 오해는 결국 파탄으로 귀결된다. 억눌리고 절제된 자기검열의 뚜껑이 개봉되면, 잠재된 공격성과 자기혐오적 냉소가 폭발하는 것이다. 순식간에 모두 변절자나 속물이 된다. 정신의 자기발전과 이성의 진보를 신뢰하던 이들이 아이러니하게 비이성과 몰상식의 난장판을 벌이는 것이다. 만남은 파탄 나고, 기억은 오염된다. 동지를 위해 자기 자신을 버리는 것이 불문율이고 미덕이었는데, 이제 상종하기 힘든 놈 들, 다시 만나기 싫은 놈들이 되어 헤어진다.

이 기본 서사를 토대로 혹자는 80년대를 규정하고픈 욕망에 들떠서 요령껏 시 대분석에 매달리기도 하고, 혹자는 자신의 정신적 지체를 자각한 후에 고통스럽 게 몸부림치기도 하며(정신분석학이나 신비체험에 몰두하는 쪽), 혹자는 묻히고 잊혔던 자기발견의 쾌감에 쾌재를 부르고(직업이나 취미를 통해 자본주의 체제로의 건전한 편입 을 지향), 혹자는 환멸 이후의 삶에 대한 논리 개발에 몰두하기도 한다. 이런 푸닥 거리를 통해서 80년대는 정리(?)되었고, 그 와중에 90년대는 자연스레 유통기한 이 경과되었다.

기억하는(해야하는) 자의 특권

　누구나 후일담은 있다. 하지만 386세대의 후일담은 개인의 것이 아니라 집단의 것이고, 개인사가 아니라 역사와 연계된 서술이다. 그 속에는 투쟁과 희생이라는 독특한 테마들이 뼈대를 이루고, 민주화 성과라는 전리품이 장식처럼 따라붙었다. 자신의 과거를 민족의 운명이라는 스케일로, 정의와 자주를 향한 열망이라는 주형으로 재구할 수 있는 세대는 그리 흔하지 않다. 비록 '나'보다 '우리'를 앞세우고, 학문과 캠퍼스의 낭만 대신 정치구호와 시위대열만 떠오를지라도, '386'의 이름은 아무나 가질 수 있는 기호가 아니다. 386은 20대를 기억하는 자들의 노스탤지어가 아니다. 386은 80년대의 시대규정 속에서만 사유될 수 있다. 386은 세대론이고, 세대론은 시대정신에 의해서 탄생한

「돐날」의 한 장면 ©작은신화

다. 그 시대정신은 민주화의 열망과 통일의 염원이었다. 386을 악용하려는 자들이나 386의 숨통을 죄기 위해 안달이 났던 보수언론이 생각하듯이 386은 호텔 헬스클럽 회원권도 아니고, 개인의 인품과 능력을 보장하는 신용장도 아니다. 386은 그저 시대의 명령과 요구에 저항 없이 온 몸을 던졌던 청년들의 의기, 그 정신일 뿐이다.

멜로드라마를 허하라

이제 지루한 각설을 덮고 386세대의 이야기라는 「돛날」을 펴보자. 먼저 작가의 의도든, 비평의 업적이든, 「돛날」의 레터르가 되어버린 386이라는 수식에 대해. 결론부터 말하자면, 이 작품은 그냥 멜로드라마이다. 386세대와 386의 정신과는 별반 관련이 없는 치정 살인극일 뿐이다. 386의 장식은 벗어던져야 한다. 희화된 시민운동가도, 순박하지만 엉터리이긴 매한가지인 시인도 멜로드라마의 수렁에서 「돛날」을 건져내지 못한다. 정숙과 경주가 나누는 80년대의 회상은 내성 없는 노스탤지어의 편린 그 이상이 아니다. '고뇌하는 지식인'도, '진정성 있는 진보인사'도 아닌 지호의 현재 모습은 무능력하고 무책임한 전형적인 마초일 뿐이다. 지호를 역사의 희생물로 삼고자 했다면, 그건 이 작품의 맥락과는 번지수가 너무나 다르다. 그는 그저 평범하고 흔한 인생 낙오자 중 하나이다. 물론 386세대 중에 유난히 고통스럽게 90년대를 보낸 청춘들이 적지 않다. 하지만 지호의 형상 속에 그 고통에 값하는 치열한 자기탐색과 암중모색이 보이는가. 그가 허물어진 이념의 탑을 다시 세워 올리기 위해 정교한 자기반성과 견실한 세계탐구에 투신하는가. 지호는 자신의 열등감과 자기혐오를 은닉하기 위해 폭력적 방식으로 아내

「돐날」의 한 장면 ⓒ작은신화

정숙을 괴롭히고 모함하는 수탈자일 뿐이다. 그를 386세대의 패배의식을 상징하는 하나의 전형으로, 혹은 역사의 격변기에 궤도에서 이탈한 방황하는 영혼으로 포장하려는 시도는 과잉해석이거나 오류에 불과하다.

청춘의 이상과 고상한 우정 대신 돈벌이와 재테크, 자녀교육과 부부관계문제가 나온다고 386세대의 타락과 변절을 얘기한다면, 그것은 시대착오적 억지에 다름 아니다. 중년에 즈음하여 생계와 자식문제를 빼버리고 어떤 대화가 가능하겠는가. 「돐날」에 나오는 친구들의 대화는 그저 중년 아저씨들이 쏟아내는 불평불만의 집적물일 뿐이다. 386은커녕 심지어 저급한 청산주의와도 별반 공통점이 없다. 「돐날」은 시대와 인물의 외피를 '일부' 빌려왔을 뿐, 386 서사와는 '무관'한 멜로드라마이다. 이렇게 386의 사칭 어구를 걷어냈을 때, 「돐날」의 진면목이 나온다. 거북스러운 역사의 무게나 불편하고 부당한 '변질'의 선입견을 제거하고 인물을 바라봤을 때, 잘 만들어진 멜로드라마로서의 「돐날」이 부상하는 것이다.

돌날, 죽음회귀 의식

「돌날」을 관통하는 가장 명확한 상징 라인은 바로 이 제목이 의미하는 생명의 축복과 그 이면에 배치된 죽음충동 간의 날카로운 대조에 있다. 신생아 생존율이 높지 않았던 과거에 아이의 첫 생일은 기념일의 의미를 넘어 진정한 탄생의 가치를 지니는 날로 여겨졌다. 자식의 탄생 축일에 지호가 죽음을 맞이한다는 설정은 진정한 삶의 가치와 의미에 대한 질문이 이 작품의 중심에 서 있음을 반증한다. 무기력과 목표부재로 인해 삶의 좌표를 상실했으며, 자신의 무능력으로 인한 낙태 때문에 괴로워하는 지호는 한때 연인이었던 경주가 출현하자 구차하고 비루한 현실로부터 도피하고자 한다. 그에게 있어서 경주는 열정과 순수의 세계로 회귀하는 모천과도 같다. 엄마의 자궁 속으로 돌아가고 싶다는 지호의 죽음충동은 그가 삶의 장벽 앞에서 길을 잃은 채 유아적 퇴행에 빠져있음을 보여준다. 아내에게 신경질을 부리고, 친구들에게, 경주에게 떼를 쓰며 칭얼대는 그의 모습은 사탕을 빼앗긴 아이가 보이는 전형적인 행태이다. 자기 몰래 둘째 아이를 낙태한 아내에게 극도의 증오심을 보이는 그의 심리는 정신적으로, 경제적으로 아버지가 될 준비가 되지 않았다는 투정, 혹은 아버지가 될 자격이 없다는 자기비하에 해당한다. 즉, 낙태한 아이에 대한 죄책감은 자신의 부성애장애를 은폐하기 위한 알리바이에 불과한 것이다. 아내에게 극악한 행패를 부리고, 아이의 울음소리에 히스테리 반응을 보이는 지호의 이상심리는 자신의 결함과 죄행을 자식의 탓으로 돌리는 라이오스 콤플렉스(자신의 동성애와 교살행위로 인해 저주받은 아들 오이디푸스가 태어나자, 그 아이를 내다버리는 라이오스의 비정한 부성을 가리키는 개념)와 무관하지 않다. 5시 30분에 시작하여 12시 정각에 끝을 맺는 이 돌잔치는 결국 탄생의 축복 의식이 종결되는 시점(자정)에 부성애장애로 인해 그 탄생을 감당할 수 없었던 한 아버지가

「돐날」의 한 장면 ©작은신화

죽음충동의 마수에 걸려 자기징벌을 단행하는 죽음의 잔치로 변질된다.

갈등구도의 불공정

멜로드라마로서 「돐날」은 매력이 넘치는 작품이다. 자잘한 에피소드나 모티프를 아기자기하게 엮어 서사의 육질을 높인다거나, 반복적으로 이어지는 긴장-이완의 알고리듬이 파국의 파토스를 효율적으로 산출해낸다든지, 기발하고 엉뚱한 대사들과 폐부를 찌르는 독설이 분위기의 경중을 잘 조절해주고, 갈등의 정점에서 고도의 집중력을 발휘하는 등 빼고 더할 것 없이 잘 빠진 드라마로서 손색이 없다.

단 한 가지, 세련된 멜로드라마가 되기 위해 지적하고 싶은 것은 지나치게 도식화된 선악구도가 작품의 다양하고 깊은 해석을 차단한 게 아닌가 싶다. 물론 명확한 선악구도와 권선징악적 결말, 혹은 비극적 '승리'가 멜로드라마의 세계관을 구성하는 핵심개념이라는 사실은 부인하진 않지만, 남편 지호와 아내 정숙 간의 불공평한(?) 관계설정이 계속 눈앞을 흐린다. 첫째, 논리적이고 상식적인 아내의 항변에 대응하는 남편의 입장설명이 그리 명확하지 않다. 남자들이 아내와의 설전에서 그리 대응력이 높지 않은 것은 공공연한 상식이지만, 이 둘 간의 불화와 갈등이 드라마의 긴장감을 견인하는 중추인바, 남편이 일방적으로 '나쁜 남자'로 설정되다보니 파국으로 돌진하는 도약대가 미약하다는 느낌을 감출 수가 없다. 지호가 지호 나름대로의 논리와 사연을 가질 때, 그의 위악적인 태도와 독설이 선악구도의 함정을 벗어날 때, 극의 긴장감은 배가될 것이다. 둘째, 이런 대결구도의 불공정은 일면 지호 역을 맡은 배우 정승길의 성격화(characterization) 작업에도 원인이 있다. 지호의 내면을 지배하는 정서가 분노일까, 냉소일까. 아내에게 사사건건 표독스러운 시비를 걸고, 기다렸다는 듯이 험구를 늘어놓고, 아내의 반격을 듣는 둥 마는 둥 자기말만 쏟아내는 것이 과연 '지호'의 성정일까? 행여 그가 원래 그런 인물이고, 이미 아내와 유사한 논쟁을 반복했다고 하더라도, 앞뒤 없이 작심하고 '나쁜 남자'가 되는 것은 드라마의 원리에 그리 효과적이지 않다. 그저 나쁘기만 한 남자는 실제로도 없고, (연)극적이지도 않다. 아내의 말에 충격을 받고, 그로 인해 더욱 흥분하고, 그러다가 뱉은 자신의 말에 스스로 놀라고, 주변사람들 보기에 민망하고, 미안한 감정까지 가지는 것이 이른바 '뭇물들'의 기질이다. 지호가 응당 받아야할 모든 동정의 시선을 차단해버리는 그런 독살스러운 연기는 재고되어야 한다. 덧붙이자면, 약간 비스듬하게 설치된 무대 구도로 인해 지호가 많은 관객들과 등을 지고 서면 시시각각 변하는 그의 표정이 잘 읽혀지지 않는다는 점. 배우의 표정(특히 시선)은 관객과의 은밀한 교감을 시작하는 첫 계기이다. 지호가 주연이 확보해야할 기대지평에 비해 너무 소외되어 있다는 점은 잊지말아야할 것이다.

악의 기원과 기원 없는 애도

공연명:「전명출 평전」
극작: 백하룡
연출: 박근형
제작: 남산예술센터
상연일시: 2012.07.10 ~ 2012.07.29
상연장소: 남산예술센터 드라마 센터
관극일시: 2012.07.21. 15:00

1. 나는 전명출이 싫어요!

2012년 8월 25일 전 세계는 지구인 최초로 달착륙에 성공한 닐 암스트롱의 영면을 타전했다. 향연 82세. 1969년 7월 20일 달표면에 도착한 그는 "이것은 한 인간에게 있어서는 작은 첫 걸음이지만 인류 전체에 있어서는 위대한 도약이다."라는 소감을 밝혔다. 역사는 이렇듯 한 개인의 성취에 많은 지면을 할애하기도 한다. 그리고 지구 반대편에 한 사내가 있다. 완산 전씨에 이

「전명출 평전」의 한 장면 ©남산예술센터

름을 크게 알린다 하여 전명출全命出. 1979년 멍석말이로 마을을 등지고 30년 후 우사 철골에서 낙상사하는 인물. 그의 죽음은 가족들에겐 '서까래 무너지는 소리였겠지만 다른 사람들한테는 공병 쓰러지는 소리'였다. 또한 그것은 '한 인간에게 있어서는 어처구니없는 개죽음이었지만 인류 전체에 있어서는 기막힌 다행'이었다. 이처럼 「전명출 평전」은 '참 나쁜 사람'에 대한 이야기다. 평전이라니 어림 반 푼 어치도 없다. 문제는 바로 여기에 있다. 왜 평전인가? 그나마 '전기'가 아님을 다행스럽게 여겨야 하는 걸까? 평전을 구술하는 사람은? 딸이다. 족보를 알 수 없는 전명출의 딸이 등장해서 아버지에 대한 평을 읊는다. 평評은 말씀 언言에 바를 평平이다. 형성문자면 言에 뜻이 있고, 회의문자면 '바른 말'이라는 의미가 합성된다. 육서 중 딸이 선택한 評은 형성문자에 가깝다. 딸은 '나는 말한다, 고로 존재한다.'이다. 우리가 접하는 정보는 평자가 딸이라는 자술 외에는 아무 것도 없다. 왜 평하는지 동기도 없고, 어떻게 평하는지 전략도 없다. 무엇보다 뭐가 어떻다는 '評'이 없다. 딸은 허구적 인물도 아니고 그저 허깨비에 불과하다. 행위자의 신분과 의도를 숨기는 것, 위장전입이나 대포폰 등이 그 연관검색어 되겠다.

어쨌거나 저쨌거나 구술자를 자처한 딸의 언술을 믿어보기로 하자. 물론 여기에는 딸이 채집했으리라 사료되는 어머니의 진술 외에도 많은 이들의 증언이 포함되어 있을 게다. 이들 진술에 얼마만큼 신빙성이 있는지, 그 진술을 편집하는 딸의 구술에 얼마만큼 객관성이 있는지는 괄호쳐져있다. 접근금지의 명령이다. 개인의 전기를 통해 역사를 조명하든, 역사의 소용돌이에 휘말린 개인의 타락을 그려내든, 미학적 관점에서 관심이 가는 것은 구술자와 구술대상에 대한 입장과 관계이다. '평전'이라는 문학적 형식은 한 개인의 삶에 대한 집단의 기억이자 공식적 기록이다. 評이 되는 순간 개인의 기록은 공적 영역으로 호출되어 집단의 가치관과 교접하게 된다. 호불호나 찬반은 그 다음 문제다. 구술자의 입장이 드러나지 않은 평전은 돼지고기 한 근에 빵가루 묻히고 돈가스라고 상에 올리는 것과 같다. 딸의 존재는 튀기지 않은 돈가스처럼 거북하고 민연하다. 결국 우리는 객관성이나 신뢰성에는 접근할 수 없다. 닥치고 관람!

별 다른 동기 없이 세 번의 매달림을 한 번 돌아보자는 딸의 꾐에 빠진 우리는 무작정 보따리 싸들고 과거로 들어간다. 닥치고 '과거회귀'는 기법상으로는 별다른 게 없다. 과거와 현재의 복잡한 교차도 없고, '현재'에 있는 딸의 유의미한 개입도 없다. 딸의 辭은 1979년부터 그대로 연대기적 흐름을 좇는다. 삶을 통짜로 보여주지 않고 '세 번의 매달림'이라는 형식적 매듭으로 분할한 발상은 아주 훌륭하다. 아버지의 삶에서 세 번의 유사행위(=매달림)를 발라낼 수 있는 능력, 그리고 그것을 연대기의 매듭으로 의미화하는 수완이 딸이 가진 전부다. 하지만 딸이 발휘하는 3이라는 숫자의 상징화 능력이 과연 극 전체의 서사적 율동에 충분히 부합하고 있는가? 마늘 건조장에서의 첫 번째 매달림, 그리고 우사

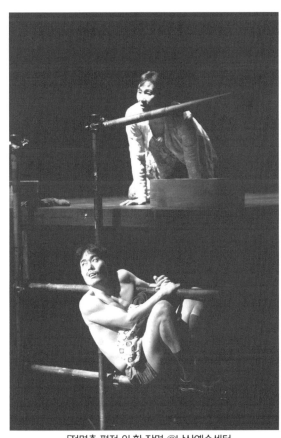

「전명출 평전」의 한 장면 ⓒ남산예술센터

공사장에서의 세 번째 매달림은 서사의 처음과 끝이기에 필연적인 동시에 타당한 설정이다. 두 번째 매달림, 즉 모텔에서의 매달림은 뭔가? 자문자답을 하자면 그것은 명출의 인간적 비열함과 아내의 신뢰 상실, 처남댁과의 대구 도주, 비유적으로는 3당야합에 대한 야유 등을 드러낸다. 한편으로는 설득력도 있고 흥미롭기도 하다. 하지만 몇 가지 장점에도 불구하고, 이 두 번째 매달림은 「전명출 평전」의 서사축을 크게 훼손하고 있다. 두 번째 매달림은 총 네 번의 야반도주(1979년, 1980년대 중반, 1997년, 2009년경)와 상관이 없을 뿐만 아니라, 사건의 전환이나 욕망의 충돌, 상황의 복잡화 등 핵심적 서사 계기와도 별다른 연관성이 없다. 두 번째 매달림은 그냥 에피소드다. 뜨거운 에피소드! "요새 불륜이 유행이랍니다. 자꾸 뒤처져서 살랍니까. … 야합과 불륜이 판판이 판치는 시대, 우리도 그만 순응하십시다. 저기 시대가 니 마누라 내 마누라 없다고 하지 않습니까." 10분 넘게 이어지는 이 불타오르는 시대의 상징을 에피소드라 말하는 자신이 부끄럽지만, 그래서 이 명장면을 당장 올해 최고의 장면으로 우기고 떼쓰고 싶지만, 그래도, 그럼에도 불구하고 이 장면은 에피소드다. 왜 매달림의 숫자와 매달림의 시기에 대해서 딴죽을 거냐고? 삼청교육대 때문이다. 명출의 인생에서 가장 중요한 사건이자 그의 극행위를 설명하는 키워드이고, 그의 죽음을 인류를 위한 축복으로 만들게 한 장본인, 바로 삼청교육대의 매달림이 빠진 것이다. 세 번의 매달림은 없어도 좋다. 대사로 얼버무려도 좋다. 하지만 삼청교육대의 매달림은 전명출의 인생과 전명출의 평전에서 선악이 갈리고 행불행이 갈리고, 결국 훗날 생사를 갈리게 하는 분수령이다. 그런데 공연에서 이 장면이 죽어버렸다. 명출의 악행과 패덕을 한꺼번에 해명해줄 트라우마의 기원이 별다른 의미화 과정 없이 그냥 삽화처럼, 만화처럼 처리되었다. 우리는 「박하사탕」에서 영호가 삶의 중심을 잃어버릴 때면 다리를 저는 것을 목격한다. 광주에서 피에 절은 군화가 표상하는 학살자의 트라우마가 재

「전명출 평전」의 한 장면 ⓒ남산예술센터

현되는 것이다. 하지만 명출은 트라우마가 없다. 외상은 있되 이후의 스트레스 장애가 없다. 이것이 그의 삶이 처한 최고의 트라우마다.

2. 전명출은 사람이 아니무니다!

백하룡 작가는 한 인터뷰에서 전명출을 나쁜 사람이 아니라고 했다. 작가는 우리 아버지가 모두 전명출이었고, 결국 우리 모두가 전명출이다는 고백을 강요하고 있다. 하지만 전명출은 그냥 사람이 아닐 뿐이다. 그저 인간쓰레기다. 원래 '착한 사람'이었다면 그렇게 극악무도한 행위를 저지르게 된 변곡점이 있어야 한다. 액면상 그것은 삼청교육대이다. 이것 하나만으로도 부족할 판에 이 장면마저 죽여 버렸으니 말해본들 무엇하랴. 작가는 명출을 시대의 희생물로 자리매김하고자 한 듯하다. 출향을 강요한 지독한 궁핍과 부정과 불의를 강제한 비정한 시대가

죄라는 것. 전형적인 친일파 논리와 똑같다. 어쩔 수 없는 절박함, 어쨌든 생존해야하는 긴박함, 얼치기에 맡기느니 차라리 내 손에 피를 묻히자? 자발적이든 강요에 의해서건 상황과 환경을 탓하는 건 비열한 변명이다. 군사정권의 폭력과 강압적인 사회분위기, 성장지상주의의 비인간적 환경, 인간은 역사와 시대를 벗어나 살 수 없다? 역시나 친일파 논리다. 이 논리에 따르면 만주벌판에서 독립군가를 부르며 이름 없이 쓰러져간 투사들은 만족을 모르고 매사 불평불만에 사로잡힌 성격파탄자이거나 중도와 순리를 모르는 과격분자, 목적을 위해 수단을 정당화하는 테러리스트일 뿐이다. 차갑게 말하자. 전명출은 위선적이고 속물적인 인간쓰레기다. 우리가 취할 태도는 조롱과 야유이며, 그 상황과 환경에 대한 차가운 반성과 성찰이다. 원래 '착한 사람'이었다고? 작가의 머릿속에서는 한때 그랬는지 모르지만 관객의 눈에 비친 전명출은 타고난 사기꾼에, 저열한 협잡꾼에, 반성도 회개도 않는 지독한 파렴치한이다. 시대를 잘못 타고난 비극적 인물? 명출의 비

「전명출 평전」의 한 장면 ©남산예술센터

극은 세 번의 매달림을 통해 자기에게 내려진 '계시'를 읽지 못했다는 점이다. 세 번에 걸쳐 회개의 기회를 주었건만 그것이 구원의 밧줄이었다는 걸 깨닫지 못한 점이다. 삼세판 중 한 번도 그 의미를 추궁하지 못한 것, 3이 갖는 그 상징적 의미를 이해하지 못한 것이 그의 비극이다. 우연을 상징화시키는 대사가 절실한 부분이다.

명출을 가련히 여기라고 충고하는 작가의 사후담은 민주주의가 10년 뒤로 후퇴하고 녹조라떼를 생명수처럼 즐겨 먹어야 하는 작금의 현실을 보면, 그 현실의 무게를 고려하면, 절대 동의하기 힘들다. 「전명출 평전」은 한 개인의 삶에 대한 당위성보다는 집단적 기억이라는 프레임으로 명출을 바라보게 만들기 때문이다. 우리가 보는 것은 전명출 한 개인이 아니라 그 너머에 있는 기저텍스트, 명출의 삶을 시궁창에 처넣은 '역사'라는 기저텍스트이다. 역사는 집단이 공유하는 공적인 체험인 동시에 현재의 삶을 진단하고 미래의 전망을 타진하는 축적된 데이타이다. 우리의 체험이, 우리의 기억이 과연 한 개인의 삶을 너절한 쓰레기로 만든 주역인가? 아니다. 명출은 원래 그런 인간이다. 그의 죽음은 어떤 의미부여도 무효화시키는 개죽음이다. 그런데 우리더러 모두 명출(과 한패)임을 자백하라고 강요하는 것은 명백히 폭력이다. 그것은 지난 30년을 승리의 역사가 아니라 패배의 역사, 진보의 역사가 아니라 부실공사의 역사로 환원한 극작가가 떠안아야하는 불명예이다. 「꺼삐딴 리」는 시종일관 차가운 조롱과 냉소어린 야유로 공분을 야기한다. 영화 「박하사탕」은 트라우마의 기원을 고백하고 상실에 대한 애도행위로 삶을 처단하는 극단적 자기처벌을 단행한다. 명출에게 필요한 것은 「꺼삐딴 리」보다 더 강력한 모욕과 풍자이다. 그것 말고는 명출을 기억할 이유가 없다. 명출의 삶은 성장신화의 허구성과 건설을 통한 압축성장의 후유증을 증명하는 농액이다. 도려내고 닦아내야할 고름이지 연민과 동정의 대상이 아니다.

3. 전명출은 확신범이다

타인의 인격에 대한 파렴치한 태도, 상대의 신뢰에 대한 저질스러운 대응. 명백히 새디스트 증세다. 공격적 가학성의 본질은 자기 자신에 대한 무력감이다. 폭력적이고 가학적인 시대, 공포와 혐오 외에는 딱히 거둬들일 감정이 없던 시대였다. 그 앞에서 나약한 개인은 무력할 수밖에 없다. 무력한 영농지도자를 살린 것은 순님이다. 그녀의 따귀를 때린 것도 자신의 무력감을 구원해줄 유일한 방식이기 때문이다. 자신이 당한 모욕보다 더 큰 망신을 그녀에게 쏟아 부었을 때 그는 자살을 면할 수 있었다. 마초적 폭력이 가장의 구겨진 체면을 살린 것이다. 첫 번째 매달림이 필연적이라고 한 이유가 여기에 있다. 이 장면은 출향 동기보다 더 큰 것을 암시해준다.

새디스트는 자신의 무력감을 은폐시키기 위해 외부의 힘을 사칭·참칭하여 강한 자가 되려 한다. 명출에게 강한 힘은 곧 돈이다. 무력한 명출은 힘에 목마르고 권력에 애탄다. 힘에 대한 숭배, 권력에 대한 복종은 새디스트 히틀러가 국민을 대상으로 익히 써먹은 전술이다. 새디즘과 매저키즘이 동전의 양면이라는 사실은 이제 상식 축에도 못 낀다. 둘은 치명적 무력감의 두 측면이다(에리히 프롬). 히틀러에 대한 매저키즘적 애착으로 포화된 독일병정들이 유태인들에게 그 지독한 새디즘을 방출한 것이 대표적 사례이다. 새디즘 기질이 있는 더 큰 힘, 더 큰 권위 앞에서 숭배와 존경을 표하는 것이 매저키즘의 특징이다. 명출이 영웅으로 모시는 현장소장에게 저항했다가 삼청교육대로 가는 것은 자신의 무력감이 결정적인 상처를 입는 대목이다. 명출의 저급한 생존투쟁은 자신의 무력감을 은폐하고 권위에 의해 보상을 받기 위해 벌인 처절한 악다구니다. 그렇기에 그는 반성하지 않는다. 삶을 돌아보지도 않는다. "하루하루가 전쟁 아니가. 현재가 중요한 기다. 니도 너무 과거에 살지 마라." 전쟁을 삶의 은유로 채택한 자의 운명은 고달프다.

「전명출 평전」의 한 장면 ©남산예술센터

무력감으로 인해 바닥까지 처박힌 존엄성과 가학적 권위를 획득하기 위해 불물 가리지 않는 욕망까지의 거리가 지난 30년간 우리를 포위한 삶의 울타리다. 전명 출이 보여준 그 광활한 진폭이 우리의 절망과 속물적 욕망이 횡단한 치욕의 과거 라는 어법이라면 동의를 한다. 하지만 전명출은 확신범이다. 피해자라고 확인하 기도 전에 가해자의 길을 걷는다. 대세추종적 수동형이 아니다. 명출은 국가 이데 올로기의 구호와 함성을 개인적 전망 위에 덧씌우고 이를 위선적으로 악용한다. '정의사회구현'에는 부실날림공사로, 3당 야합엔 처남댁과의 불륜으로, 4대강 기 만엔 악질사기극으로 대처한다. 국가의 명령이 그의 신조이고 국가의 청부가 그 의 행동수칙이다. 허구이고 사기인줄 알면서도 그러는 게 아니라 확신과 사명을 갖고 적극적으로 악에 부역하는 것이다(친일파들의 멘탈리티와 동일하다). 무력감 콤 플렉스와 삼청교육대의 외상이 피해자의 고통과 공포에 대한 지각 기능을 심각 하게 훼손한 결과이다. 악에 대한 도덕적 판단력이 부재하고 타인에 대해 무례하 고 무지하며, 권위적 목소리에 적극 동조한다는 점은 지난 정권 나라님의 자질과 무척이나 닮아있다. 주변부 인물의 프레임으로 역사를 조망하는 서사는 흔히 주 변부의 잔상으로 중심부의 초점을 도드라지게 하는 효과를 가지고 있다. 건설, 입신, 성장, 도덕불감증 등 이 시대 국가 지도자의 표상에 대한 연상은 「전명출 평전」이 선사하는 사은품이다. 특히 광신도(?)가 되어 '기적의 씨앗'을 뿌리는 장면. 순님과 처남, 친구들 앞에서 뻔뻔스레 거짓말을 하는 그 도저한 후안무치! 십일조 많이 내기 위한 짓이라는 명출의 해명은 진심이다. '잃어버린 10년' 때문에 그는 새로운 권위를 영접한 것이다. 안면몰수는 수치심의 압박감을 반동적으로 회피하고자 하는 강박적 충동이다. 종교는 명출의 수치심을 깨끗하게 상쇄시켜주는 완벽한 정신적 대안이다. 믿음이 강해지면 그만큼 철면피의 두께도 두꺼워진다. '전장로'라는 착상은 시대적 개연성과 역사적 타당성을 보증하는 리얼리티의 극치이다. 4대강 사업 전도사, 전장로!

4. 전명출, 용서받지 못할 자

피날레에서 명계에 든 전명출은 순식간에 '착한 사람'으로 호명된다. 이제 우리는 전명출의 모든 악행과 추악한 본성을 순식간에 집어삼켜버리는 블랙홀 속으로 들어가서 그 흡입력의 강도와 동력에 대해서 따져봐야 한다. 그 블랙홀의 수문장은 엉뚱하게도 순님이다. 마냥 착하고 순박하기만 했던 순님이 극을 마무리하는 마지막 장면에서 '대박'을 친다. '착한 사람' 전명출을 호출하여 순애보를 읊고, 망자에 대한 묻지마 애도로 객석을 숙연하게 한다. 개차반에 대한 무조건적 사랑, 수몰지, 청춘, 과거, 죽음, 용서 등 여러 기억과 감정들이 오가면서 코끝이 찡해온다. 임팩트! 정치, 역사, 윤리 모두 판단정지! 진실, 객관적 실체, 반성, 논리, 모두 나가 놀아! 지금 이 황홀한 감정 상태면 족해. 사태의 본질은 망각하고 감정적 자기기만으로 빠지는 것! 전형적인 센티멘탈리즘 공식이다. 애도 대상이 선하든 악하든, 잘났든 못났든 상관없다. 감상적인 음악, 어둑어둑 조명, 배우의 절규, 꽃가루 날리고 배우 울면 디 엔드!

센티멘탈리즘은 폄하가 아니다. 우리에게 익숙한 정서로 황폐한 현실을 위무하는 순기능도 있다. 미워할 구석이라고는 티끌만큼도 없는 조강지처 순님이 부창부수의 지고지순한 뜻을 좇아 망부가를 부르며 석별의 애환을 쏟아내는 게 어떻단 말인가(이 대형작품이 노골적으로 표방하는 전근대적 남근숭배사상에 대해 여성평론가들이 즉각적이고 적극적인 대응을 하지 않는 것은 미스터리다. 착하거나 게으르거나 둘 중 하나). 맞다. 실제로 우리네 여인들이 그렇게 살아오지 않았던가. 맞다. 하지만 개연적인 진실과 서사적으로 떠맡아야할 필연적 기능은 엄연히 다르다. 순님이 맡은 극 기능이 명출의 인간적 패행에 대해 감상적 면죄부를 주고 관객들이 누적시켜온 명출에 대한 적의를 한꺼번에 희석시켜버리는 '판엎기'인가?

판엎기의 명분도 신혼시절 명출이 고무신 팔아 사준 아이스크림과 그때 본 그의 '환한 얼굴'이 전부다. 순님의 가슴속에 각인된 '환한 얼굴'에 대한 기억이 명출의 개인적, 역사적 패덕을 상쇄시키는 비장의 무기란 말인가? 깜이 안 된다. "내 가장 아름다웠던 시절, 차마 잊지 못할 기억"이라서? 노스탤지어로 치장된 미적 가치가 역사화된 범죄를 윤리적으로 정당화시킬 수는 없다. 도대체 이 순님의 여필종부를 서사적으로 미학화하는 이념적 토대는 무엇일까? '순님은 원래 그런 여자'란 설명은 서사화 과정의 모든 레서피를 한꺼번에 무력화시키는 안이한 대답이다. 그렇다면 순님이 만들어놓은 블랙홀, 아니, 순님이 빠져있는 블랙홀의 정체는 무엇인가? 이에 대한 대답은 합천댐에서 찾아야 한다. 자신에 대한 온갖 폭력과 사람을 죽이게 만든 부실공사, 거기에 천인공노할 패륜까지 명출의 백화점식 패덕을 일순간에 망각하게 만드는 그 최면제, '환한 얼굴'에 대한 과도한 집착은 우울증적 주체라는 병리적 진단을 가능하게 한다.

프로이드의 이론에 따르면 애도의 경우, 상실된 대상에 대한 모든 리비도를 철회함으로써 상실의 고통에서 벗어날 수 있지만, 우울증은 상실된 대상을 나르시시즘적으로 자기화함으로써 대상 상실을 자아 상실로 이어간다. 이렇게 변형된 자아는 자존감 상실과 극심한 자기비하를 겪게 된다. 순님에게 합천댐의 수면은 자신의 나르시시즘적 욕망을 충족시킬 수 있는 우울의 공간이다. 원상복귀 가능성이 제로에 가까운 수몰의 현장은 안전하게 자기애를 투사시킬 수 있는 완벽한 폐쇄회로이다. 금지와 불가능은 모든 욕망의 출발점이고, 다른 가능성이 원천적으로 봉쇄된 철저한 폐쇄회로는 완벽한 자기연민을 보장하기 때문이다. 합천댐이 상기시키는 실향민의 애환이나 잃어버린 자연에 대한 애수는 자기연민의 빌미이다. 그 수면 위에서 순님이 보는 것은 명출의 '환한 미소'이다. 더 정확히는 그런 미소를 가진 명출이 바라보고 있는 순님 자신의 모습이다. 그녀는 명출에 대한 (유일한) 아름다운 기억을 물신화함으로써 그 기억이 포위하고 있는, 그 기억과 동행하고 있는 '아름다운 자아'를 그리워하는 것이다. 합천댐은 나르시시즘적인 주체가

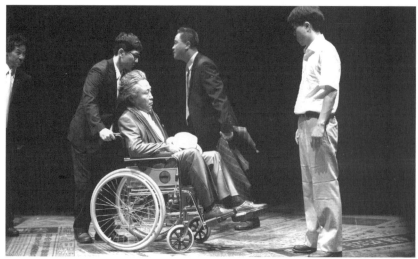

「전명출 평전」의 한 장면 ⓒ남산예술센터

상실된 대상과의 상상적 관계를 지속하는 공간이다(이것을 시각화하지 않은 것은 박근형 연출의 명백한 실책이다). 순님의 자아동일성은 타자의 존재에 의해서 볼모로 잡혀 있다. 이것이 그녀가 묻지마 애도를 수행할 수밖에 없는 이유이다. 순님의 초혼행위는 욕망이 구성한 허구적 대상에 대한 집착을 넘어서지 못한다. 그녀를 과거의 시공간에 영원히 유폐시킨 것이 명출이 저지른 마지막 패행이다. 역사화된 개인의 범죄가 노스탤지어적 멜랑콜리 뒤로 몸을 숨기는 장면은 그리 유쾌하지 않다.

5. 언어의 장벽

「전명출 평전」의 대사는 살점을 뚝뚝 썰어내는 날카로운 언어다. 복잡한 수식이나 잉여적 설명을 피하고, 절벽처럼 곤두선 메마른 언어들이다. 물기 하나 없는 깡마른 섶나무 같다. 여물고 단단한 뼈다귀가 그대로 드러난 직설의 언어다. 경상도 사투리 특유의 간결함과 토속성이 있고, 때로는 머리에 닿기 전에 가슴을 먼저 적시는 시적 습기도 품고 있다. 해학과 익살도 적지 않고 폐부를 찌르는 반어도 적나라하다. 감상적 파토스까지 느껴질 정도로 정교하기까지 하다. 하지만 토박이조차 맥락이 주어지지 않으면 정확한 억양으로 재현하기 힘든 몇몇 단어들은 몰입을 방해하는 훼방꾼들이다. "올개는 다 힘들지 머." "그라목손, 이거는 제초제 아닌가." "놀랜킬끼라 맹물 넣어 논 긴데." 등이 그 예이다. 어떤 텍스트가 주어지더라도 자유자재로 '표준 발음'을 구사하는 김지영(金志映, 1938~) 같은 배우가 있으면 참으로 좋으련만 우리의 현실은 그렇지 않다. 특히 "내 오래된 미래가 있지. 나만 아는 서늘한 기쁨이 있지." 같은 대사는 수천수만 번을 연습해도 도달하기 힘든 경지에 있다. 작가가 고민해야할 부분이다.

아프지 않게 역사를 기억하는 요령

공연명: 「야끼니꾸 드래곤」
극작/연출: 정의신
극단: 한국 예술의 전당과 일본 신국립극장
공동제작
상연일시: 2011.03.09. ~ 2011.03.20
상연장소: 예술의 전당 토월극장
관극일시: 2011.03.15. 19:30

피해자의 강박

　일본은 참 불편하다. 침략과 약탈로 얼룩진 오랜 역사적 관계가 그렇고, 여전히 청산되지 않은 일제강점시기의 앙금이 그렇다. 과거의 만행에 대한 반성 없이 식

「야끼니꾸 드래곤」의 한 장면 ⓒ예술의 전당

민통치기를 찬양한다거나, 한민족을 비하하는 망언을 서슴없이 저지를 때면 불편은 곧 분노로 바뀐다. 때린 놈은 다리 뻗고 자지 못한다지만, 역사는 그렇지 않다. 우리가 보기에 일본은 여전히 거드름을 피우며 강자 행세를 하고 있고, 전쟁범죄와 학살, 인권유린을 반성하기는커녕 호시탐탐 군국주의의 칼날을 가는 음험한 사무라이 흉내를 내고 있다.

문제는 이런 일본을 어깨동무 친구로도, 배척하고 도외시할 남으로도 대할 수 없는 우리의 처지이다. 겉으로는 선린과 우호의 구호를 남발하지만, 그 이면에는 침탈과 착취로 인한 피해의식과 굴욕과 열등감으로 인한 자기비하, 그리고 가해자에 대한 씻기지 않는 분노와 경쟁 심리, 질투심이 똬리를 틀고 있다. 정신분석학에서는 울분이나 원한을 과도하게 억압할 경우, 자기방어기제로 속마음과 전혀 반대되는 행동양상이 발현되는 것을 '반동형성'reaction formation이라고 명명하는데, 일본을 대하는 우리의 태도는 바로 이러한 신경증적 강박 증상을 떠올리게 한다.

이중감정의 음영

수십 년간 반복적으로 체화된 이런 정신분열적 징후는 최근 일본 대지진과 독도 교과서 문제 속에서도 고스란히 드러난다. 대지진 초기에 국적을 초월한 휴머니즘적 지원이 쏟아지다가 순식간에 그 열기가 식어버린 것이 그것이다. 3월 15일부터 17일 사이에 매일 30억 원에 가까운 성금을 걷은 대한적십자사는 일본 독도 교과서 논란이 시작된 3월 21일 이후로 하루 모금액이 10억 후반대로 급감했다고 밝혔다. 교과서 왜곡이 아무리 중대한 사안이라고 해도 만 명이 넘는 사망자를 낸 국가적 재난에 비견될 수는 없다. 아니, 비견될 수 있다고 억지를 부릴지라도 교과서 왜곡과 인도적 지원은 서로 차원을 달리하는 문제이다. 아이가 장난감 사달라고 떼쓴다고 흐르는 코피를 닦아주지 않을 텐가. 어렵게 꺼낸 자선의 카드를 이처럼 쉽게 철회해버리는 경박함은 떼쓰는 아이에 대한 응징도, 보복도 되지 못한다. 이것은 우리 내부에 잠재한 강박적 민족 정서의 교착에 불과하다. 증오와 우호의 양립불가능성을 스스로 노출시킬 뿐이다. 이는 이성으로 통제되지 않는 감정의 하중에 짓눌려 스스로 패착으로 가는 지름길이다. 그 패착의 한 가운데에 재일동포 문제가 폐가처럼 쓸쓸하게 버려져 있다.

증오도 우호도 아닌 애매모호한 회색 감정은 남북대립이라는 변수까지 개입하여 점점 더 운신의 폭을 제한시킨다. 우리가 망설이고 티격태격하는 동안 재일동포들은 잊혀지고 버려졌다. 그들이 어떻게 살았는지, 어떻게 살아가는지 우리는 모른다. 김희로 사건은 왜 일어났고, 추성훈과 이충성은 왜 귀화를 했는지 우리는 관심이 없다. 정대세, 안영학, 량용기, 리한재가 어떤 싸움을 벌이고 있는지 우리

「야끼니꾸 드래곤」의 한 장면 ©예술의 전당

는 냉담하다. 우토로에서 무슨 일이 벌어지고 있는지 우리는 알지 못한다. 재일동
포의 문제에서 우리의(정부도, 국민도) 유일한 태도는 침묵이고 외면이다. 모순적이
고 이중적 감정의 틈새에서 그들은 점점 더 지워지고 있다.

미학과 윤리의 방정식

그러던 차에 실어증과 이지메, 자살 시도, 고교 자퇴의 상처를 안고 유미리
가 왔고, 그후 빈민촌 고물상 아버지와 청소부 어머니 슬하에서 가난과 차별,
멸시를 견뎌낸 정의신이 왔다. 호적에서 파낸 자식이 제 부모의 위선과 강박
을 증명이라도 하듯이 상처와 슬픔을 안고 고향에 찾아왔다. 그리고 우리는
열렬히 환대한다. 고난과 좌절을 극복하고 일본 주류 연극계에서 당당히 명함

「야끼니꾸 드래곤」의 한 장면 ©예술의 전당

「야끼니꾸 드래곤」의 한 장면 ©예술의 전당

을 내민 정의신을 찬양하며 영웅화 작업에 여념이 없다. 기특하고 장하단다. 「야끼니꾸 드래곤」의 예술성에 대한 찬사가 이어진다. 부모의 버림을 받은 자식이 훗날 성공하여 집을 찾아오자 그 애비가 자식이 가져온 재산목록을 보며 흐뭇해하는 풍경이다. 자식이 겪었어야 했던 신산스러운 삶의 역경은 보지 않고, 애정 결핍된 자식의 상처를 핥아줄 생각은 않고, 혼자서도 잘 자란 자식 자랑에 여념이 없는 꼴이다. 찢겨지고 할퀸 자신의 상흔을 보여주는데도 그것이 제탓 아니라는 듯, 이미 지나간 일이란 듯 딴청이다. 아니, 제탓이라는 죄책감을 호들갑으로 애써 은닉시키려 한다. 심지어 애초에 차별이란 존재하지 않았다는 증거인멸을 공모하려는 듯한 무의식적 음모까지 느껴진다. 「야끼니꾸 드래곤」에 대한 찬사 수위가 높아질수록, 재일동포의 고난은 미화되거나 침식된다. 그리고 우리의 죄책감도 경감된다. 미학에 손을 들어 윤리를 잠재우려는 것이다. 미학과 윤리의 반비례 관계에 못 박기. 호들갑 속에 감춰진 우리의 무의식은 이처럼 불순하다.

과거는 미래에서 시작 된다

「야끼니꾸 드래곤」을 향한 시선에는 우리가 방치했던 그들 삶에 대한 반성과 분석은 없다. 그들의 삶은 여전히 눈물겨운데, 상황 종료된 듯 고생했다고 어깨를 두드린다. '반쪽바리'의 삶은 계속 되는데, 우리가 할 말은 여전히 '알아서들 사시오'이다. 이 모든 것을 얼버무리는 열광적인 박수소리에 넋이 나간다. 그래서 천편일률적인 찬사는 마치 우리의 정신분열증이 발각된 것처럼 민망하고 부끄럽다. 이제는 감정의 이중성조차도 더 이상 불편하지 않는 이 '극복의지없음'이 낯 뜨겁고 열없다. 예술이 보여주는 삶의 진실에 대해서는 침묵하고, 그 아름다움에만 경도되어 형식에만 집착하기 때문이다. 삶을 보지 못하고 삶의 거적만 보고 있는 것이다. 이것 또한 우리가 겪는 강박의 일종이다.

단도직입적으로 말하자. 「야끼니꾸 드래곤」은 우리에게 육중한 화두를 던지고 있다. 보상을 요구하는 버림받은 자식의 투정이 아니다. 진정 우리는 「야끼니꾸 드래곤」에 대해 응답할 준비가 되어 있는가? 그 화두, 우리가 코앞의 이익에 눈 멀고(한일협정), 이중감정의 현기증에 시달릴 때, 이들이 자존심과 생존권을 담보로 하여 다져온 그것은 무엇인가? 용길이 부부는 일본에 남고, 시즈카 부부는 북한으로, 리카 부부는 남한으로, 미카는 일본인과 결혼하면서 극은 종결된다. 「야끼니꾸 드래곤」은 사지선다형 문제의 네 가지 제시안을 우리에게 내밀고 있다. 재일동포들이 수없이 선택을 강요받아 왔을 네 가지 삶의 방식. 일본이냐, 조선이냐. 일본이라면 우리끼리냐, 일본인과 함께냐. 조선이라면 남조선이냐, 북조선이냐. 그렇다. 「야끼니꾸 드래곤」는 아픈 과거를 말하는 것이 아니라, 우리의 미래를 가리키고 있다. 남한에서, 북한에서, 그리고 일본에서 용길이네 가족들은 과연 행복할 수 있을까? 우리는 과연 이들 가족을 다시 만나게 해줄 수 있을까? 일

「야끼니꾸 드래곤」의 한 장면 ⓒ예술의 전당

본과 한국, 남한과 북한으로 갈가리 찢겨진 이들에게 우리는 구원이 될 수 있을까? 재일동포의 과거와 미래를 규정하는 이 선택지에 대해서 답을 궁구하지 못하면 「야끼니꾸 드래곤」에 대한 찬사는 허구다. 이 문제에 대한 강박적 혼란을 극복하지 못하면 「야끼니꾸 드래곤」의 예술성은 빛 좋은 개살구이다. 「야끼니꾸 드래곤」은 소외받고 멸시받은 자의 자기고백 속에서 진주처럼 영그는 진실한 깨달음과 진지한 관조를 담고 있다. 그것은 분열을 통합으로, 증오를 화해로 전환시키는 강렬한 염원을 내포한다.

체호프의 잔영

삶을 있는 그대로 수용하는 깨달음과 관조의 미덕은 「야끼니꾸 드래곤」을 체호

178

프 드라마와 한 무리로 엮어주는 주요한 근거이다. 실제로「야끼니꾸 드래곤」에는 체호프적 특성이 넘쳐난다. 탈출을 꿈꾸나 삶의 굴레에서 벗어나지 못하는 존재들이 등장하는가 하면, 엇나간 사랑과 삼각관계 등 연정을 토대로 한 드라마가 펼쳐지고(「갈매기」), '떠나기'로 무대 막을 내린다. '일'에 대한 집착과, 이렇게 아등바등 살아도 결국 미래엔 잊히고 말 것이란 체념(「바냐 삼촌」), 땅을 밀고 공원으로 재개발하는 설정(「벚꽃동산」)도 체호프에게 의지하고 있다. 특히 책임감 강한 노처녀 올가, 불행한 결혼생활에 지친 마샤, 순진하고 꿈 많은 이리나, 정신적 문제가 있는 외아들 안드레이가 등장하는「세 자매」의 가족 구성은 용길이네 가족 구성(시즈카, 리카, 미카, 토키오)과 정확히 겹친다. 의사소통의 단절과 희비극적 분위기도 일정부분 체호프에게 빚지고 있다. 개인적인 절망과 비애를 집단적인 웃음과 폭소로 희석시켜버리는 것도 체호프를 따르고 있다. 삶을 개조시키려는 의지나 가능성보다는 운명과 팔자에 의탁하려는 태도도, 부성의 권위가 약화되거나 퇴화되어 드라마적 탄성이 거의 제로에 가까운 점도 체호프적이다.

그렇다고「야끼니꾸 드래곤」이 체호프의 잔영에만 의존하는 것은 아니다. 개성이 넘치는 인물묘사와 여흥과 서정, 갈등과 이완을 적절히 엮는 플롯 구성의 묘미, 잠시도 눈을 뗄 수 없게 만드는 부산스러운 리듬감과 활력, 슬픔과 기쁨의 감정적 진폭을 극대화하여 희비극적 효과를 산출하는 연출적 집요함, 발성, 몰입, 제스처, 표현력 어느 하나 모자람이 없는 배우들의 놀라운 연기력 등「야끼니꾸 드래곤」이 내세울 수 있는 연극적 미덕은 셀 수 없이 많다. 특히 스산하고 음울한 철거건물을 배경으로 벚꽃이 날리는 마지막 장면은 누구나 평생 잊을 수 없는 강렬한 인상을 선사한다.

부성 부재

　하지만 무결점 공연의 종결자인 「야끼니꾸 드래곤」에도 거슬리는 점이 없는 것은 아니다. 웃음의 범람과 부성 부재가 그것이다. 「야끼니꾸 드래곤」에는 3년 전 공연에 비해서 훨씬 웃음이 많아졌다. 아니, 웃음이 헤퍼졌다. 삶에 대한 낙관과 소통에 대한 회의, 희비극적 전략 등 「야끼니꾸 드래곤」에서 웃음을 포진시킨 이유는 너무나도 명확하고 합당하다. 하지만 웃음이 극의 상황 분석과 정서 파악을 방해할 정도로 자주, 그리고 과하게 쏟아진다. 자막을 읽으며 웃음소리에 취하다 보면 에피소드가 훌쩍 지나가버린다. 자기절제에 능통한 일본 문화 속에서 그렇게 웃음이 방임될 수 있는 지도 의문이다. 극적 긴장감이 가끔씩 파스적 분위기 때문에 붕괴하는 것도 이와 무관하지 않다.

　둘째, 부성 부재는 정의신이 아버지 용길의 원형으로 삼은 인물들이 있기 때문에 그 리얼리티에 대해서는 논박할 수 없을 것이다. 하지만 그 극적 기능에 대해서는 풀리지 않는 의문이 생긴다. 아버지 용길은 사는 게 싸움인 사람이다. '인생은 전쟁'이라는 은유를 체현하는 사람이지만, 그가 어떤 전쟁을 수행하고 있는지는 정서적으로 다가오지 않는다. 그러면서도 토키오의 교육 문제에 있어서는 밑도 끝도 없는 완고함을 드러낸다. 그리고 토키오의 자살 후에도 쉽사리 감정을 드러내지 않는다. 심지어 반성도, 후회도 안 한다. 그는 늘 집 밖에 존재한다. 공동 우물에서 곱창을 씻고, 가게 골목길에서 물끄러미 앉아 있는가 하면, 중요한 장면에서는 무대를 비운다. 몸도 마음도 집 밖에, 가족 밖에 있다. 위치가 불안한 만큼 배역도 힘이 없다. 그러다보니 "이게 당신 팔자고 내 운명"이라는 그의 푸념은 무책임에 가깝고, "이런 날은 내일을 믿을 수가 있지"라는 마지막 메시지도 신뢰가 가지 않는다. 체호프 극에서 부성 부재는 지난 세대와 단절된 뿌리 뽑힌 존재를 그려내지만, 「야끼니꾸 드래곤」에는 딱히 맥락이 드러나질 않는다. 굳이 유추하자면, 가부장적 부성의 종착인 '국가'가 부재한 상황에 대한 알레고리가 아닐까 짐작된다. 아버지의 행위가 인간적으로 이해되지 않는 것은 관객 각자의 몫이지만, 그의 기능이 드라마적으로 이해되지 않는 것은 교정되어야 한다.

하늘 아래 다 같은 생명

무대에 관해서 한마디. 공연 20분 전부터 인물들은 무대 위에서 곱창을 구우면서 '삶'을 시작한다. 관객들은 '야끼니꾸 드래곤'을 지나가는 행인이자, 이웃으로 자연스레 무대의 리얼리티 속으로 스며든다. 자질구레한 소품까지 실제 사물들을 끌고 들어온 듯한 사실적 무대구성은 최근 우리 연극이 잊어버린(혹은 몰아낸) 리얼리즘의 환영성에 대한

「야끼니꾸 드래곤」의 한 장면 ©예술의 전당

향수까지도 자극할 정도다. 실로 간만의 풍경이다. 상세하고 세세한 디테일은 일본의 70년대라는 낯선 시공간을 망원렌즈 앞으로 호출하는 데에 성공하고 있다. 배우들의 연기도 스타니슬랍스키 시스템의 한 전형을 상기시키는데, 어쩌면 해방 전부터 이식된 우리 강단 연기술의 원형일지도 모른다는 생각에 그 자체로 짜릿한 면이 있다.

다시, 「야끼니꾸 드래곤」이 던지는 화두로 돌아가자. 우리가 일본에 대해 가지는 이중감정과는 별개로, 작가는 비극을 웃음으로, 감정의 빗장을 화해의 교두보로, 그리고 절망을 희망으로 승화시키는 놀랄만한 관조의 너른 품을 제시한다. 그런 점에서 무대를 열고 닫는 토키오의 역할은 명확하다. 지붕 위에서 지난 시절이 좋았다고 외치는 토키오의 고백은 살아남은 자들에게 던지는 준엄한 명령과도 같다. 일본에 머무르든, 남한으로 가든, 북한으로 가든 반드시 행복해야한다는 지상과제. 환경을 탓하기 전에, 차별을 원망하기 전에 먼저 인간으로서의 존엄성을 지켜야 한다는 간절한 염원. 그것은 증오와 원한을 넘어서는 고차원적 가치이다. 이중감정의 멍에에서 벗어나는 길이기도 하다. 그것이 용서하되, 잊지 않는 진정한 승리의 전략이다. 대입 국사시험을 영어로 보자는 고위공무원이 있는가 하면, 국사를 아예 선택과목으로 만들어버리기도 한 우리들이다. 친일파 척결, 강제징용과 정신대 문제를 해결하지 못하면, 우리의 강박은 역사적 근거를 상실하고 말 것이다. 한국과 일본이, 남한과 북한이 공존할 수 있는 토대를 만들지 못한다면, 우리는 토키오의 고백 앞에서 당당할 수 없을 것이다.

일본 대지진이 발생하자 누구보다 처참하게 일제에 능욕당한 정신대 할머니들은 "하늘 아래 다 같은 생명입니다"라고 외쳤다. 토키오의 죽음에 먹먹한 것도, 그들의 차별에 분노하는 것도 그 '생명' 때문이고, 그들을 용서하는 것도 '생명' 때문이다. 이보다 더 높은 가치를 우리는 여전히 알지 못한다.

무대에서 살기, 혹은 삶 연기

공연명: 「아버지를 죽여라 2」
극작/연출: 박정석
극단: 바람풀
상연일시: 2010.08.18 ~ 2010.08.29
상연장소: 혜화동1번지
관극일시: 2010.08.21, 16:00

1

　라캉의 지적처럼 아버지는 금지를 함축한다. 아버지의 이름에 접근한다는 것은
자아와 자아가 지닌 욕망을 포기하는 것이다. 아버지의 법칙은 곧 자식에게 체념
을 요구하는 금지의 명령이다. 아버지의 법칙을 수용하는 것을 오이디푸스적 동

「아버지를 죽여라2」의 한 장면 ⓒ극단 바람풀

일시라고 하고, 자식의 욕망 포기는 흔히 성숙(문화, 이성)의 지표로 간주된다. 오이디푸스 서사의 기본 구도는 신의 의지(=운명)와 투쟁하는 인간의 위대함을 현시하는 과정을 보여준다. 하지만 오이디푸스가 아비를 죽이고(친부살해) 어미와 근친상간 관계에 빠지는 것은 신이 정한 운명 때문도 아니고 집단의 폭력적 요구 때문인 것도 아니다. 오이디푸스의 비극이 운명이라는 외부의 거역할 수 없는 힘에 의해서 강제적으로 주어지는 것이긴 하나, 그것은 문학적 변용의 한 일례일 뿐이고, 심리학적으로 그것은 그의 가슴속 내부에서 용틀임치고 있던 무의식적 욕망(아비를 거세하고 어미를 차지하려는 내적 욕망)의 작동 때문이다. 이 운명의 거푸집을 신의 대장간에서 훔쳐와 용암처럼 이글거리는 인간의 내면속에 이식한 이가 바로 20세기의 지성사를 정신분석학으로 평정한 프로이트였다.

2

오이디푸스 이야기는 고대인들의 친부살해욕망이 신들의 행위에 투영되어 테베의 신화로 떠돌다가 소포클레스의 펜 끝에서 문학적으로 번역되어 아리스토텔레스의 「시학」에 등장하면서 가장 모범적인 문학의 일례로 추앙받게 된다. 그렇게 몸을 바꾸며 윤리와 도덕을 피해 모진 삶을 견뎌오던 이 이야기를 다시 추악하고 패륜적인 욕망의 진창으로 끄집어낸 자가 프로이트였다. 다시 말해, 카오스적 상태의 욕망덩어리가 신화라는 규범의 가면을 쓰게 되고, 윤리적 저항을 좀 더 적게 받는 문학적 상상력 속에 숨어 있다가 드디어 프로이트에 의해 다시 카오스적 무의식으로 본모습을 찾게 된 것이다.

무릇 모든 친부살해 이야기는 이렇게 가면 속(신화, 문학)에 가려진 낯 뜨거운 욕망이 제 얼굴을 드러내는 방식을 취할 수밖에 없다. 카오스의 것은 카오스에게로!
「아버지를 죽여라 2」도 이런 방식을 따르고 있다. 아버지를 죽이려면 그에 합당한
고도의 논리(즉, 신화, 문학이 담당했던 설득과 설명의 이야기 구조. 여기서는 친일파 척결)
가 필요하고, 그 논리를 만족시키려면 논리를 넘어서는 카오스적인 분노(무의식)가
필요하다. 「아버지를 죽여라 2」가 성공하기 위해서는 후자, 즉 우아하고 영웅적
인 논리의 세계를 뒤집어엎고 눈을 뽑게 만드는 거대한 무의식의 폭발이 필요하
다. '친일파 척결'이라는 논리에만 충실한 상원이라면 그는 유능한 애국자형 패
륜아에 불과하다. 논리도, 이성도 제지할 수 없는 무의식의 폭동, 의식의 거죽
을 찢고 분노와 적대감에 몸을 던지는 광기의 소용돌이가 필요한 것이다. 「아버
지를 죽여라 2」는 바로 이 지점, 즉 '윤리와 정의'의 갈림길에 서 있는 상원이 윤
리도, 정의도 아닌 그 무엇의 힘에 의해 아버지를 살해한다는 설정이 없다. 선영
에게 고백하는 어린 시절 얘기나 아버지와 논쟁하는 짧은 장면이 주어지긴 했지

「아버지를 죽여라2」의 한 장면 ⓒ극단 바람풀

만, 상원의 복잡다단한 심리를 구축하기엔 역부족이었다. 상원은 친부살해를 도모한 많은 선배들보다는 차라리 우유부단한 햄릿에 가까운데, 햄릿조차도 어머니를 차지한 (가짜)아버지에 대한 질투심에 휩싸여 어머니 '침실'에 난입하고 모욕적인 언사를 쏟아내지만, 상원은 아버지한테 따귀를 맞는 게 전부이다. 그를 들끓게 만들고, 주체할 수 없는 충동에 사로잡히게 만드는 강한 드라이브가 부족하다.

3.

　상원의 살해충동을 설명해주는 것은 오히려 그가 위장용으로 연기하고 있는 비극 「오이디푸스」라 할 수 있는데, 정동진이 '삼거리'를 언급하자 칼을 달라며 광기를 부리거나, 이후 자신의 신세를 오이디푸스에게 투사시키는 대사를 읊조리는 것이 그 근거라 하겠다. 연극은 가상이자 허구이고, 그 행위가 독립운동을 위한 위장이라는 점에서 이중의 허구에 해당한다. 이 몰입도가 낮은 허구 중의 허구에 상원이 광적인 반응을 보인다는 사실은 그에게 허구의 세계로 쉽게 이월하는 능력이 있거나, 현실을 거부하고 부정하는 적응장애가 있다는 것을 의미한다. 자신을 문학적 주인공과 동일시하고 현실의 윤리감각을 상실하는 것은 질병의 단계이다. 이는 현실에 대해 "연극하는 것하고 다를 게 있겠어? 연기한다고 생각하면 돼."라고 말하며 자신에 주어진 역할놀이에 유연하게 대처하는 강구에 비하면 지나치게 경직되고 부자연스러운 태도라 하겠다. 거짓말을 잘 못하고 진실만을 말하는 상원이 문학적 허구를 가장 강력한 진실로 수용하여 내면화한다는 사실 자체가 그의 비극이다. 물론 여기서도 진실을 밝히기 위해 가면을 쓴 오이디푸스처럼, 과연 상원이 무엇을 위해 가면을 쓰고 등장하는가에 대한 답변이 필요하다. 「아버지를 죽여라 2」에서 '대

「아버지를 죽여라2」의 한 장면 ⓒ극단 바람풀

'한독립만세'를 외치는 피날레, 즉 문학적 허구의 보호막 아래서(허구의 캐릭터인 오이디푸스에 완벽하게 동화되어) '정의'를 외치는 해답은 작가의 아이러니이거나 순진할 정도로 정직한 상원의 망상이다(그래서 이런 교과서적인 해답은 불편하다). 무대에서 삶을 살아내고 삶을 텍스트에 따라 연기하는 것은 20세기 초 수많은 모더니즘 기수들의 로망이었다. 이 과정이 설득력을 가지려면 상원과 오이디푸스와의 대화, 즉 상원이 점점 더 오이디푸스에게 다가가는 절차가 필요하다. 오이디푸스의 심리를 추론한다거나, 속죄행위의 정당성에 의문을 가진다거나, 혹은 자신 또한 훗날 또다른 오이디푸스의 아버지가 될 것 아닌가하는 심리의 심화과정이 요구된다.

4.

연출기법상 가장 아쉬운 점은 배우들이 대사 전달에 치중하여 움직임을 보여주지 못했다는 것이다. 연극이 논리를 앞세워 관객들을 설득하는 예술이 아닌 이상, 다양한 움직임과 볼거리로 눈을 즐겁게 하는 것이 최우선일 터이다. 어떤 의미에선 언어조차 볼거리(+들을거리)의 한 요소이어야지 않을까. 무대 장치도 소박하여 눈이 갈 곳이 마땅찮은데, 배우의 표정과 움직임이 너무 경직되어 즐거움이 반감된 듯하다. 특히 연극 연습이라는 훌륭한 극중극을 마련해놓고도 놀이를 만들어내지 못한 것은 못내 아쉽다.

동화와 역사의 이중언어

공연명: 「브루스니까 숲」
극작: 김민정
연출: 최진아
극단: 놀땅
상연일시: 2012.11.15 ~ 2012.12.01
상연장소: 선돌극장
관극일시: 2012.11.17. 19:00

버린 자식들의 반란

19세기 말부터 20세기 중반까지 한반도의 역사는 근대적 주권국가의 형성에 헌신한 시기였다. 외세의 무차별적 침탈과 일제강점기, 미국과 소련이라는 의붓아버지를 등에 업고 벌어진 6.25 내전, 그 후에 적자 정통성을 놓고 치열한 경쟁을 도모한 냉전시기까지, 그야말로 한반도는 '주인기표'를 쟁탈하기 위한 처절한 인정투쟁 현장과도 같았다. 주권국가를 정점으로 한 가부장적 상징질서구축은 절체절명의 과

「브루스니까 숲」의 한 장면 ©놀땅

「브루스니까 숲」의 한 장면 ⓒ놀땅

제였고 그 법통과 정당성을 획득하기 위해서는 피를 물과 구분하지 않았다. 환언하자면 이 시기는 망부의 자식들이 아버지(의 이름)를 옹립하고자 형제들을 살육하고 의붓아버지를 찢어 죽인 피의 연대기였다.

「브루스니까 숲」은 그 피의 연대기에 대한 고발이자 은유이다. 새빨간 브루스니까 열매는 끈질긴 생명력이나 신통한 치유효과보다는 하얀 눈 위에 낭자한 선혈을 연상시킨다. 남쪽 국회의원 일행을 암살하기 위해 나타난 북쪽 테러요원, 세 명의 아버지(국가)에 의해 배신당한 아들이 다시 자신의 아들에 의해 죽임을 당하는 기구한 운명, 엄마의 정신을 빼먹은 사내가 꿈에 그리던 첫 사랑의 남편이 되고, 아버지(국가)를 찾기 위해 자신을 거둬준 의붓아버지를 죽게 한 막돼먹은 인생. 널브러진 시체와 만악의 쓰레기를 먹고 자란 브루스니까 열매가 뱉을 수 있는 것이 선혈 말고 무엇이겠는가.

서있는 아버지, 누워있는 어머니

사할린 고려인들의 이야기를 다루는 「브루스니까 숲」은 감상적 순혈주의나 어설픈 민족주의를 말하지는 않는다. 먹고 살 만해진 남쪽이 버려둔 자식들을 찾아가 시혜의식이나 베풀며 민족감정을 자극하고 정치경제적 반사이익이나 기대하는 섣부른 '가진 자' 도식도 외면하고 있다. 철은 자살테러라는 극단적 정치행위를 자행하러 왔지만 이념적 논쟁이나 첨예한 사상대립을 하지 않는다. 오히려 철의 투철하고 맹목적인 사상성은 따냐의 조롱을 받는다. 큰 선물을 들고 온 남쪽의 손님들도 눈총을 받기는 마찬가지다. 누가 옳고 누가 그르니 하는 세속적 가치판단이나, 이념이니 조국이니 하는 인위적인 거대담론은 '쓰레기'다. 일제강점기나 태평양전쟁, 남북의 냉전경쟁 등 역사적 사실이나 사할린 동포에 대한 법적 차별문제(재외동포법) 등 현안은 배면에 내려앉는다. 그 대신 순수한 사랑이나 모성 회귀, 영원한 평온 등 목가적 모티프가 전면에 등장한다. 인간성이라고는 흔적도 없이 사라진 채 살인기계로 자라난 철이 예정도 없이 옛 사랑인 타냐를 찾아오거나, 동네 거지 여인 앞에서 느닷없이 고해성사를 하겠다고 우기는 장면, 혹독한 특수훈

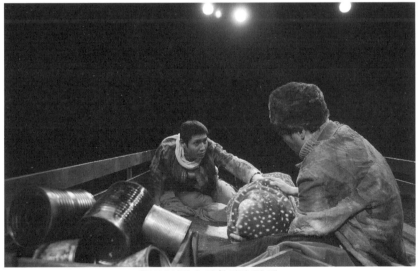

「브루스니까 숲」의 한 장면 ⓒ놀땅

련을 받은 철이 어이없게 거지 여인의 무릎을 베고 잠에 빠져버리는 장면 등은 살인, 증오, 임무, 조국 등 모나고 거친 개념과는 전혀 어울리지 않는다. "서서 자고, 배고픔도 참"는 조국과 사상의 테제가 아버지의 세계라면, 누워서 자장가를 들으면서 잠을 자는 따뜻한 대지는 어머니의 세계이다. 신념과 이념으로 무장된 아버지의 세계에 있던 철이 소리와 냄새가 있는 어머니의 세계로 진입하는 순간이 연극「브루스니까 숲」가 시작되는 지점이다. 아버지를 버리고 어머니와의 2자적 관계로 복귀하는 것, 부성 상징으로서의 조국을 벗어나 어머니 대지에 몸을 뉘는 것이 바로「브루스니까 숲」이 보여주는 영원한 평온의 공식이다.

동화 먹고 맴맴, 신화 먹고 맴맴

철에게 필요한 것은 폭력적이고 무책임한 가부장적 국가가 아니라 "머리를 쓰다듬으며 자장가를 불러주고 심장 소리에 즐거워"할 수 있도록 포근하게 안아줄 모성이었다. 철의 내면에는 원망스러운 아버지를 극복하고 어머니와의 상상계적 결합을 이루고자하는 태생적 욕망이 불처럼 타오르고 있다. 혈족 하나 없는 고향에 돌아와서 유일하게 기도하고 참회하고 싶은 인물이 '절름발이 군인'인 점은 '부은 발' 오이디푸스를 연상시키고, 우연히 만난 생부를 영문도 모르고 자기 손으로 죽이는 설정(생부 역시 의족을 착용한 '부은 발'이었다), 그 트럭의 행선지가 홈스크로 갈라지는 삼거리라는 점(오이디푸스가 생부를 살해하는 곳도 포키스와 보이오티아 사이의 좁은 삼거리였다), 거지 여인이 "내 아들아." 하고 부르자 혐오감을 표하는 장면 등은 「오이디푸스」서사와 밀접하게 의미를 내통하고 있다. 북쪽을 새로운 아버지(조국)로 영접한 철이 결국 아버지의 임무를 배신하는 것도 살부 욕망의 또 다른 표현이

192

다. 이런 신화적 구도, 그리고 관 속의 유골과 대화를 나누거나 노루가 가수로 변해 춤을 추다가 "사다리를 타고 하늘로 사라"지는 동화적 장면은 현실과 환상, 과거와 현재, 산 자와 망자가 가르는 이원적 세계의 경계를 서서히 지워내고 있다. 이는 이성이나 조국 등 남성적 합리성의 세계에 균열을 일으켜 공감과 공존을 지향하는 여성적 감각세계를 자극한다.

물론 이런 여성적 상상력이 동북아 평화연대 건설과 재외동포법 개정이라는 21세기적 요구에 얼마나 부합할지는 미지수이다. 조선족 · 고려인 문제건, 남북문제건, 국가나 민족단위의 범주설정이 여전히 유효한 현실을 고려하면 모성 회귀라는 낭만적 피날레는 여전히 '동화' 이상의 비전을 보여주지 않기 때문이다.

비루하고 차가운 현실과 몽환적이고 동화적인 환상의 이원 세계를 구김 없이

「브루스니까 숲」의 한 장면 ⓒ놀땅

덧붙인 최진아 연출의 투명하고 알뜰한 상상력은 모자람이 없다. 하지만 관객을 마주 보게 만든 반성적 공간배치가 과연 의도의 경제학을 충실히 실현했는지는 의문이다. 차라리 깊이 있는 공간설정을 통해 신화적이고 동화적인 이미지를 좀 더 풍성하게 생산하는 것이 낫지 않았을까.

chapter 5

삶의 이면과 배면

겉절이처럼 풋풋한 청춘밴드

공연명:「청춘밴드」
극작/연출: 홍영은
음악감독/작곡: 오준영
극단: 조은컴퍼니
상연일시: 2010.11.19 ~ 2011.01.30
상연장소: 키 작은 소나무 가변극장
관극일시: 2010.12.09. 20:00

인생의 한 철, 그 회복할 수 없는 열병...

　　인간 존재를 '노화'라는 치명적인 질병에 걸린 환자로 정의한다면, 청춘은 그 질
병에 가장 강력한 저항력을 지닌 인생의 한 시점을 의미한다. 질병에서 안전한 무

「청춘밴드」의 한 장면 ⓒ조은컴퍼니

196

균무때의 지점이기에 삶의 정점이기도 하지만, 저점을 향한 하향 곡선이 시작되는 변곡점이기도 한 시대. 혹자는 이 무균무때의 지점을 20대의 역사적 시점이 아니라, 말 그대로 푸른 봄^{靑春}이라는 정신적 가치로 치환시켜 회춘의 개념을 상정하기도 하지만, 그래도 춘래불사춘^{春來不似春}이라, 그 봄이 저 봄일 수 있겠는가! 돌아오지 않는 봄, 돌아보지 않는 봄은 그래서 봄을 넘긴 자들에겐 치명적 유혹이다. 눈을 현혹하는 알록달록한 봄의 빛과 코를 자극하는 그 마법 같은 꽃향기는 쨍쨍한 여름날의 녹음과 로맨틱한 가을 낙엽의 고혹이 결코 도달할 수 없는 무지개 너머의 추억이다.

팔딱 뛰는 등 푸른 '청춘밴드'

그래서일까, 청춘을 노래하는 대부분 예술가는 한때 파도처럼 요동치고 불꽃처럼 뜨거웠으며 폭풍처럼 감당할 수 없었던 자신의 청춘에 대한 회한과 그리움을 숨기지 않는다. 헷갈리고 쓰라리고 무모했던 청춘이었지만, 세월이 지나 어느새 예술가의 장독대선 유산균 가득한 김치 익는 냄새가 피어오르는 것이다. 무균무때의 청춘은 이렇게 유산균에 감염되어 숙성의 시절로 변질된다. 허나「청춘밴드」는 좀 다르다. 유산균이 가득한 장년 극작가의 성숙한 시선이나 동경이 없다. 노회한 예술가의 기억 속에서 이상화되고 낭만화된 그런 청춘도 없다. 발효되지 않은 날 것 같은 청춘은 회상이라는 프리즘을 통과하지 않고 현실에서 곧바로 튀쳐나온 듯 생생하다. 그래서「청춘밴드」은 청춘에 대한 드라마가 아니라, 청춘 자체의 드라마이다. 물론 그것은 서른을 바라보는 극작가 홍영은의 전기적 면모가 자연스레 작품 속에 녹아들어간 덕(혹은 탓)이다. 그 속에는 갓 잡아 올린 활어의 싱싱함과 동시에 날 것이 벗어날 수 없는 비릿함이 공존한다.

낯설고 거북한 현실

청춘에게 밴드는 떨칠 수 없는 매혹이고 특권이다. 강렬한 사운드, 폭발적인 외침, 좌충우돌의 모험, 격렬한 저항, 열정으로 합금된 우정, 짜릿한 하모니, 열렬한 환호 등 밴드는 청춘을 거친 많은 동시대인들이 공감하는(혹은 공감했던) 일종의 메

「청춘밴드」의 한 장면 ©조은컴퍼니

타포이다. 하지만 젊어서 시를 쓰지 않은 자는 가슴이 없고, 늙어서도 시를 쓰는 자는 머리가 없다고 했던가. 밴드 메타포는 유통기한이 있다. 어쩌면 밴드 메타포가 그토록 뜨겁게 청춘들을 자극하는 것도 그 유한성 때문일 지도 모르겠다. 강하게 불을 댕기지 못하면 곧 꺼져버리고 말 불씨이기에. 그래서 밴드를 주제로 삼는 드라마에는 항상 헝그리 정신과 깨질듯 말듯 한 팀워크가 전형적인 갈등소로 등장한다. 높은 이상만큼이나 밑이 보이

지 않는 현실과의 처참한 조우가 기다리고 있는 것이다. 그리고 그 배고픔과 전망 없음, 불화는 자존심과 비타협을 목숨처럼 여기는 밴드 정신에 입각하여 감동적 으로 '땜빵'된다. 그것이 중년들이 청춘을 관리 · 회복 · 추억하는 방식이었다. 근데 「청춘밴드」에는 그런 격렬함이 없다. 무대포도 없고 깡도 없고 객기도 없다. 주인공들은 자존심에 상처를 입고 현실과 타협하며 빠르게 일상을 회복한다. 강인은 그렇게 레코드 가게를 빼앗기고, 지오는 그렇게 친구를 버리고(?) 다른 밴드로 스카우트 되어 떠난다. 이건 청춘이 아니라고 항변하고 싶지만, 이런 결말은 너무나 '현실'적이다. 청춘을 기억하는 자에겐 청춘이 아니지만, 청춘이 현재형인 자에겐 너무나 현실적인 청춘의 모습인 것이다.

윤리에 무릎 꿇은 미학

정말 88만원 세대의 청춘은 이렇다. 선배 세대들이 품었던 청춘의 낭만이나 해방은 없다. 오늘날 젊은이들에게 청춘은 스펙 관리에 목숨 거는 비자발적 실업상 태에 불과하다. 선배 세대는 오라는 직장에도 불구하고 저항의 상징으로 밴드를 했지만, 88만원 세대는 낙오를 각오하고 밴드를 한다. 이들에게 비타협적인 자존심이니, 음악정신으로 무장된 우정이니 하는 것은 너무나 비현실적 얘기들이다. 그들에게 청춘은 낙관과 낭만, 희망의 연대가 아니라, 이렇게 토막 나고 좌절되고, 그래도 살아내야 하는 터널 같은 것이다. 동아줄 하나라도 내려진다면 물불 따지지 않고 잡고 오르는 게 이들의 윤리이고 정서이다. 「청춘밴드」에게 밴드 장르의 연극적 문법, 혹은 전통적 플롯을 강요한다면, 그것은 이들에게 낭만과 해방을 강탈한 선배세대의 간 큰 허욕에 불과하다. 청춘이 낭만이었을 뿐만 아니라, 그

「청춘밴드」의 한 장면 ©조은컴퍼니

회상조차도 낭만인 선배세대는 88만원 세대의 청춘을 저당잡고 무한질주를 즐겼던 셈 아닌가. 「청춘밴드」의 새로운 문법과 변칙적 플롯에 아쉬움과 갈증을 느끼면서도 선뜻 교과서 표지의 채찍을 들 수 없는 이유는 이런 죄책감 때문이다.

연주와 연기의 하모니

음악을 직접 작곡한 오준영 감독의 수준 높은 음악성과 악기 연주부터 무대 매너까지 불철주야 연습에 매진해온 배우들의 갸륵한 정성도 빼놓을 수 없는 매력점이다. 총 30분가량 되는 콘서트 시간은 관객들의 본전생각을 말끔히 씻어준다. 폭우가 쏟아지는 영양 고추아가씨 선발대회장에서 노인들을 모시고,

혹은 천사원의 천진난만한 어린 아이들을 앞에서 삶의 고단함과 불굴의 희망을 읊조리는 이들의 고군분투는 극의 플롯과도 잘 어울릴 뿐만 아니라, 딱히 다를 바 없는 배우로서의 처지가 오버랩 되면서 묘한 찌릿함을 전해준다.

극 중 이모는 예사롭지 않은 등장과 강인과의 악연, 그리고 밴드 멤버들과의 정신적 연관성 때문에 묵직한 극적 기능을 예고했지만, 그 역할이 그다지 역동적이지 않아 실망스럽다. 긍정적 인물에게 위해를 가한 사람은 그에 대한 속죄행위가 뒤따라야 하나 이모는 늘 겉돌며 딴청이다. 없어도 된다면 없애는 게 좋고, 있어야 한다면 그 기능에 대해서 적절한 조정 작업이 필요할 것이다.

죽어 울고, 웃다 죽고

공연명: 「마지막 여행」
극작: 윤미애
연출: 류주연
극단: 산수유
상연일시: 2011.08.04 ~ 2011.08.21
상연장소: 대학로 게릴라극장
관극일시: 2011.08.20. 15:00

삶, 그저 그런

삶이란 지저분하다. 참으로 추하고 비리다. 사람들이 어째 저러냐 싶다. 그러다 문득 깨닫는다. 그렇지, 뭐. 인생, 원래. 되짚어보면 남 말할 거 못 된다.

「마지막 여행」의 한 장면 ⓒ산수유

나라고 남다르랴. 오해하고, 불신하고, 매정하고, 분위기 파악 못해 뜬소리하고, 상처주고, 딴 마음 품고, 생떼 쓰고. 그렇다고 그 꼴불견과 추악한 가관을 보고만 있자니 불편하고 고통스럽다. 내 안에 있고, 우리의 것이고, 모두가 가진 것임에도 너절하고 비루한 삶의 진면목을 볼라치면 힘겹고 쓰라리다. 「마지막 여행」을 보는 심정이 딱 그렇다. 꽃 같은 나이에 불상사를 당한 한 여인의 비운 때문이 아니다. 죽은 자를 보내는 산 자들의 아픔이 애틋해서도 아니다. 이틀간의 장례식 여정을 그리고 있는 「마지막 여행」이 힘겨운 것은 그것이 죽음의 공포나 비애, 혹은 죽음의식의 장엄함을 말하고 있는 것이 아니라, 삶 자체에 대한, 삶의 남루함에 대한, 더 정확히는 죽음의 충격과 상실감조차도 구원해주지 못하는 삶의 불구성과 일그러짐을 그리고 있기 때문이다. 죽음에 슬픔이 배어있는 것이 아니라, 삶 속에 추함이 어려 있다는 것, 그것이 「마지막 여행」이 껴안고 있는 갑갑함의 본체이다.

죽음을 넘어서는 삶

인간의 죽음은 의학적 사망진단이나, 생물학적 차원의 활동정지선고로 구성되는 것이 아니다. 문화적 관습과 전통적 의례를 통해서 사회적으로, 집단적으로 인정되어야 비로소 완료된다. 그런 의미에서 죽음은 어떤 현상이나 선언이라기보다 하나의 사건에 가깝다. 죽음이라는 사건은 시신수습부터 매장까지의 제도화된 의례와 상실의 슬픔에서 그 극복까지 이르는 심리적 궤적을 모두 포괄하는 상징적 장치들로 가득 채워져 있다. 흔히 장례식이라 일컫는 전통적 애도행위는 면도칼로 그어진 것 같은 삶과 죽음의 거리를 시간적으로, 정서적으로 완화시키고 완충

「마지막 여행」의 한 장면 ⓒ산수유

키는 사회적 제도이다. 상례와 통념이 만들어놓은 그 최적 거리 속에서 산 자들은 견디기의 여유를 찾고, 이겨내기의 가능성을 타진한다. 망자의 저승행을 최대한 유예시키면서 산 자들의 숨통을 풀어주는 것이다. 3일장의 시간적 안배와 염습, 통곡, 문상, 상여, 매장 등의 엄격한 절차는 삶과 죽음의 중간단계를 설정, 저승으로의 전이과정, 산자들과의 별리과정을 가상적으로 재현하는 일종의 놀이이다.

　장례의 유예기간이 슬픔의 완충작용으로 기능하는 본질적 원리는 죽음 사건을 하나의 입사의식으로 가공하는 데에 있다. 이를 통해 망자는 존재의 본질적 탈각을 넘어 저승으로 무사히 진입하고, 제례 대상으로 승격됨으로써 산자들과의 영적 통합의 단계로 나아가는 것이다. 장례의식에 재생의 상징물이 넘쳐나는 것은 죽음 사건이 단순한 결별이 아니라, 분리–재통합의 통과의례를 통해 삶과 죽음의 새로운 관계형성을 지향하고 있음을 보여준다. 상실감을 애도로 승화시켜주는 일련의 상징행위를 통해 산자들은 죽음의 공포를 견디고 삶의 의미를 갱신하게 되는 것이다.

죽음보다 슬픈 삶

장례의 이런 근원적 의미를 되새겨 보아야만 「마지막 여행」이 그려놓은 파탄의 음영이 얼마나 암울한지 알 수 있다. 「마지막 여행」은 망자를 놓아주지 않는다. 입사의식의 신성함도 없다. 산 자를 자책하게 만드는 상실감도, 죽은 자를 위무하는 애도도 없다. 제목처럼 '마지막' 순간의 파열음만 고동칠 뿐이다. 마지막 캠핑과 저승길이라는 양가적 의미는 막장의 몰락처럼 허망하다. 어이없는 실소와 쓴웃음만이 잔향으로 남는다. 산 자들의 악다구니는 망자를 욕되게 한다. 삶은 결코 죽음을 넘어서지 못한다. 갱생과 재통합의 희원은 바닥에 깔린 쓰레기 더미처럼 무의미하고 무력하다. 그 아비규환의 진창은 고스란히 삶에 대한 모욕으로 전화한다. 이처럼 「마지막 여행」은 제목의 낭만성과는 달리 차가운 세태론으로 무장하고 있다.

파탄 난 세계

장례식장을 점령하고 있는 인물군상들의 면면은 하나같이 몰상식하고 몰인정하다. 하지만 이것이 이들의 사악한 본성이나 타락한 심성에 연유한 것은 아니다. 「마지막 여행」이 상정하는 세상은 선과 악의 이분법으로는 규명할 수

「마지막 여행」의 한 장면 ⓒ산수유

없다. 이들은 고단한 삶의 풍파에 뒤틀리고 일그러진 사람들이다. 팍팍한 삶의 분란에 할퀴고 찢겨진 사람들이다. 전쟁 같은 삶이란 말이 은유가 아니라 실재가 되어버린 세상에 거적 하나 없이 내팽개쳐진 사람들이다. 그렇다고 동정이 필요한 하층민도 아니다. 구휼의 대상인 빈민도 아니다. 그들은 사회의 다수를 점유하는 평범한 서민들이다. 오늘을 사는 우리의 평균치인 것이다. 대한민국의 평범한 '일상'에서 한 치도 벗어나지 않는 사람들의 삶이기에 「마지막 여행」의 비애는 비수처럼 쓰라리고 아리다. 병원비, 양육비, 사업자금, 보험금, 장례비 등 삶의 모든 가치는 돈의 문제로 수렴된다. 삶의 다른 가치를 알지 못한다. 이들이 못나서가 아니다. 허락되지 않았기 때문이다. 서민의 몰락이 낳은 오늘의 모습이다. 그들은 진짜 삶을 알지 못하기에 진짜 죽음도 영접할 수 없다. 죽음은 그저 번잡한 에피소드에 불과하다.

삶이라는 참사

삽화 처리되는 파탄 난 죽음은 삶의 파탄을 부른다. 이들이 서로 소통을 거부하는 것도 이런 이유이다. 장례식장 직원의 일방적 통고에는 셈법만 있고, 시아버지의 전화기도 소통을 위한 도구가 아니다. 산 자와 죽은 자의 괴리만큼이나 인물 간의 거리는 너무나도 멀고 깊다. 단말마처럼 끊어지는 대화는 서로에게 상처를 주는 칼날처럼 쇳소리를 낸다. 소통의 장벽은 애도의 분위기까지 잠식한다. 망자를 두 번 죽이는 꼴이다. 가끔씩 대사와 대사가 겹치는 부분은 오해의 여지도 없지 않다. 대화의 단절이 대사의 누락으로 오인되지 않도록 좀 더 효과적인 연기기법이 개발돼야할 것이다.

의례는 오랜 시간을 거쳐 상징의 수준으로 응집된 행위체계이다. 「마지막 여행」은 의례의 그 응집성을 순식간에 해체시켜버린다. 성스러움은 상스러움으로 추락하고, 애도의 슬픔은 그로테스크하게 왜곡된다. "너 나 할 것 없이 풍습을 멜 힘이 사라지면 풍습에 뒤덮이게 마련이다."(박경원, 「식물의 장례」 중). 이들은 풍습을 떠받칠 의지도, 능력도 없다. 관례에 종속되고, 형식에 얽매이게 되는 것이다. 장례식은 그저 부담스럽고 불편한 의식일 뿐이다. 허위와 가식이 판을 치고, 위선과 위악이 득세한다. 죽음보다 못한 삶이라 구차하고, 어떤 누구도 그 구차한 삶의 첫바퀴에서 벗어날 수 없는 현실도 참 궁색하다.

찐맛 나는 웃음

그러면서도 웃지 않을 수 없다는 것이 「마지막 여행」이 주는 두 번째 비극이다.

천수를 누린 호상의 경우 장례는 삶과 죽음, 웃음과 울음, 금기와 해방(주연, 폭식 등), 문화와 자연, 일상과 축제 등이 어우러진 한 판의 놀이와도 같다. 상주를 웃겨야 제대로 된 문상이라는 경구! 반면 상주가 없는 절명(소위 무자귀신)은 예전엔 빈소도 차리지 않았다. 장례 행위 자체가 고역이고 고통인 것이다. 하지만 「마지막 여행」은 수시로 웃음이 터진다. 인물들의 표정은 잔뜩 굳어있는데, 객석은 쉼 없이 키득거린다. 추악한 묘미, 그로테스크의 극치이다. 특히 이서방과 상식이 싸우는 장면은 어떤 코미디에서도 본 적 없는 포복절도와 박장대소가 압권을 만들어낸다. '눈물을 통한 웃음'이라는 희비극의 정수를 과시한다. 망자를 앞에 두고 벌이는 이 어이없는 악다구니는 역설적이게도 '살아남은 자', 성진에 대한 모함과 음해로 점철되어 있다. 죽음보다 못한 삶이 죽어 마땅한 삶을 거론하는 것이다. 웃겨도 웃을 수 없는 또 하나의 사연이다. 관객의 웃음에도 독약을 발라놓는 극작가

「마지막 여행」의 한 장면 ⓒ산수유

윤미애의 잔혹함은 더 큰 함정을 파놓고 우리를 기다리고 있다. 남편 성진에 대한 복잡다단한 묘사가 그것.

미스터리 히스토리

평화롭고 여유로운 첫 장면의 목가적 분위기는 매우 강한 인상을 남겼다. 이어지는 윤정의 느닷없는 죽음! 하지만 죽음의 사인에 대한 궁금증은 양가 식구들의 어처구니없는 처신에 이내 묻혀버린다. 처가에 대한 성진의 경제적인 헌신이 공개되고 보험사기에 대한 의구심이 똬리를 튼다. 그날 밤, 성진과 윤정이 마지막 여행을 떠난 그때 무슨 일이 있었던 것일까? 윤정의 자살일까, 성진의 살인일까. 자살이라면 아이를 갖고 싶다는 윤정의 소박한 꿈은 무엇이며, 사고사라면 왠지 어두운 구석이 있고, 초점을 맞추지 못해 시선을 회피하는 성진의 연기는 무엇인가. 그저 연출의 트릭이란 말인가? 뿐만 아니다. 성진의 의처증은? 이대리 문상은 그렇다 쳐도 남편 것이 분명한 썸씽 판타지는 뭔가? 윤정의 죽음을 보여주는 마지막 장면. 자고 일어나니 윤정이 죽어있더란 성진의 진술과는 달리 그는 윤정의 죽음을 분명히 목격했다. 아니, 방조했다. 더 정확히 말하면, 류주연 연출은 자살도, 사고사도, 살해도 아닌 어중중한 지점에서 슬그머니 손을 놔버린다. 가장 논쟁적인 부분에서 침묵을 선택한 것이다. 승자도 패자도, 선도 악도 없는 제로섬 게임 논리로 숨어버렸다. 갈등과 절규의 파토스보다는 훨씬 세련된 방식이다. 목격자도, 당사자도 알 수 없는 미스터리! 꼭 우리네 삶의 꼴과 닮아있다. 누가 성진에게 돌을 던지랴. 우리는 어느 정도는 성진이 아닌가. 우리가 죽은 자들을 뒤로 하고 여태 살아있는 것 자체가 그것을 증명한다.

"예술은 기법의 종합이다."(시클롭스키)

문제는 무엇을 what이 아니라, 어떻게 how에 있다. 「마지막 여행」은 어떻게 보여줄 것인가 하는 기법의 영역에서 관객들을 압도된다. 류주연 연출의 결말에 수긍을 할 수 밖에 없는 이유는 그녀가 과시하는 냉철한 관찰과 섬뜩한 표현력 때문이다. 과장이 없으면서도 자극적 묘사에 능하고, 절제하면서도 다채로운 형상화를 이룩하며, 단순하면서도 섬세한 표현을 달성하고 있다. 폐부를 찌르는 날선 대사를 모나지 않게 다독거릴 줄 알고, 무력하게 잦아드는 리듬을 유의미한 설정으로 포장해낼 줄 안다. 자칫 요절복통의 풍자극이나 보험사기 추리물로 빠질 위험성을 유유히 극복하고 누추한 삶의 풍경, 그 잔인하고 무정한 살풍경을 그려내는 데 성공한다.

삶과 죽음의 경계를 하얀 라인으로 구획하여 그 비율로 죽음조차 압박하는 삶의 야비함을 그려내는 공간상징 작업도 무난하다. 탐욕과 속물성으로 물든 산 자들의 공간이 하룻밤을 지나며 우측 영역을 침탈하지만 남은 것은 쓰레기 더미뿐이다. 남겨진다는 것은 이긴 것이 아니라, 서러운 것이다. 윤정의 죽음보다 성진의 삶이 더 애처로운 것.

류주연 연출의 날렵한 손길은 홍상수식 다중관점을 활용한 병원 장면에서도 돋보인다. 서로 다른 관점을 영유하는 이 영화적 터치는 사태의 비밀에 접근하는 첩경을 열어주고 있다. 단, 사태의 객관적 기록자인 진경이 이 프레임을 장악하지 못하고 겉도는 듯해서 반복과 차이의 묘미를 살리지 못한 것은 아쉬운 점이다. 인물의 행위나 표정을 집중적으로 응시하게 만드는 클로즈업 장치, 페이드인-아웃처럼 영상편집의 테크닉을 연상시키는 잦은 암전도 영화기법의 흔적이다.

「마지막 여행」은 시종 불편하다. 웃어도 웃는 게 아니다. 하지만 추악한 삶의 살풍경에 질리고 체하더라도, 그것이 삶의 진실이라면 쓴 약 삼키듯 받아들이고 인내해야 한다는 사실. 그것이 예술에 힘입는 삶의 비밀이고, 바로 그것이 삶에 빚지는 예술의 미덕이다. 허나 걱정이다. 이제 상갓집 국밥을 어이 먹나. 문상도, 의례도 먹고살자 하는 인사(人事)라지만, 표정하나 변하지 않고 우거적우거적 고깃살을 씹어대는 시아버지의 그 역겨운 얼굴이 이리 아른거리는데, 어찌 속 좋게 내 탐욕스러운 빈속을 채우려할 것인가. 참 징하다.

아빠의 청춘, 그 광활한 풍유

공연명: 「꽃마차는 달려간다」
극작: 김태수
연출: 조성일
극단: 동선
상연기간: 2011.11.10 ~ 2011.11.12
상연장소: 성남아트센터 앙상블씨어터
관극일시: 2011.11.11. 14:00

대학로 유감

'서울공화국'이 대한민국의 모든 물적, 정신적 가치를 독점하고, 지방을 내부 식민지로 전락시켰다는 것은 주지의 사실이다. 괴물같이 부풀어 오른 머

「꽃마차는 달려간다」의 한 장면 ⓒ동선

리에, 뼈만 앙상한 사지의 꼴이란 금방 앓는 소리가 나올 듯하다. 불균형과 편식이 도를 넘고 있다. 그 기형적, 차별적 모순의 극단에 대한민국 연극이 서있다. 서울에, 그것도 대학로에 압도적 다수의 극장이 떼 지어 몰려있는 이런 괴이한 편중의 병폐는 이미 임계점을 기웃거리고 있다. 대다수 극단들은 높은 임대료 때문에 자폐적 제살 갉아먹기 경영을 한다. 정부 보조금의 마약에 취해 금단현상의 대항력도 나날이 감소되어 간다. 한때 대학로가 집중의 효율성과 지리적 경제학으로 연극 대중화의 깃발을 드높이던 시기가 있었다. 하지만 현재 대학로는 마취제 없이는 버티기도 힘든 거대한 응급실이 되어버렸다. 소극장 특유의 역동성과 실험정신은 간데없고, 애처로운 링거 바늘자국과 뒤숭숭한 절개흉터만이 선연하다. 살점은 뜯기고, 선혈은 낭자하다. 대학로 신화는 이제 과밀과 과편중의 대명사이다. 용존산소량은 바닥을 헤매고, 생태계 혼탁도는 수직상승 중이다. 극단의 좌우명은 '버티기'가 되었다.

대학로 일극체제가 한국연극 위기의 원흉이라면, 그 해결은 당연히 분산과 분권에 있다. 대학로가 한국연극을 독식하는 현 체제를 유지한다면, 연극의 미래는 없다. 소통의 입도, 교류의 혈관도 없는 대학로라면 해체되어 마땅하다. 지방연극활성화의 동력까지도 갈취하는 대학로라면, 이제 어깨힘 빼야 한다. 대학로가 서울시민만을 위한 구멍가게 집합소라면 더 이상 한국연극판을 맡길 수 없다. 당장 칼을 대지 않으면 멀지않은 미래에 막대한 고비용을 감당해야 한다. 어쩌면 아예 회복불능상태가 될 지도 모른다. 지방의 연극화, 즉 지방극단을 지원하고, 지방관객을 육성하는 일, 나아가 지방민의 삶을 연극적으로 조직화하는 일이 시급한 이유이다. 인구 100만 성남시의 유일한 전문극단이란 난센스를 수식어로 삼는 동선의 공연 앞에 죄스러움과 안쓰러움을 느껴야하는 이유이기도 하다.

꽃보다 땀

　그렇다고 극단 동선의 창단 30주년 공연 「꽃마차는 달려간다」가 값싼 시혜의식이나 헤픈 동정심, 혹은 지방색 사수의 사명감에 의존하는 것은 절대 아니다. 눈을 홀리는 화려한 무대도, 신들린 연기력을 '과시'하는 파워 배우도 없지만, 진실이 있고, 진정성이 있다. 극단 자신의 장단점을 정확히 이해하는 겸허함이 있으며, 주부관객층의 눈높이를 정조준 할 줄 아는 정밀함이 있다. 열정으로 따지면 둘째일 수가 없고, 차분하고 진지한 진행은 들뜬 겉멋보다 훨씬 믿음직하다. 세련된 꽃향기보다 그윽한 땀내음!

　「꽃마차는 달려간다」는 쉽지 않은 텍스트이다. 거친 어조와 복잡한 문장구성, 비유와 과장이 과도한 표현법, 템포조절이 힘든 통사구조 등 언어질료적 차원도 그렇거니와, 안 기사나 미스 문, 도 여사처럼 맥락과 성격을 포착하기

「꽃마차는 달려간다」의 한 장면 ©동선

힘든 인물의 등장, 가부장적 부성과 외동딸의 결혼이라는 전형적 신파 구조, 고독과 희생에 포위된 아버지의 죽음이라는 작위적 결말도 극화의 난이도를 높이고 있다. 뿐만 아니다. 대중적 감상주의로 가는 길에는 삶에 대한 명상적 통찰이 복병처럼 잠복해있고, 현실 질서의 고착화 이면에는 삶을 뒤집고 죽음과 공존하는 역설과 역전의 반란이 도사리고 있다. 곳곳에 포진한 지뢰밭 옆에서 중심잡기가 여간치 않고, 김태수의 극작 미학을 제대로 포착하기도 까다롭기 그지없다.

조성일 연출이 귀신의 등장을 없애고, 무대배경을 평면적으로 배치한 것은 말을 살리고 인물의 집중을 달성하고자 하는 고육지책에 가깝다. 이것이 삶과 죽음의 양가성을 약화시키고, 둘 사이의 이월 가능성을 차단한다는 사실을 그가 어찌 모르겠는가. 비극정서의 과장을 피하기 위해 배경음악 사용을 자제하고, 피날레에서 고집불통 순보의 죽음을 파토스의 향연으로 만들지 않기 위해 그의 시선을 친구 동춘으로 가릴 수밖에 없었던 사연을 이해한다면, 조성일 연출이 견지하고자 한 절제와 균형의 미학을 읽을 수 있을 것이다.

풍유의 바다

그렇다고 조성일 연출이 「꽃마차는 달려간다」 속에 포진한 근대성에 대한 숨겨진 야유까지도 유야무야 넘어간 것은 아쉬움이 남는다. 김태수의 언어는 걸걸한 입담으로 직조된 풍유(諷諭)의 세계를 표상한다. 토속적이고 삶의 체취가 느껴지는 언어, 그 질펀한 언어적 정취 너머에는, 발설과 동시에 허공중에 사라지는 언어의 휘발성 강한 이 도취 너머에는 개발과 파괴로 점철된 물질주의에 대한 강력

「꽃마차는 달려간다」의 한 장면 ©동선

한 저항이 도사리고 있다. 물질에 반항하는 언어, 근대성의 폭거에 대항하는 촌
스러움과 옛스러움, 콘크리트와 획일성에 항거하는 언어적 원시성 · 전근대성이
그것. 김태수의 육담은 순보의 생존을 겁박하는 플래카드와 배제와 방치를 상징
하는 진흙탕, 도시적 강팍함을 온몸으로 체화 · 감당하는 미스 문의 생존법과 그
녀의 어이없는 죽음, 안 기사와 도 여사의 의뭉스러운 속내 등 근대적 지표 · 징
후에 대한 거부이자 야유이다. 만담수준의 해학과 익살은 이미 말장난과 놀이의
수준을 넘어서고, 문체와 수사학의 경계를 극복하고 있는 것이다. 김태수의 도저
한 입심은 물질과 언어의 대결, 생산과 죽음의 대결, 건설과 소멸의 대결이 선명
하게 부각될 때만 제 기능을 발휘한다. 그렇다면 조성일 연출은 목가적 분위기를
양산하는 저녁놀 무대 대신에 순보 · 동춘의 풍유에 폭발력을 장착하는 무대를
개발해야할 것이다. 언어가 환기시키는 상상력의 영역에 대한 치밀한 사유가 추
가되어야 함은 말할 것도 없다. 관객으로부터 피날레의 여운을 박탈하는 성급한

막내림, 혹은 템포조절의 실패도 재고해야될 지점이다.

　부모와 자식 간의 애틋함은 신파이기 이전에 명실상부한 근대 서사의 개간지이고, 보편적 인간감정의 성감대이다. 따뜻한 피 대신 검고 차가운 먹물이 손에 가득한 평론은 그걸 다 말하지 못한다. 하여, 또 다른 해석을 기대할 수밖에.

리얼리즘의 틈, 틈의 리얼리티

공연명: 「설해목」
극작/연출: 백석현
극단: 창세
상연일시: 2012.08.22 ~ 2012.08.29
상연장소: 선돌극장
관극일시: 2012.08.24. 20:00

1 선택과 집중

체호프 「갈매기」의 4막은 2년이 지난 후부터 시작한다. 어처구니없는 거짓이다. 배우들은 분장실에서 옷만 갈아입었을 뿐이다. 채 10분도 안 걸리는 시간이다.

「설해목」의 한 장면 ⓒ창세

「아마데우스」에서 비엔나의 정신병원은 순식간에 짤츠부르크의 궁전으로 변신한다. 참 영악한 기만이다. 연극이란 짜깁기와 때우기, 후려치기와 능갈치기, 둘러대기와 얼버무리기의 현장이다. 사건의 실시간적 재현과 사건 현장의 동시적 공존이 불가능하기 때문이다. 강력한 사실성에도 불구하고 연극은 본질적으로 허구와 가상의 굴레에서 벗어나지 못한다. 연극의 재현력과 복원력이 아무리 뛰어나도 9.11 테러의 스펙터클을 능가할 수 없고 올림픽경기의 박진감을 따라잡을 수는 없다. 그래서 연극은 사실 그 자체라기보다 일종의 미니어처와 같다. 영화의 평면화된 영상(본질적으로는 사진)보다는 우월한 현재성을 가지고 있지만, 세계의 단면을 은유적으로 모사하고 세계의 일부분을 환유적으로 축소했다는 의미에서 연극은 조각나고 분절된 미니어처와 유사하다.

세계에 대한 입체적 모상으로서의 연극은 '사건'이라는 시공간적 서사좌표를 선택과 집중의 원리로 배열한다. 「햄릿」은 유령의 출현과 햄릿의 죽음까지가 시간적으로 선택되었고, 아버지에 대한 복수에 모든 서사가 집중되어 있다. 햄릿의 유년 시절에 대한 전사나 햄릿의 죽음 이후에 대한 후사는 알 수도 없고 알 필요도 없다. 아리스토텔레스가 삼일치의 원칙으로 정형화한 이 선택과 집중이 그리스에서 출발한 연극이라는 예술의 구동원리이다. 20세기는 2천년 넘게 이어져온 이 『시학』의 규범들이 처참하게 폐기되는 배반의 역사였다. 그 배반의 선봉에 선 이가 체호프이다.

2. 사건보다 일상

"사람들이 식탁에 둘러앉아 식사를 한다. 바로 그 순간 그들의 운명이 결정된다."(체호프)

「설해목」의 한 장면 ⓒ창세

체호프는 고전적 플롯이 가진 인위성과 폐쇄성을 거부했다. 현실의 삶은 기승전결 단위로 서사화 되어있지도 않거니와 시작과 끝을 가진 명확한 외형(서사體)도 가지고 있지 않기 때문이다. 현실 세계에서 오이디푸스가 자신의 범죄를 하루 안에 밝혀낼 가능성은 제로에 가깝다. 오이디푸스가 눈을 찌르는 장면을 목격할 수 있는 사람도 극히 드물다. 예외적이고 특수한 상황이 무대에 올라갈 수 없다. 바냐의 총알이 목표물을 빗나간 것도(「바냐 삼촌」), 트레플레프의 자살(「갈매기」)과 투젠바흐의 죽음(「세 자매」)이 무대 밖에서 이뤄진 것도 그런 이유에서였다. 우리가 한가하게 식사를 하는 동안 어딘가에서 우리의 운명을 결정짓는 중대한 사건이 발생한다. 그런 우연적인 사건이 때맞춰 무대에서 벌어질 확률은 그만큼 낮다.

19세기 웰메이드 연극이 무대에 진열한 것은 살인, 음모, 사랑, 배신 등 체감온도를 훌쩍 넘는 '핫한 것'이었다. 모래망에 모래를 치면 일정 지름 이상의 돌멩이만 채에 남는다. 체호프는 채에 걸러진 그 선택된 사건이 아니라 지름을 통과한 대다수 미세입자들에 관심을 쏟았다. 굵직한 돌멩이보다 자잘한 모래, 선택된 사건보다 평범한 일상에 천착한 것이다. 당연히 서사의 영역은 축소된다. 우리에게 익숙한 선 굵은 서사는 보이지 않는다. 선악의 대결이나 결정적 한방(반전이나 대단원)은 없다. 재현형식뿐만 아니라 재현내용(=주제)까지 변한 것이다. 고전시학이 붕괴되는 순간이다.

　그 붕괴의 폐허 위에 찬연이 떠오른 것이 서사의 시공간적 좌표로는 포착되지 않는 이른바 물밑흐름. 삶의 비의를 머금고 있는 이 (보이지 않는) 기저텍스트는 고전시학의 선형성을 배척하고 수용의 다양성과 해석의 다의성, 혹은 메타드라마적 양방향성을 축조하는 시초가 되었다. 비로소 20세기 현대시학이 출범한 것이다.

3. 서사적 투시력

　사건의 연대기를 선별적으로 제시하는 고전서사학의 전복을 극명하게 증명한 분야로 역사학을 꼽을 수 있다(심리나 분위기 등 보이지 않는 영역에 대한 탐구는 프로이드의 정신분석학과 연계되고, 삶이라는 폐허 위에 피투된 존재라는 인식은 실존주의와 맞닿는다. 소통단절과 삶의 무의미가 부조리문학으로 전화되는 것은 말할 것도 없다). 사건소* 사이의 여백(체호프에게는 pause 장치로 극화된 공간)에 몰두하는 체호프 시학과 방법론적으로 너무나 유사한 이론이 아날학파의 총체사이다. 그들은 사건 중심의 단기 지속적 역사를 거부하고 사회, 문화, 지리, 의식구조 등 가시화 불가능한 사회구조적 측면에 현미경을 들이댄다. 그들의 주요관심은 이벤트 중심의 사건요약형 역사서술보다는 민중이나 집단 중심의 생활사를 연구하고 문헌고증학에 의해 파편화된 역사를 장기 지속적 역사로 봉합하고 결합시키는 것이다. 역사자료의 객관성 이면에 존재하는 여러 층위의 맥락(=보이지 않는 물밑흐름)을 읽는 것, 선형적 역사서사가 간과하고 은닉한 보편과 일반을 추출하는 것, 예외적이고 주변적인 것들로부터 시대의 특성을 발견하는 것 등이 그들의 소임이었다. 낯선 세계의 희한한 사건에 집착하여 모래망에 걸러지지 않은 유의미한 세계를 발견하고 복원하는 것은 이미 연극에서 체호프가 한 일이다. 현실세계의 삼라만상 속에서 삶의 진실을 발겨내는 투시력과 보이지 않는 것들의 은닉된 내력을 발견하고 그 존재방식에 대한 체계적 연관성을 따지는 분석력은 20세기 미시사의 보편적 동력이었다. 「설해목」은 우리 삶에서 눈으로는 보이지 않는 것, 혹은 연극의 시각상에는 그려지지 않는 것을 사유한다. 모래망에 걸러지지 않은 비가시적 영역이 어떻게 자기 몸을 드러내며 주권을 회복하는지 그 형식과 방식에 대해서 고민하고 있다.

4. 보이는 세계 vs 보이지 않는 세계

「설해목」은 법정스님의 동명 수필에서 따온 제목이지만 기실 별다른 유관성은 없다. 굳이 유추하자면 스님의 세족의식이 '보이지 않는 사랑'을 상징한다 할 텐데, 그 사랑이 부모의 '보이는 사랑'(?)에 비해 결코 크지 않기 때문이다. 스님의 세족행위는 그저 모범과 실천이라는 방법론상의 가르침일 뿐이다. 설해목의 상징적 의미가 작품의 미학적 초점에 훨씬 더 가까이 다가가는 경우는 큰아들이 설해 입은 가지를 억지로 접합시키려 안간힘을 쓰는 장면. 보이는 세계의 허상을 좇는 아들과 보이지 않는 세계의 비의를 있는 그대로 수용하는 어머니의 대립. 보이지 않는 힘에 의해 살점이 찢겨져나간 설해목의 진면목이 쉽게 보이지도, 있는 그대로 드러나지 않는 삶의 미시사이다.

사실 가시성과 비가시성의 경합은 무대 설정에서부터 시작된다. 누추한 시골 농가를 형상화하고 있는 무대설치는 가시성과 비가시성의 경계를 일목요연하게 정리하고 있다. 특정 부위는 하이퍼리얼리즘처럼 섬세한 디테일로 장식되어 있지만 그 장식군은 이웃 장식군들과 연결되지 않는다. 고추말랭이, 수돗가, 헛간 등의 장식군들은 개별적으로는 극사실적으로 재현되어 있지만 인접성을 본질로 하는 사물의 환유적 특징(농가 전체에 대한 환유적 부분)만 과잉되어있을 뿐, 맥락과 외연을 상실한 채 단절되어있는 것이다. 홀로 외떨어진 채 현실의 지표로서만 기능하는 이러한 장식군들은 세잔-반고흐-리히텐슈타인으로 이어지는 형태중심적 회화의 한 면모를 연상시킨다. 이들 회화는 사물의 형태만 간직하고 그 본래적 물성(질감, 명암, 색채)은 상실하고 있다. 세잔의 사과 정물이나「반고흐의 방」, 리히텐슈타인의「행복한 눈물」등은 전체 형상은 명확하게 가시세계를 지향하고 있지만, 그 구체적 물성들은 현실 맥락에서 크게 이탈해 있다.「설해목」의 무대도 전체적으로는 농가를 가시화하지만 개별 물성 차원에서는 무대 속에 흡입된 인공적 현실임을 가리지 않는다. 반 고흐의 샛노란 달이 실제 달을 지시하는 것이 아니라 작가의 내면을 뒤덮은 고뇌와 광기를 상징하듯,「설해목」의 장식군도 농가의 표면을 흉내내면서 본질적으로는 '보이지 않는 것들'을 지시하고 있다. 장식군들은 보이지 않는 검은 장막 사이로 띄엄띄엄 몸을 드러내는 가시 세계의 상징들이다. 하이퍼리얼리즘적 디테일과 텅 빈 여백의 공존! 증폭된 현실묘사가 현실 자체를 초현실적으로 왜곡하듯이「설해목」의 가시적 장식군들도 비가시적 세계의 힘 앞에 언제든 굴복할 준비가 되어있다.

5. 틈의 은밀한 유혹

무대 위에 띄엄띄엄 배치된 현실세계의 환유물과는 달리, 안방과 건넌방을 형상화하는 사각 구조물은 극단적으로 단순화된 형식으로 배치되어 있지만 본질적으로 보면 형태와 물성의 대립, 즉 보이는 형태와 사라진 물성의 대립을 그대로 반복하고 있다. 재미있는 것은 장막으로 둘러친 벽면과 그 내부의 장식군이 각각 텅 빈 여백과 증폭현실을 그려낸다면, 뼈대방과 그 내부의 풍경은 정반대의 방식으로 직조되었다는 것이다. 특히 마늘 씨종자를 준비하는 어머니와 혼자 식사를 하는 큰아들의 극사실적 연기! 원래 방내부의 모습이 벽에 가려 볼 수 없는 비가시적 영역이라는 점을 고려하면 아이러니는 더욱 더 강화된다.

과잉(증폭현실)과 결핍(텅 빈 여백)이 중층 배치된 이 무대구성만으로도 '보이는 세계와 보이지 않는 세계'의 경합이라는 「설해목」의 이념은 이미 달성되었다. 이를 좀 더 보강해주는 것이 초반 도입부에 사용된 큰아들의 극사실적 연기이다. 공연은 사전 진행 없이 바로 시작된다. 극 현실로 서둘러, 그리고 단도직입적으로 진입하고자 하는 설정이다. 그리고 큰아들 도착장면이 5분 이상 '단절 없이' '실시간으로' 이어진다. 실시간적 연속성을 과시하는 일종의 롱테이크이다. 현실세계를 모래망으로 걸러내지 않고 그대로 전송하고 있다는 신호이다. 선택과 집중이라는 연극 본래의 미학적 조작(문법)을 거부함으로써 반연극을 선언하는 것이다. 연극에서 기대되는 장르 고유의 리듬감을 포기하고 낯설고 힘겨운 입사의식을 수행한다. 연극

김성진 「입술 시리즈」 중

을 통해 연극을 잊게 만드는 탈연극화 과정이고 증폭된 현실묘사로 현실 자체에 대한 이질감을 유도하는 하이퍼리얼리즘 기교이다. 여기서 중요한 것은 극장 문을 통해 삶의 세계에서 연극적 관습으로 진입한 관객들이 만나게 되는 일종의 인식론적 진입장벽이다. 관객들은 극장 공간으로 떠밀려왔으나 연극적 세계 속으로 진입하지 못한 채 중신처럼 제3의 지대에 머물게 된다. 삶과 연극 사이에 끼인 존재, 세계와 예술 사이의 틈에 갇힌 존재가 되어버린 관객들은 연극적 관습과 실사 세계 양측을 모두 엿보는 독특한 관점을 보유하게 된다. 틈에 갇힌 존재가 견뎌야 하는 롱테이크의 시간은 힘들고 지루하다. 연극이지만 연극적이지 않고, 실제 삶의 지속이지만 삶이 아닌 것을 감당하는 것은 쉽지만은 않다. 세계의 환유로서 장식군들이 그러했던 것처럼 현실보다 더 현실적인 롱테이크 시간은 낯설고 이질적인 왜곡을 유도하는 하이퍼리얼리즘적인 세계상과 묘하게 공명하고 있다.

「설해목」의 한 장면 ⓒ창세

6. 동물, 카오스이자 미궁

검은 장막 내부에 유표화된 과(잉)현실과 뼈대방이 암시하는 결핍과 삭제의 추상현실, 이 둘 간의 각축과 경합이 '보이는 세계와 보이지 않는 세계' 간의 의미대립을 대행하는 무대구성원리임을 살펴보았다. 연극적 조작을 가하지 않은 시간 요소를 날것 그대로 무대에 전시한 것도 가시세계와 비가시세계 간의 착시효과를 위한 일종의 전초전이다. 한편으론 관례와 타성을 질타하는 이러한 장치와 설정은 현대연극에서 그리 낯설지 않게 만날 수 있는 시도들이기도 하다. 문제는 이런 개별 아이디어들이 고독한 섬처럼 작품 전체와 유리되지 않고 작품의 주제적, 이념적 측면과 지속적으로 교호하면서 총체사를 복원시키고 있느냐 하는 것이다. '부분'의 좌충우돌적 다의성은 '전체'의 견고하고 안정된 총합에 용해되었을 때만 의미의 도약과 집성을 성취할 수 있기 때문이다. 이런 관점에서 주목해야하는 게 바로 동물들의 형상이다.

작품의 시작과 끝을 차지할 뿐만 아니라 총 12장 중 3개의 장면을 이끌고 거의모든 장면에 배경으로 등장하는 동물들은 이 농가의 진정한 주인이자 「설해목」의 명실상부한 주인공이다. 가장 주목할 대목은 그들의 대화가 관객들만 들을 수 있도록 작가의 번역을 거친 것이냐, 아니면 정말 밤마다 그들이 인간을 흉내 내고 있는 것인가 하는 애매모호함이다. 후자의 의인화에서도 그들의 대화가 실제로 일어나는 일인지, 아니면 작가의 능청스러운 조작에 의해 가공된 것인지 명확하지 않다는 것이다. 관객이 보고 있는 것은 결코 봐서는 안 되는 천기누설이 될 수도 있고, 결코 볼 수 없는 불가능의 가능성일 수도 있다.

그들은 인간사에 대한 메타적 우의를 전달하기도 하고 어머니의 집안일을 돕는서사적 기능도 수행하고 있다. 친근하면서도 기이한 모방 동작으로 볼거리를 제

「설해목」의 한 장면 ⓒ창세

공하는 것은 말할 나위도 없다. 하지만 이 동물 형상들이 축조하고 있는 극의미의
본령은 역시나 가시세계와 비가시세계 간의 접합과 단절에 있다. 동물을 의인화
하거나 신적 존재에게 동물적 특징을 주입하는 반인반수·반신반수 테마는 동서
고금을 막론하고 보편적인 상징소이다. 만물에 내재하는 신비스러운 혼령에 대한
동경과 숭배는 어린아이들의 장난감놀이나 인류문명사의 흔적을 간직하고 있는
원시부족의 정령신앙에서 여전히 반복되고 있다. 태곳적부터 유전되어온 동물숭
배사상은 인간의 생물학적 본능과도 같다. 선민사상을 강조하기 위해서 만들어진
건국신화·시조신화나 영웅들의 초인간적 탄생을 과장하기 위해 도입된 난생설
화, 반인반수를 악한 죄를 저지른 타락한 존재로, 인간의 순수혈통을 위협하는 비
도덕적인 존재로 그리고 있는 그리스신화 등 인간 의식의 원형을 보전하는 서사들
속에서도 동물적 표상은 자연의 일부로 타자화된 대상이자 인간보다 훨씬 더 강력

한 정령적 에너지를 소유한 숭배의 대상으로 취급된다. 이처럼 동물들에게 인간의 언어와 사고를 주입하는 정령적 우화는 엽기적 상상이나 변태적 조작과는 다른 역사적 의미와 인류학적 맥락을 소유하고 있다. 결국 동물장면은 이성적으로 명확하게 걸러지는 사실적 세계와 명석판명함이 도달할 수 없는 불가해한 심연 사이를 배회한다. 그 둘 간의 카오스와 어느 편에도 다가갈 수 없는 미궁이 그 정체인 것이다.

7. 틈의 리얼리즘

인기척이 나고 피리소리(이건 또 누구의 신호인가? 우리 눈에는 보이지 않는 정령의 소리인가, 아니면 공연을 진행하고 있는 연출자의 지시인가?)가 들리면 동물들은 다시 네발로 기기 시작한다. 동물장면보다 더 재미있는 장면이 바로 인간과 동물이 공존하는 순간들이다. 이제 관객들은 그 반인반수들과 대화를 시작한다. 큰아들이 행패를 부리고 막네아들네가 투정을 부릴 때 그들이 어떤 생각을 하고 무슨 말을 하는지 여실히 들린다. 관객들에게 정령적 신통력이 부여된 것이다. 관객들이 동물들의 메타적 시선을 점유하게 된다는 말은 무대 위에 색다른 리얼리티가 형성되었다는 뜻이다. 사람들이 티격태격 싸우는 현장에 동물들의 목소리가 들린다. 인물들의 성격, 갈등, 몰입, 구조와 구성 등 우리 눈에 겉으로 보이는 서사적 맥락은 부차적인 것으로 내려앉는다. 인간들 싸움은 극의 본질을 주도하는 독점권을 상실한다. 인간 본위의 리얼리티 속에 낯설고 이질적인 타자의 리얼리티가 침범했다는 것이다. 이른바 합성리얼리즘. 「설해목」의 리얼리티는 '호랑이 담배피는' 신화적 세계나 인간과 동물이 공생하는 우화적 가상과는 다르다. 합성리얼리즘은 명백히 차별적인 두 층위의 리얼리티가 동등한 지위를 유지하면서 충돌하는 현장이다. 수백 가지 표정을 가진 괴물 슈렉은 인간보다 훨씬 더 자연스러운 반면 인간 피오나 공주는 뻣뻣하고 인공적인 느낌이 나게 처리하는 것이 그 예이다. 아래 그림처럼 실물 피사체를 가진 사람 사진과 가상적 대상을 디지털로 표현한 여인의 모습도 이질적 리얼리티를 합성시킨 예이다.

윤곽만 남아있고 대상의 물성이 제거된 여인의 모습은 비사실적이고 불완전하다. "합성 이미지는 우리 현실을 열등하게 재현한 것이 아니라 다른 현실을 사실적으로 재현한 것"(레프 마노비치)이다.「포레스트 검프」에서 케네디 대통령의 입술 모양을 조작하여 전혀 새로운 문장을 만든 것도 현실의 일부를 조작하여 그 속에 영화적 리얼리티를 삽입한 것이다. 합성리얼리즘의 관점에서 보면 그것은 역사왜곡도 아니고 허구적 장난도 아니다. 포레스트 검프는 정말 그 자리에 '있었다'.「마스크」에서 짐 캐리의 휘어진 몸도 그가 신비로운 마스크를 썼기 때문이다, 라고 생각하게끔 만든다. 그것은 리얼리티의 질을 떨어뜨리고 관객들의 실소를 자아내는 유치한 조작이 아니다. 그것은 '다른 현실을 사실적으로 재현한 것'이다.

동물서사와 인간서사의 엉뚱한 합성이「설해목」의 비밀을 푸는 열쇠가 된다. 일부러 해상도를 떨어뜨리거나(뼈대방) 특정 부위를 과도하게 증폭시킨 무대 설정

포털 사이트의 광고 이미지

이 작품의 주제적 측면과 조우하는 것과 같은 이치다. 지극히 현실적인 인간사와 지극히 비현실적인 동물세계가 마치 물과 기름처럼 둥둥 떠다닌다. 며느리는 돼지에게서 '사람냄새'를 맡으며 눈물을 흘리기도 하지만, 이것이 두 세계의 외피를 뚫을 수 있는 것은 아니다. 「설해목」의 합성리얼리즘은 우리 눈에 비친 세계상이 전부도 아니고 진실도 아니라는 선언문이다. 우리가 알고 믿는 것이 응당 사실이고 진실이어야 한다는 강박에 대한 조롱이고 경고이다. 이것은 「스타워즈」나 「맨인블랙」처럼 반인반수 생명체를 일상적 현실처럼 수용하는 세계(그래서 경험세계의 한계를 적극적으로 지워 스케일의 무한팽창, 초지구적 가능성에 대한 탐문, 신비롭고 추상적인 이미지 등을 의도하는 것)와도 다르고 「금수회의록」이나 「동물농장」처럼 인간세계를 조롱하는 우화적 풍자와도 다른 것이다. 굳이 꼽으라면 두 이질 세계의 독자성을 유지하면서 그 공존 자체가 서스펜스의 동력으로 작용하는 「토이스토리」를 유사체로 꼽을 수 있겠다. 이처럼 「설해목」은 인간도 아니고 동물도 아닌 그 틈, 사진도 아니고 회화도 아닌 그 틈, 삶(사실)도 아니고 연극(허구)도 아닌 그 틈을 사유하고 있다.

「설해목」의 한 장면 ⓒ창세

8. 박제된 현실의 극복: 하이퍼서사는 가능한가?

18세기 계몽주의는 지식의 총량이 세계의 질적 진보로 전화될 것이라고 믿었다. 지식의 물리적 축적에 대한 욕망은 '백과사전'과 근대 박물관의 기원을 형성했다. 이성의 빛으로 세계를 밝힌다는 계몽주의적 욕망은 삶의 총체적 반영이라는 리얼리즘 도식과 직결된다. 하지만 인류학 박물관이 인간과 세계의 본질을 밝혀줄 수는 없다. 인류 문명과 관련된 백과사전식 전시물이 결코 인간사의 디테일을 설명해줄 수는 없다. 수십 개의 전시관을 차지하고 있는 수십만 종의 전시물은 보이지 않는 영역에 대한 변명이자 무능력의 과시에 다름 아니다. 인류학 박물관에 존재하는 것은 인간에 대한 지식이 아니라 그 지식에 대한 욕망일 뿐이다. 리얼리즘이 꿈꾸는 인간 삶에 대한 총체 서사도 디지털 미디어가 지배하는 하이퍼텍스트 시대에는 그저 농담에 불과하다. 선형적으로 주어지는 고전 텍스트는 더 이상 세계를 재현하지 못한다. 연예인 코팅사진 책갈피가 꽂힌 종이책 위에 연필로 선을 긋고 손에 침을 묻혀가며 책장을 넘기는 세대는 이제 안녕이다. 초등학교 때부터 e-book으로 학습하고 '인강'을 들으며 증강현실로 세계를 지각하는 세대가 몰려오고 있다.

「설해목」은 하이퍼텍스트의 세계를 지향한다. 아버지의 회상과 동물장면의 삽입으로 서사의 선형성이 파괴된 것은 말할 것도 없다. 사실 '단일 사건의 개연적 연속성'(아리스토텔레스)의 거부는 20세기 초부터 지속적으로 수행되던 시도였다. 의도적인 생략과 비약, 이질적 요소의 개입, 단일 리얼리티보다 병렬적 리얼리티의 선호 등은 선형적 서사텍스트를 거부했던 20세기 모더니즘 실험들이 익히 써먹던 수법이다. 물론 그것이 21세기 하이퍼텍스트의 탄생을 위한 밑거름이 될 줄은 몰랐겠지만. 서사 자체만 따지면「설해목」은 아주 해묵고 닳은 현실을 그리고 있다. 손 내미는 자식, 시어머니 때문에 발생하는 부부간 갈등, 오락만 하는 아이, 형제간 갈등, 어머니의 승복 등 따로 설명이 필요 없는 뻔하고 식상한 테마들로 구성되어 있다. 그런데 주목할 점은 허약하기 그지없는 이 서사가 어느 지점부터는 하나의 소재로 격하되면서 하이퍼서사의 불쏘시개로 활용되기 시작한다는 것, 그리하여 리얼리즘이 추구한 백과사전적 만화경을 구현하는 게 아니라 어딘가에 있을 다른 텍스트를 주석처럼 환기시킨다는 것이다. 아버지 장례식에도 불참한 큰아들의 패륜을 다룬 후 생전 아버지 모습을 링크시킨 것, 막내아들의 몰염치를 드러낸 후 엉금엉금 기어가는 아버지를 호출한 것 등이 대표적 사례이다. 뿐만 아니다. 귀먹은 어머니 사연, 둘째딸의 죽음, 쇠사슬, 막내아들부부의 다툼, 큰아들이 감자박스를 열 때 뭔가 날아가는 장면, 아버지의 발등을 만지는 어머니 등 (뻔하고 뻔한 가시적 서사 뒤에는) 채 발화되지 않은 '물밑서사'가 곳곳에 배치되어 있다. 이것은 추가적 정보를 제어하는 절제와 여백의 미학과도 다르고, 모호한 상징 언어

「설해목」의 한 장면 ⓒ창세

를 통한 시적 세계로의 도약과도 다르다. 모래망에 걸러지지 않은 이 '물밑서사'들은 명확한 맥락이 있음에도 불구하고 의도적으로 발화를 지연시키거나 의미화를 생략하고 있다. 그 모티프들의 공백을 채우고 메우는 건 관객의 몫이다. 수용자의 선택에 따라서 추가되고 보충되는 하이퍼텍스트의 상상력을 차용하고 있는 것이다. 하이퍼텍스트는 박제된 현실 뒤에 해석을 기다리는 텍스트, 사고의 연속성을 지연시키는 텍스트, 주석참조가 필요한 텍스트이다. 「설해목」의 링크가 가리키는 것은 관객의 의식에 내재된 유추 능력이다. 「설해목」의 기조 서사는 작품 진행의 주도권을 단념하고 소재 차원으로 내려앉는다. 그리고 스스로 구멍 뚫린 텍스트가 되어 '물밑서사'의 참조와 개입을 기다리고 있다.

9. 과거를 보며 미래로 가는 연극

연극은 애초에 문학적 서사의 노예가 아니었다. 그 시초는 초월적 언어를 구사하는 제사장의 주술 퍼포먼스였다. 고전음악에 리브레토를 얹어 오페라가 탄생하듯, 주술적 엑스터시 위에 완결된 이야기 형식이 덧입혀진 게 근대연극의 모양새이다. 19세기말 상징주의 극작가들이 서사적 언어를 거부하고 비가시세계의 황홀경에 도달하고자 한 것처럼 연극은 항상 시원에 대한 복고지향성을 내재하고 있다. 연극은 설득하지 않는다. 보여주고 도취시킬 뿐이다. 지독한 나르시시스트다.

「설해목」은 서사에 목매지 않고 서사를 포기하지도 않는다. 서사를 참조할 뿐이다. 그리고 서사의 압제에서 해방되었을 때 얻어지는 미덕에 대해서 고민한다. 현실을 이질적으로 배치·분할하고 이질적 현실을 혼종·합성하는 능력을 가지고 있으며, 하이퍼서사의 감각과 가능성을 체현할 줄 안다. 보이는 것과 보이지 않는 것을 분류할 줄 아는 통찰력도 가지고 있다. 그래서 손녀의 마지막 대사는 상징 이상이다. "눈이 부셔서 해를 못 쳐다봤어. 그런데 눈에 뭐가 있어. 되게 재미있어. 내가 보려고 하면 그것이 저만치 도망가네. (웃는다) 이것 봐. 작고 투명한 아지랑이가 몇 개씩 눈에 있는 것처럼, 보였다가 사라졌다가 막 그래." 있으나 없고 없으나 있는 것, 있지만 보이지 않고 없지만 느낄 수 있는 것! 그것은 인간보다 나은 동물들의 목소리이기도 하고, 보려야 볼 수 없는 부모님의 사랑이기도 하다. 또한 그것이 바로 연극이고, 연극의 존재방식이다.

집, 역사, 인생

공연명: 「1동 28번지, 차숙이네」
극작/연출: 최진아
극단: 놀땅
상연장소: 남산예술센터
상연기간: 2010.06.18 ~ 2010. 06.27
관극일일: 2010.06.19. 15:00

집 떠난 민족

　따지고 보면 우리 민족은 집에 대해 할 말이 참 많기도 하다. 20세기의 역사를 되돌아 보건대, 떠나고, 부수고, 옮기며 100년을 살아온 우리들에겐 어쩌

「1동 28번지, 차숙이네」의 한 장면 ©놀땅

면 집이란 상실과 훼손으로 얼룩진 공간일지도 모른다. 집의 기능과 목적이 정주와 평안에 있다면, 우리에겐 그 '집'이란 없다. 그 분기점은 뭐니뭐니해도 한민족의 삶을 뿌리째 뽑아버린 한국전쟁이었다. 파괴되고 망가진 집은 뿌리 뽑힌 삶의 완벽한 도상이었다. 거리로 내몰린 피난의 상처는 이후 반세기 동안 우리들의 탐욕과 집착을 증폭시킨 최고의 숙주였다. 내 몸 뉠 땅덩어리 한 쪽, 새벽 이슬 피할 집구석 한 뺨은 최고의 생존 목표였고 지상최대의 과제였다.

질기고 모진 피난민의 굴레

생존을 위한 최소한에 목숨을 바쳐야 했던 이 '피난미니즘'(피난민 의식)은 우리 내부에 왜곡되고 과잉된 욕망을 잉태했다. 물불도 가리지 않았고, 앞뒤도 분간할 수 없었다. "초가집도 없애고"란 노래가사에서 보듯이, 수천 년 우리의 몸과 마음을 키웠던 거주형태는 저주와 원망의 대상이 되었고, 날림공사와 난개발의 원흉이었던 아파트 건설붐은 근대화와 산업화의 일등공신 행세를 했다. 집을 짓느냐, 마느냐, 집값을 내리느냐, 마느냐가 대선의 최대 쟁점이 되었고, "새 집 줄게, 헌 집 다오"라는 꾐에 빠지지 않은 사람들은 용산에서 처참한 화형에 처해졌다. 우리에겐 '집'이 없어져버린 것이다. "건축물로서의 집"이 아니라 "거주지로서의 집"에 삶의 행복이 있다고 역설한 가스통 바슐라르(『공간의 시학』)의 말에 의지한다면, 집이 없는 우리에겐 삶의 행복도 없다. 적어도 집이 "삶의 보물창고"라면, 그 '보물'은 확실히 없다. 집의 가치를 오직 '시세'로 셈하고, 그 집에 묻어 있는 우리의 손때 발때를 기꺼이 새집증후군과 맞바꿔버리는 우리에겐 집은 그저 '부동산'일 뿐이다.

집을 만드는 씨줄과 날줄

그래서 「1동 28번지, 차숙이네」는 고맙고도 감동적이다. 부동산 처분과 관련된 자식들의 재산다툼 이야기가 아니어서 고맙고, 초호화 고층아파트 아니면 거들떠 보지도 않는 세상에 구닥다리 '보루쿠', '공구리'로 코딱지만 한 집 짓는 얘기로 우리의 콧대를 납작하게 해줘서 감동적이다. 물론 집의 주인 노릇을 하는 인간들의 구구절절 사연들보다 집 자체의 이야기, 즉 집이 여태 어떻게 만들어져 왔으며, 실제로 집은 어떻게 만들어지는가, 집의 의미는 무엇이며, 그 구조와 기능은 어떠한가, 하는 색다른 주제와 어법의 시도에도 후한 점수를 줘야 마땅하다.

「1동 28번지, 차숙이네」는 낡고 허물어진 이차숙 여사의 세 자녀가 옛집을 허물고 새집을 짓기 위해서 옥신각신 하는 얘기를 담고 있다. 세 명의 인부가 집의 터를 닦고 옹벽을 올리는 단계까지 벌어지는 일화들이 그 뼈대를 이룬다. 집을 담보

「1동 28번지, 차숙이네」의 한 장면 ⓒ놀땅

로 교수임용 커미션을 마련하려는 큰 아들, 아이들 교육을 위해 집을 팔아 도시로 나가려는 둘째 아들, 엄마의 새집을 고단한 도시생활의 피난처로 만들려는 막내 딸의 사연이 집과 사람의 관계를 보여주는 설정이라면, 먼저 죽은 남편과의 추억을 떠올리는 이차숙 여사의 사연은 기억의 매개로서 집의 의미를 환기한다. 반면 집의 건축적 의미를 설명하는 세 명의 인부는 집짓기의 역사성, 더 정확히는 거주지에 대한 고고학적 해설을 수행한다.

집의 기억, 기억의 집

좀 더 부연하자면, 어머니 이차숙 여사를 중심으로 집의 의미를 담당하는 세 자녀와 집의 기능을 담당하는 세 인부가 극행위를 추동하는 주요 의미소라 할 것이다. 이 '의미집단'과 '기능집단'은 역할의 경중이나 차별 없이 씨줄과 날

「1동 28번지, 차숙이네」의 한 장면 ⓒ놀땅

줄이 되어 극을 이끌어 간다. 여기서 눈여겨 봐야할 것은 집짓기를 통해 만나게 된 두 그룹, 즉 세 자녀와 세 인부 간에 벌어지는 두 개의 핵갈등이 해결되는 방식이다. 첫 번째 갈등은 아버지가 지은 옛집의 터가 직사각형이 아니라 어중간하게 틀어져 있다는 사실에서 발생한다. 추가비용을 감수하고서라도 비뚤어진 형태를 고수하려는 가족들의 결단은 천편일률적인 획일화에 대한 저항이다. 합리성, 실용성이란 이름으로 똑같은 구조와 똑같은 공간을 제공하는 현대식 아파트 설계는 거주민의 개성과 특수성을 거부한다. 그 천편일률적인 획일화는 우리 삶 속에 필연적으로 발생하는 파란만장한 내막과 역동적인 우여곡절을 지워버리고 망각한다. 그 철두철미하고 빈틈없는 구획화의 폭력은 나의 삶과 가족의 삶까지도 비슷한 동선과 그저 그런 일상으로 내몬다. 뒷산을 향해 비스듬히 돌아앉은 차숙이네 창문은 비록 낯설고 흉하지만 그들만의 사연과 역사를 가지고 있다. 반듯하면 망각해버렸을 그 어린 시절의 추억과 아버지에 대한 기억이 차숙이네의 비뚤어진 창문에 묻어 있는 것이다. 그 아픈 추억까지도 보듬어 안으려는 가족들의 발칙한 착상은 근대화의 마법에 걸려 부수고 깔아뭉갠 옛 초가 황토집을 애써 다시 쌓아올리는 귀농족들의 절박함과도 맞닿아 있다.

역사를 사는 집

극을 절정부로 끌어올리는 두 번째 핵갈등은 지반침하로 인해 집을 새로 지어야할 상황에서 연유한다. 첫 번째 핵갈등이 불법건축(?)을 자행한 아버지에 의해 발생한 인문적 현상이라면, 두 번째는 지하수에 의한 토양침윤이라는 자연적 요

「1동 28번지, 차숙이네」의 한 장면 ©놀땅

인에 의해서 발생한다. 극작까지 병행한 최진아 연출의 명확한 설명이 아쉬웠던 이 부분은 물길 막기라는 정공법을 시도한 둘째 아들의 영웅적인 행위로 인해 마감된(듯하)다. 미물에 불과한 흙과 물은 터를 닦고 옹벽을 올리는 주체이긴 하나, 또한 순식간에 집의 근간을 파괴하는 주범이 될 수도 있다는 것이 이 일화가 주는 역설적 가르침이다. 여기서 최진아 연출은 연극 「1동 28번지, 차숙이네」가 궁극적으로 지향하는 가치를 흩뿌려놓는다. 기능으로서의 집(=건축물)과 의미로서의 집(=가정)이 하나로 합일하는 행복한 만남! 세 자녀가 감당하기엔 너무나 큰 장애(지반침하)가 급습하자 이들의 불화는 심화되고, 급기야 이차숙 여사의 병원행까지 겹치자 세 인부 사이에도 누적된 갈등이 폭발한다. 살 사람을 보고 짓는 게 집이지 그렇지 못하면 "이건 집도 아니고, 뭣도 아녀"라고 어깃장을 놓는 인부 춘순의 항변은 기능과 의미가 닭-알 할 것 없이 애초부터 하나의 근원에서 출발했음을 보여준다. 집 한 채 올려봐야 어른이 된 것이고, 집은 그 주인을 닮는다는 말은 물질로서의 집과 관념으로서의 인간이 한 몸처럼 어우러졌을 때 진정한 '집'이 탄생한다는 것을 뜻한다. 'home'과 'house'처럼 따로 존재하는 집이 아니라, 불패의 자산이나 재테크 수단으로서의 집이 아니라, 사람을 키우는 집, 가족의 묶어주는 집이 바로 그 '집'이다. 따라서 집을 짓는 것은 사람을 짓는 것이고, 집에 사는 것은 역사를 사는 것이 된다.

사물의 발화법

집의 의미를 되살리고, 집의 역사성을 복원하는 「1동 28번지, 차숙이네」의 실험은 의미 있고 가치 있는 시도이다. 사람이 소유한 집이 아니라, 사람을 소유한 집이라는 문제의식도 뜻 깊고, 집의 기능과 의미를 동시에 사유하려는 노력도 높이 살만하다. 흙, 물, 바람 같은 원초적 이미지를 상기시키는 방식과 어울림과 기다림의 가치를 일깨우려는 정성도 장하다. 특히 무대에서 직접 집짓기를 시행한 무대예술가 이창원의 기막힌 상상력은 찬사만으로는 모자라다.

'사물이 말하는 형식'에 대해 여전히 고민 중이라고 고백한 최진아 연출에게 성급하고 섣부른 비판은 아직 위험하다. 그녀가 보여준 것은 이제 막 거푸집을 떼어낸 '옹벽'에 불과하다. 사람으로 치자면 옹알이. 발화법을 익히려면 좀 더 시간이 필요하다. 좀 더 바람이 불어야 하고, 좀 더 뜸을 들여야 한다.

살갑고 따뜻한 칼잡이의 세계

공연명: 「칼잡이」
원작: 강철수
연출: 위성신
극단: 서울시극단
상연일시: 2013.04.12-2013.04.28
상연장소: 세종문화회관 M씨어터
관극일시: 2013.04.12. 20:00

프리뷰: 칼로 흥한 자, 칼로 보답한다

제목만 보면 고독한 협객의 서슬 퍼런 칼날이 떠오르지만, 예상과 달리 「칼잡이」는 구닥다리 재래시장을 배경으로 하는 휴먼드라마이다. 작고 영세한 음식점

「칼잡이」의 한 장면 ⓒ서울시극단

이 즐비한 장터의 일상적 풍경과 영세 소상인이라 이름 붙여진 시장통 서민들의 고단한 삶이 그 배경을 장식하는 주요 색채이다. 횟집을 운영하는 '칼잡이' 오익달에게 알바생 채병욱이 방문하면서 사건이 시작된다. 뛰어난 칼솜씨로 명성이 자자한 익달은 성실하고 근면한 병욱을 훈련시켜 최고의 칼잡이로 키우려고 한다. 대형 쇼핑몰 건설계획으로 재래시장이 해체될 기로에 서자 익달과 병욱은 시장 상인들을 결집시켜 낡고 불편한 시장을 깨끗하고 친절한 시장으로 탈바꿈시킨다. 익달은 병욱에게 횟집을 물려주고 서슴없이 요양소로 떠난다.

「칼잡이」는 얼핏 보면 달짝지근한 멜로드라마의 통속성이 지배적이다. 상투적인 소재들이 전면에 배치되어 있고, 작위적인 우연이 곳곳에서 불쑥 튀어나오는가 하면, 장터언어 특유의 익살과 풍유는 기대치에 모자라고, 성급하고 안이한 피날레는 휴먼드라마의 짜릿한 감동을 적정온도까지 상승시키지 못하고 있다. 갈등은 무디고, 그 해결은 손쉽다. 또한 대기업의 지역상권 장악이라는 사회적 이슈는 성공신화의 낭만적 공식에서 벗어나지 못하고 있다. 한마디로 말하면 「칼잡이」는 전통적 극작술에서 두어 발 빗겨나 있거나 물러서 있다. 문제는 빗겨나고 물러선 그 자리가 채움을 위한 여백인지, 손길이 필요한 결핍인지에 대한 판단이리라.

먼저 작품 초입에 올린 작가(강철수 원작)의 머리글[題辭]을 보자. "(...) 세상눈에 잘 띄지 않지만 상을 받을 만한 어른이 있다. 음지에서 묵묵히 내공을 쌓으며 열정을 불태우는 젊은이도 많다." 작가의 말에 따르면 「칼잡이」는 상 받을 어른과 열정적인 젊은이에 대한 이야기이다. 익달과 병욱이 그 첫머리에 오르는 것은 말할 나위도 없다. 이 어른—젊은이의 이항대립쌍에서 우리가 눈여겨봐야할 점은 두 인물의 만남과 결합 과정이다. 겉보기에 이들은 사장과 알바생이라는 상호필요에 의거하여 만나지만, 속내를 보면 이들의 결합은 회자정리[會者定離]와 생자필멸[生者必滅]의 우주적 계기에 의해 미리 예정된 것이었다. 40여 년 전 아버지의 죽음으로 인해 동생들

「칼잡이」의 한 장면 ⓒ서울시극단

과 생이별을 하게 된 익달은 그 오랜 세월동안 동생들을 찾아 팔방을 헤매고 다닌다. 장남으로서 과도한 책임감과 죄책감에 시달려온 익달은 사람들에게 너그러이 베푸는 것만이 자신의 과오를 속죄할 수 있는 길이라 믿고 있다. 병욱의 재능과 인간됨을 눈여겨 본 익달은 병욱에게 자신의 가게를 넘겨주고 유유히 길을 떠난다. 사람도 만나면 헤어지는 법이고, 재물도 저승길에는 아무 필요가 없다. 모였다 흩어지고, 떨어졌다 합치는 것이 삶의 이치고 우주의 법칙이다. 얻은 만큼 주고, 받은 만큼 베푸는 것이 칼잡이 익달의 정의다.

칼의 윤리, 윤리적 칼잡이

「칼잡이」는 무협소설의 도제수련 테마와 서부영화의 고독한 총잡이 테마가 결합된 낭만적 영웅주의에 의탁하고 있지만, 복수의 결기는 심각한 실업난으로, 절대악의 응징은 소상인들의 협동단결로 세속화되어 있다. 하지만 익달의 퍼주기 선행은 여전히 낭만적 영웅의 시혜신화에 머물고 있다. 본성은 베일에 가려있고, 속내는 알 수 없으며, 현실과 타협하지 않고 늘 이상화된 원칙을 고집스럽게 추구하는 정의의 인물! 엄격한 삶의 규율을 준수하고 희생정신으로 똘똘 뭉친 이 낭만적 영웅은 세상의 비밀과 은밀하게 접선하고 있는 듯하면서도, 정작 자기 가족은 제대로 돌보지 못하는 외골수이다.

선뜻 이해하기 힘든 과도한 윤리정신은 부모의 부덕을 자신의 과오로 환원시키는 익달의 지고한 가족애로 설명된다. 칼과 함께 한 지난 40년의 삶은 익달에게 있어서 자기의 죄를 참회하는 속죄의 세월이다. 그에게 칼의 의미는 의도든 아니든 자신에게 귀속된 생이별의 과오를 한 땀 한 땀 썰어내는 대속의 수행이자 재계의 성사이다. 그래서 익달에게 '칼잡이'는 생계가 아니라 숙명이다. 칼을 오직 밥벌이로만 생각하는 병욱에게 전하는 익달의 가르침도 살을 베고 떼어내는 칼질이 아니라, 정을 나누고 뜻을 공유하는 따뜻한 칼질이다. 그렇다면 가족에 대한 죄책감을 썰어내는 병욱의 칼날도 결국 '킬링'이 아니라 '힐링'을 위한 자기치료의 수단이다.

중요한 점은 익달의 가족애가 혈족의 경계를 넘어 보편적 인간애로 승화되어 있다는 사실이다. 피땀 흘려 모은 재산을 동생 같은 제자들에게 습관적으로 넘겨주는 익달의 헌신은 불법 탈법을 마다않고 축재와 상속에 혈안이 된 우리네 부자들의 행태와는 정반대의 모습이다. 최근 지면을 장식하는 편법상속과 일감몰아주기 등에서 볼 수 있듯이 우리 시대의 혈육지상주의는 가진 자들의 횡포와 동격이다. 익달의 서사는 이 무지막지하고 전근대적인 피의 결속에 저항하여 개인의 자질과 능력을 중시하는 평등과 정의의 담론을 유포하고 있다. '닥치고 가족'을 외치는 혈연의 논리와는 달리 '아날로그 꼰대' 익달은 능력과 열정을 우선시하고, 자기 희생과 이타주의를 강조한다. 땀의 무게만큼 벌고, 번 것을 다시 사회에 환원하는 것이 익달이 체득한 경제학이고, 그가 실천하는 윤리학이다.

날은 결을 이기지 못한다

다른 요리와는 달리 '회뜨기'는 오직 칼에서 시작해서 칼로 끝나는 기술이다. 따지고 보면 칼은 한낱 쇳덩이에 불과하지만 날을 벼리면 사람 목숨까지 좌지우지하는 칼이 된다. 벌건 쇳덩이가 메질과 담금질을 거쳐 퍼런 날을 갖는 과정은 그 자체로도 성숙과 성장의 메타포가 된다. 쇳덩이나 이 빠진 무딘 칼에 불과한 인간의 삶이 공생의 풀무질과 사랑의 메질로 날을 벼리면 결합과 창조의 칼이 되는 것이다. 칼의 가르침이 그러하다면, 「칼잡이」의 칼날은 어디로 향하고 있는가. 「칼잡

「칼잡이」의 한 장면 ©서울시극단

이]에서 익달의 헌신적 자기희생은 주변 인물들의 가슴속에 분골쇄신과 공생공영을 위한 칼을 한 자루씩 선사하고 있다. 대기업의 쇼핑몰 건설에 맞서 시장 상인들이 보여주는 혁신의 몸부림은 처절하고 안쓰럽다. 그래서 서민의 삶을 융단 폭격으로 위협하는 소수 재벌들의 사악한 탐욕이 소상인들의 노력에 의해 철회되는 장면은 감동적이고 짜릿하다. 날이 바짝 선 거대자본의 칼은 무섭고 흉악하지만, 시장 상인들이 온몸으로 벼른 상생의 칼은 그보다 더 크고 위대하다. 칼은 다른 칼을 칼집 속에 가두어 두는 법이다. 상인들이 가슴속에 품은 칼은 돈의 논리와 자본의 폭력까지도 이겨낸다. 그런 의미에서 상인들은 모두 하나 같이 '칼잡이'들이다. 이처럼 「칼잡이」는 사회적 불평등과 경제적 차별의 문제를 과학적 분석에 근거한 구조 변경보다는 개인과 소집단의 고군분투를 통한 해소로 치환시키고 있다. 빠르고 확실한 단칼보다는 느리지만 사태의 '결'을 찾아 날을 세우는 뚝심에 의지하는 것이다. 그것이 정도를 따라 오래 가는 방식이다. 결을 무시한 우격다짐 칼질은 회 맛을 떨어뜨리고 날을 상하게 한다.

난 칼보다 강한 든 칼

그렇다고 「칼잡이」에 자루에 든 칼만 나오는 것은 아니다. 쌍칼을 들고 도둑과 벌이는 코믹한 활극이 있는가 하면, 자본의 사주를 받은 조폭들의 위협적인 칼부림도 등장한다. 자본의 폭리와 조폭의 폭력은 동일한 칼의 양날이다. 둘 다 사람은 안중에 없고 오직 결과만을 물신화한다. 이들의 차가운 칼날 앞에 동반성장이나 공생발전은 사탕발린 헛소리에 불과하다. 뻔뻔하고 치졸하게 자신을 드러내는 거대자본과 조폭과는 달리 가슴에 생존의 칼을 품고 살아야 하는 소상인들은 가면을 쓰거나 고개를 숙이고 살아야 한다. 지니는 익달의 딸이면서도 부녀관계를 숨겨야 하고, 주방장 할머니는 빌딩을 소유하고 있으면서도 찌든 가난을 연기해야한다. 조선족 밍티엔은 입이 있어도 말을 못하고, 익달은 아내와 이혼을 하면서도 속내를 알 수 없는 능구렁이 삶을 살아야 한다. 선한 인물들은 본모습을 숨기고 악한 인물들은 인면수심을 드러내는 뒤집힌 세상이다. 하지만 칼집에 든 칼이 더 강한 법이다. 더 이상 드러낼 내면이 없는 망나니의 칼은 결코 서민들의 따뜻한 칼을 제압할 수 없다.

공연평: 이 빠진 칼날, 비만형 영양실조

하지만 시나리오로 출발한 대본이라 그럴까. 각색의 누빈 흔적이 여전히 남아 있고, 장면 결합이 매끄럽지 못한 곳도 적지 않다. 한마디로 공연 「칼잡이」는 원작의 가능성을 제대로 길어 올리지 못하고, 혹은 원작의 단점을 원만히 메우지 못하고 주저앉고 말았다. 빠른 장면 전환에 풍성한 볼거리, 세련된 음악도 있고 배우기량도 출중하다. 이 정도면 7부 능선은 오른 거나 다름없다. 하지만 아쉽게도 「칼잡이」는 버선 신고 발바닥 긁듯 시종 변죽만 울리고 끝났다.

뮤지컬 형식도 아니다. 음악 수가 적어서가 아니다. 음악극의 대사는 기본적으로 서창[敍唱]이어야하나 「칼잡이」의 서정적 리듬은 곳곳에서 파열과 마찰을 일으키며 불협화음을 만들어낸다. 기계음과 육성 간의 전환은 청각의 잔향효과를 배려하지 않았고, 대사의 리듬감은 일관성 없이 들쑥날쑥하며, 장면들의 호흡도 불규칙하다. 가창[歌唱]은 공감과 연민을 수송하는 전신주가 될 법한데, 허약한 동기부여와 저자극성 파토스의 질곡에 빠졌다.

경둥경둥한 형식 못지않게 내용 또한 설피고 무르다. 세태비판도 아니고, 사회풍자도 아니다. 대기업의 전통시장 압살작전에 저항하는 소상공인들의 집단적 응집을 밑밥으로 던져놓긴 했으나, 이 묵직한 사회적 주제는 별다른 설명이나 묘사 없이 순순히 모티프 수준으로 추락한다.

병욱의 도제수업과 입신양명이 전면에 나설 듯하더니 정작 안방을 차지한 것은 익달과 지니와의 부녀갈등이다. 병욱의 성장서사는 미적지근하고, 지니의 가족드라마는 앙탈 이상이 아니다. 익달과 지니의 대결은 무대 막까지 내려놓고 부조화^{不調化}시키려 안간힘을 썼지만 마뜩찮고 뜬금없다. 그렇다고 고기 한 점 없는 멀건 육개장 같은 병욱과 지니의 러브스토리 라인에서 기세를 느낄 수 있는 것도 아니다.

익달은 제자에게 가게를 넘기는 게 사회환원이라고 말한다. 이 사회경제학 개념은 부적당하게 오용되고 있다. 이건 미담 이상이 아니다. 빌딩소유주 주방장과 사장 딸의 고용승계가 노동자 보호인 것도 아니다. 익달은 서부영화 주제곡을 배

「칼잡이」의 한 장면 ⓒ서울시극단

경으로 또 다른 횟집 개척을 위해 떠난다. 서부영화의 주인공은 무력하고 무능한 보안관을 대신해서 잔인하고 사악한 악을 응징하는 인물이다. 총에 총으로 맞서고 악에 악으로 응징하는 것이 그 기본서사다. 하지만 익달이 채택하고 있는 서부영화 알레고리는 맥락과 논리가 없다. 그가 응징하는 악의 정체는 모호하고, 그가 복원하는 명예와 의무는 어정쩡하다. 단순한 노스탤지어에 불과하다. 작품 주제와 맞지 않는 부조화의 전형이다.

전체적으로 서사는 허약하고 서정은 간이 맞지 않다. 모자란 서사와 비릿한 서정의 빈자리를 채우는 것은 배우들의 개인기와 장기자랑이다. 시장의 일상과 상인들의 기질을 포착한 노력과 성실함은 작품 곳곳에서 충분히 드러난다. 과체중에 가까울 정도로 디테일이 촘촘하다. 그럼에도 불구하고 작품 전체는 빈혈에 영양실조다. 부분은 유쾌하지만 총체성에는 이르지 못했다. 부분은 부분과 공존하며 전체를 구성하고, 전체는 부분을 아우르며 한 몸을 유지하는 것이 조화이고 균형이다. 서사가 그 몸의 척추이고, 서정이 그 몸에 피를 돌게 하는 심장임은 말할 나위없다. 이 빠진 칼날에 결을 잃은 칼질 때문에 관객도 배우도 힘들다.

chapter 6

실존과 내면

- 불안은 영혼만 잠식하나?:「주인이 오셨다」,「내가 까마귀였을 때」
- 쏠 수 있다면 '내 심장을 쏴라!':「내 심장을 쏴라」
- 21세기 악의 꽃:「루시드 드림」

불안은 영혼만 잠식하나?

공연명: 「내가 까마귀였을 때」 / 「주인이 오셨다」
극작: 고연옥
연출: 임영웅 / 김광보
극단: 산울림 / 국립극단
상연일시: 2011.03.29. ~ 05.08 / 2011.04.21. ~ 05.01
상연장소: 산울림 소극장 / 백성희장민호극장
관극일시: 2011.04.23. 15:00 / 2011.04.24. 15:00

인간은 외롭다. 둘이 있어도 각각 외로울 뿐이다. 필멸의 존재인 인간은 무
Nichts 앞에서 아찔해지기 마련이다. 그 아찔함이 외로움의 근원이다. 키에르케고르
는 그 외로움의 바닥에서 '근원적 불안'을 보았다. 하이데거는 아예 인간의 근본감

「주인이 오셨다」의 한 장면 ©국립극단

정을 불안이라고 선언했다. 사랑에 목숨 걸고 행복에 목매다는 '호모 해피쿠스'로서는 여간한 좌절이 아니다. 불현듯 일상을 정지시키고, 행복감의 허약한 표피를 갈기갈기 찢어버리며 그렇게 불안은 고개를 처든다. 불안의 망망대해에서 행복이란 그저 일순에 스러지는 포말과도 같다. 잡을 수도, 지켜낼 수도 없는 그 찰나의 포말 뒤에는 영혼을 잠식하는 불안(라이너 베르너 파스빈더)이 검은 아가리를 벌리고 있다. 이런 실존적 분석이 20세기의 사회와 사상을 길러냈다. 드라마도 예외가 아니다. 베케트의 무의미, 아르토의 비명, 그리고 최근 해롤드 핀터의 부조리까지 이 불안의 지문은 무대에도 강렬하고 짙은 자국을 드리우고 있다.

불안은 불편하다

소름을 일깨우고, 몸을 옹송그리게 만드는 고연옥의 드라마는 이 불안감의 주변을 배회한다. 그녀의 인식론은 '나는 불안하다, 고로 존재한다'이다. 그래서 그녀의 드라마는 어지간한 자극과 충격에는 눈도 깜빡이지 않는 현대인의 불감 증후군에 대한 일종의 경고 메시지이다. 일어나지 말아야하는 사건사고가 우리의 상식과 윤리를 비웃으며 어지러운 춤을 추는 이 시대를 야유하는 적색 램프이다. 그녀는 천인공노할 (살인)사건의 표제 뒤에서 무심코 간과해버린 미세한 불안감을 조심스레 채취해 낸다. 사건이 무서운 것은 그 끔찍한 결과 때문이 아니라, 그 과정에 연루된 수많은 상처와 아픔 때문이라고 말한다. 호기심이나 흥미 본위의 연대기적 사건 서술이 담아낼 수 없는 미시적 심리 영역에 돋보기를 들이대고 그 불안의 상흔들을 한 꺼풀씩 벗겨낸다. 아프고 불편하다. 그 통증이 고연옥 드라마를 긴장시키는 원동력이다. 인물들이 아프고, 그 상황이 아프다. 그래서 관객까지 그

「주인이 오셨다」의 한 장면 ©국립극단

아픔은 전염된다. 그럼 불편함은? 실수나 무지로 인한 죄행은 연민이라도 가질
수 있지만, 고연옥 드라마의 아픔은 실존적이고 생래적이라서 마진도, 여지도 없
고 복구도 안 된다. 그래서 불편하다. 진단이 나오면 처방이 떠오르는데, 그녀는
진단서를 내밀 뿐이다. 이래저래 불편하다.

관계의 심리학

　20세기 드라마의 심리적 불안이 현대인의 정신적 불모성과 일상적 비극성
에 그 기원을 두고 있는 반면, 고연옥의 불편한 불안은 주체의 문제보다는 사
회적 병리로 말미암은 '관계'의 심리학에 경사되어 있다. 그녀의 드라마에서
불안이 번식을 시작하는 서식지는 주체 개인의 파탄난 내면보다는 인간관계

의 왜곡이나 의사소통의 장애가 발생하는 지점이다. 「내가 까마귀였을 때」에서 불안의 정체는 사회 밑바닥을 거친 막내의 비뚤어진 심성 자체보다는 13년 동안 타인처럼 자라온 이 아이가 중산층 가정의 질서 속에 무사히 편입될 수 있을까 하는 진입 장벽에 대한 시선에 있다. 가부장적 질서가 탄탄히 착근된 집안 분위기, 집을 떠나 해비타트 운동에 전념 중인 아들과 '모범생' 한마디로 정의되는 그의 누나. 왠지 평범할 것 같으면서도 모종의 위태로움이 감지되는 이 가정에 어릴 적 잃어버린 막내의 갑작스러운 유입은 근원을 알 수 없는 미묘한 불안감을 야기한다. 비록 피를 공유한 혈족의 유입이긴 하지만, 너무나 이질적이고 게다가 공격적이며 때로는 안하무인인 막내의 등장으로 인해 이 집안에는 낯선 자의 방문을 능가하는 불안이 싹트기 시작한다. 동생이 생긴 걸 지나치게 좋아하는 아들도, 잃어버린 자식을 찾아 마냥 흐뭇해하며 기뻐하는 아버지와 어머니도 정도와 입장 차이는 있지만 그 불안감의 흔적을 씻어내

「주인이 오셨다」의 한 장면 ©국립극단

진 못한다. 마치 지워지지 않는 막내의 불쾌한 '냄새'처럼.

불안한 언어, 파괴된 관계

「주인이 오셨다」에서 이 불안의 증상은 좀 더 보편적이고 일상적 방식으로 발현
된다. 완전한 타인도, 그렇다고 낯익은 지인도 아닌, 그래서 들일 수도, 내둘 수도
없는 아들 친구의 방문이 그 시작인바, 누구나 흔하게 체험하는 이 애매한 상황은
10분 넘게 극의 도입부를 지배한다. 주영 엄마는 검은 피부의 자루를 보고 수시로
흠칫흠칫 놀라지만 외면의 불편함을 이기지 못해 결국 어쩔 수 없이 불안함을 선
택한다. 이 둘 간의 대화는 불신과 경계, 그리고 진솔함과 진지함이 혼성적으로
뒤섞이며 아슬아슬한 줄타기를 한다. 중간에 자루의 탄생과정을 묘사하는 긴 극

「내가 까마귀였을 때」의 한 장면 ⓒ산울림

중극을 삽입하여 관객의 동의를 구한 극작가는 곧바로 살얼음 같은 이 대화에 종지부를 찍고 살인이라는 무시무시한 결론을 던져놓는다. 「내가 까마귀였을 때」에서 가족 간의 허술한 결속력이 막내의 갑작스러운 돌변으로 인해 밑바닥까지 추락하는 것처럼, 「주인이 오셨다」에서도 불안의 전조는 결국 살인이라는 막장으로 돌진한다.

무대 근저에 뿌리박고 있는 이런 불안의 촉감은 지속적으로, 그리고 자극적으로 인물간의 대화와 상황을 잠식해 들어간다. 무엇보다 주목을 끄는 것은 탈맥락의 경계를 내왕하는 소통의 방식, 부자연스러운 휴지와 상대방의 폐부를 자극하는 언술 등 고연옥 특유의 대화 구성법이다. 불안감이라는 비정상적인 심리 위에 구축된 인물 관계가 교감과 공감의 대화를 양산할 리는 만무하다. 해롤드 핀터(특히 「The Room」이나 「The Birthday Party」)의 극에서처럼, 영혼을 잠식한 불안은 대화를 잠식하고 종국엔 그들의 관계까지 잠식해버린다. 그래서 고연옥이 구사하는 대화에는 상대방과의 정서적 스킨십을 표방하거나 유도하는 표현이 없다. 인물들은 정서적 교감은 안중에도 없고 오직 자신의 얘기만 하거나 대화 중단을 두려워하여 회피발언만 남발한다. 당연히 그들의 대화에는 그라이스가 말한 대화의 격률(Gricean maxims: 1. 질의 격률 : 진실을 말하라. 2. 양의 격률 : 대화의 목적에 요구되는 만큼만 정보를 제공하라. 3. 관련성의 격률 : 주제에 적합한 것을 말하라. 4. 방법의 격률 : 모호한 표현을 피하고 장황하게 말하지 말라)이 심각하게 훼손되어 있다. 인물들의 언어가 자주 대화맥락을 이탈하고 때로는 알레고리적일 정도로 낯설게 지각되는 것은 그들이 현대인의 일상적 불안감 못지않게 무의식적 불안감에도 시달리고 있음을 보여준다. 애정결핍에 빠진 사람은 사랑받고 인정받고 싶은 마음이 너무나 간절하기 때문에 자신의 구애가 거절당하는 것을 극도로 두려워한다. 그들에게 주어진 선택지는 딱 두 가지, 애정결핍을 숨기기 위해 과도한 공격적 태도를 보이거나, 자기는 사랑받을 자격이 없는 무가치한 인간이라고 폄하하는 자기비하적 태도이다. 두 가지 태도 모두 이면에는 거절에 대한 불안감이 도사리고 있다. 「내가 까마귀였을 때」의 막내나 「주인이 오셨다」의 자루나 이 불안감에 영혼을 잠식당한 인물들이다. 지독한 애정결핍 콤플렉스 사례인 것이다.

주인과 노예의 변증법

불안한 언어는 불안한 관계와 사건을 양산한다. 형식논리 차원에서는 별다른 문제가 없는 고연옥의 대화는 그 내막을 보면 독을 뿜고 가시를 품은 언어들이 즐비하다. 인물들의 관계도 이 독에 중독되고, 가시에 찔려 피범벅이 된다. 관계의

「주인이 오셨다」의 한 장면 ⓒ국립극단

왜곡과 파탄, 역전이 발생하는 것은 불가피하다. 「주인이 오셨다」에서 고연옥이 천착하는 것은 정상적인 상호관계, 정상적인 타자의식이 어떻게 주인과 노예의 종속관계로, 피학과 가학의 애증관계로 변질되고 도착되느냐 하는 점이다. 주인은 노예의 승인 하에 존재하고, 노예는 자기생존을 위해 주인을 이용하기 때문에 결국 노예는 주인의 주인이 된다는 '주인과 노예의 변증법'(헤겔)이 이 사태를 해명하는 좋은 참조가 될 것이다. 노예의 노동만이 사물을 존재하게 만드는 구체적 실체라는 점에서 주인은 결국 지배관계라는 관념에 머무는 자이고, 노예만이 최종적으로 웃게 될 것이라는 헤겔의 예언은 이 작품을 지배하는 관계의 도착과 역전을 효과적으로 설명해준다.

자신의 등골을 빼먹던 망나니 남편의 죽음에 쾌재를 부르고 진정한 해방감에 도취되어 "미친년처럼 웃다가 울다가 춤추고 노래하고 술 마시"던 금옥이 기다렸다는 듯 순이의 주인으로 군림하는 장면, 금옥이 아내에게 얽매이는 남편이 아니라, 자유로운 남편이 돼라고 종구를 다그치는 장면도 이 관계의 역전과 변질을 잘 보여준다: "네가 저 아이와 결혼하면 난 평생을 떳떳하게 부려먹을 수 있다. 그리고 넌, 평생을 자유롭게 살 수 있어. 네 아버지도 누리지 못한 자유를 가질 수 있단 말이야. 네 아버지가 어떻게 살았는지 알지? 나 만나서 평생 기도 못 펴고 살다가 제풀에 넘어져서 인생 포기했어." 자루를 마음대로 부려먹는 종이라 생각했던 친구들이 오히려 자루를 무서워하며 기피하게 되는 장면이나 자루가 불청객의 신분에서 주영이네의 주인으로 돌변하는 장면도 입장의 도치와 관계의 파괴를 잘 보여주고 있다: "전, 이 집이 좋아요. 처음 들어왔을 때부터 맘에 들었어요. 그리고 마음만 먹으면 내가 가질 수 있다는 것도 알게 됐어요. 여기서 절대로 나가지 않겠어요. 이제 내 집이에요. 내가 이 집의 주인이에요." 처참한 모습으로 죽어버림으로써 세상 사람들에게 복수하려는 자살자를 구해줬더니 오히려 자루를 "철천지

원수"라고 몰아세우는 노숙자 장면도 이와 한 길 위에 있다. 특히 금옥이 '악마'라고 저주했던 순이와 자루("이 년 … 속에 악마가 있었어. 그래서 악마를 낳은 거야")가 마지막 미장센에서 마리아와 예수의 관계처럼 소통과 사랑의 이미지로 승화되는 장면은 '노예'만이 진정한 이해와 용서를 구사할 수 있다는 '반란'의 신호처럼 묘사되어 애틋하고도 먹먹하다.

「내가 까마귀였을 때」에서 노숙자가 "조만간 저 집은 우리가 접수한다"고 호령하는 장면 또한 관계역전의 법칙을 준수하고 있다. 「주인이 오셨다」에서도 그렇지만, 고연옥에게 '집'은 주체와 집단의 정체성을 보장하는 신묘한 성지나 공간적 사물로 구체화된 안식과 평온의 영물로 격상되어 있다. 집을 접수하는 것은 단순히 건축물^{house}의 탈취행위가 아니라, 추상적인 개념인 가정^{home}의 파괴와 몰락까지도

「내가 까마귀였을 때」의 한 장면 ©산울림

상정하고 있는 것이다. 두 작품 모두 외부인이 집안으로 유입되는 모티프를 서사의 뼈대로 삼고 있는 것은 상술한 관계의 역전이 개체적 단위가 아니라 가족이라는 집단적 단위에서 작동하고 있는 점을 한 번 더 상기시켜준다.

「내가 까마귀였을 때」

서사의 불평등

불안한 관계는 결국 불안한 사건으로 귀결된다. 「주인이 오셨다」에는 두 가지 플롯이 겹쳐져 있다. 하나는 시간적으로 과거에 해당하는 자루의 탄생과 얽힌 비화와 그의 청소년 시기 이야기고, 현재진행형으로 서술되는 다른 플롯은 주영이네 방문과 노숙자들과의 만남, 그리고 감옥에서의 참회가 그것이다. 자루의 전사와 후사로 양분된 이 두 플롯은 각각 기형적 출생비밀이라는 개인사적 사건과 소외와 차별이라는 사회적 사건으로 규정할 수 있다. 단순화의 오류를 무릅쓰고 이 두 플롯을 하나로 도식화시키자면, 이 작품은 악의 유전자를 안고 태어난 자루가 사회의 편견과 병리에 의해 살인자로 양육되어 감옥에 수감되는 과정을 그리고 있다. 언뜻 보면 이 진술은 논리성과 개연성을 담보한 듯하지만, 그 속에는 은밀한 작위성의 함정이 도사리고 있다. 자루의 범행을 유전의 결과로 치환하는 결정론의 오류가 그것이다. 작가가 인정하든 않든, 피부색에서 유래한 편견

「주인이 오셨다」의 한 장면 ©국립극단

과 선입견이 우리 사회에 강하게 작동하고 있다는 사실은 자명하다. 자루의 성장사를 설명할 때 피부색에 관한 언급이 하나도 없는 것은 사실이나, 그것은 텍스트 표면의 알리바이일 뿐, 그 심층에 어떤 편견이 활성화되고 있는지는 누구나 쉽게 유추할 수 있다. 작가는 친구들의 입을 통해 차별과 소외가 피부색 때문이 아니라고 항변하면서 수시로 순이와 자루의 '눈치없음'에 그 혐의점을 옮기려 하지만, 오히려 그 작위성만 도드라질 뿐, 설득력을 얻지 못한다.

이해와 오해

한민족이라는 순수혈통 신화, 개화기 이전부터 무의식적으로 이식된 이방인 혐오증 및 인종차별적 민족주의 등 우리 내면의 불길한 감정적 카오스 앞에 자

「내가 까마귀였을 때」의 한 장면 ⓒ산울림

루를 던져놓고 그의 살인행위를 사회적 문제(소통단절과 왕따)로만 해석하거나, 애초에 예비범법자로 설정된 자루의 만행을 불안이나 고독 등 현대인의 실존적 문제로 귀착시키려는 시도는 몽니에 불과하다. 물증 없는 심증을 전제로 말하자면, 악의 유전과 범행의 결정론적 조건을 결합시키는 시도는 위험하고도 불순하다. 지난 짧은 현대사를 통해 혼혈들이 어떤 삶을 살았는지 우리는 너무도 잘 안다. 일방적이고 배타적인 지난 시절의 차별과는 달리 다문화사회 속의 차별은 지역과 계층, 직업 등 전방위적이고 전면적 차원에서, 그리고 훨씬 광범위하게 발생하고 있으며, 그 결과는 「주인이 오셨다」에서처럼 심각한 사회문제로 비화될 것이 틀림없다. 「주인이 오셨다」의 치명적 결함은 이 지점에서 발생한다. 즉, 자루의 존재가 필연적으로 연상시키는 개연적 의문에 대해서 작가가 침묵하거나 외면하고 있다는 점이다. 자루의 탄생을 기점으로 한 전사와 후사가 어떤 인과관계로 접합되고 있는지, 악이 악을 낳는다는 금옥의 말에 대한 작가의 코멘트는 무엇인지, 자루 성격의 굴절이 어떤 심리적, 사회적 영향 하에서 발생했는지, 그가 왕따가 된 내력은 충분히 설명되었는지, 친구들에 대한 복수심이 살인행위의 직접적 동기인지, 할머니와 아버지를 죽인 것은 존재부정인지, 아니면 엄마에 대한 복수인지, 결국 엄마 순이를 죽이지 못한 것은 주인에 대한 그녀의 순박한 심성 때문인지, 아니면 자루의 자기연민 때문인지 등등. 고연옥은 사건과 별개로 대화구성 자체만으로도 예감과 전조를 직조해낼 수 있는 뛰어난 작가이다. 하지만 그녀가 의도하는 대화 격률의 파괴가 관객과의 연극적 소통까지도 잠식하는 것은 아닌지, 암시와 비약이 전면 배치된 대사들이 극작의 논리성까지 훼손하는 것은 아닌지 고민해야할 터다.

「주인이 오셨다」; 상징성과 표현력이 돋보여

　대본에는 없지만 주영 엄마가 자루를 주시하면서 수시로 화들짝 놀라는 장면은 김광보 연출의 예리한 통찰이 번뜩이는 설정이다. 인물들의 동선과 제스처를 개념화된 무대와 조명에 맞게 직선적이고 단순하게 재현한 것도 매력적이다. 하지만 자칫 지루해지고 지나치게 심각해질 수 있는 노숙자 장면은 마임에 의존하기에는 물리적 거리가 너무 먼지라, 파도나 벽 등 세상을 은유하는 다양한 소품이나 장치를 활용하는 게 더 낫지 않나 싶다. 차라리 양식화된 마임보다는 코믹하게 분위기를 재구성하는 것도 대안이 될 것이다. 우는 듯 웃는 듯 묘한 느낌을 자아내는 배우 이기돈(자루 역)의 '입체성이 제거된 표정'은 딱 자루의 그것이었다.

「내가 까마귀였을 때」; 단조롭고 건조한 무대

　비평은 숨겨진 맛을 찾아내고 지고의 미향을 포착할 줄 아는 고도의 미식가여야 한다. 또한 동시에 대중의 다양한 식성을 포괄해내고 그 평균적인 미각을 진단할 수 있는 식도락가이기도 해야 한다. 그렇다고 비평이 닥치는 대로 숟가락을 들이대는 잡식일 수는 없다. 편식은 피해야겠지만, 맛과 멋을 외면한 영양식이나 선식은 몰취미다. 땡겨야 먹고, 맛나야 즐기는 법이다. 그것은 심미적 주관성(칸트)을 넘어서는 보편적 원리이다. 자신의 혀와 코를 소중히 하지 않으면 기다리는 것은 급체나 소화불량이다. 그런 의미에서 「내가 까마귀였을 때」는 생식 같은 공연이다. 설익은 쌀에 입이 갈라지고, 메마른 반찬에 입이 마른다. 숭늉 한 그릇 없는 인색하고 거친 밥상이다.

첫째, 동선이 미약하고 동작이 압착되어 희곡 낭송회를 연상시킬 정도다. 아이들끼리 벌이는 4장의 설전에서 배우들은 10분 넘는 시간동안 꼼짝도 않고 대사를 '읽는다.' 있을 수 없는 일이다. 관객은 보려고 왔지 들으려 온 게 아니다. 둘째, 제한된 동작은 제한된 정보와 제한된 형상만 축조한다. 그래서 인물들은 마네킹 같고 생동감이 부족하다. 아버지는 기백이 없고, 어머니는 교과서 같다. 아들은 반항기라곤 전혀 없는 모범생 같고, 심리적으로 가장 복잡한 딸에게는 역동성이 없다. 행어 중산층 가정의 위선과 위태함을 암시하기 위한 설정이라면 좀 더 효과적인 양식화가 필요했을 것이다. 셋째, 급격하게 변하는 막내의 행위 굴곡을 제어하지 못했다. 막내가 보여주는 갑작스러운 태도 변화는 부자연스럽고 억지스럽다. 막내의 심리에 대한 섬세한 스케치가 전제되어야 하지만, 기계적 사실성에 얽매여 변곡점의 맥을 놓치고 말았다. 휴지를 늘리고 불안감의 요소를 과장하여 막

「주인이 오셨다」의 한 장면 ©국립극단

내의 심리에 좀 더 집중해야 한다. 특히 폭로와 각성이 발생하는 9장의 반전 장면은 부모들의 절박했던 과거와 비정한 선택, 그 실수에 대한 폭로와 반성, 막내에 대한 동정과 연민, 기억을 꿈으로 왜곡했던 딸의 각성 등 여러 계기들이 집중되어 있는데도 너무 밋밋하고 단조롭게 진행된다.

고연옥의 희곡은 무대에 올리기에 참 까다롭다. 언어는 논리적인 듯하면서도 우연적이고, 행위는 중층적인 것 같으면서도 우발적이다. 치밀한 구성과 내포적 대사에 감탄하다가도 일순간 작위성의 벽에 부딪힌다. 의미에 도달했다 싶으면 어느새 미끄러져 나간다. 분위기도, 사건도 불편하고 깔깔하다. 하지만 이런 낯설고 어색한 느낌은 한편으로는 연출가에게 새로운 영감과 자극을 제공하는 좋은 식재료가 되기도 한다. 그녀의 새로운 식단이 기다려지는 이유이기도 하다.

쏠 수 있다면 '내 심장을 쏴라!'

공연명:「내 심장을 쏴라」
극작: 정유정
연출: 김광보
제작: 남산예술센터
상연기간: 2010.10.07 ~ 2010.10.24
상연장소: 남산예술센터 드라마센터
관극일시: 2010.10.24, 15:00

해방의 유토피아, 혹은 실락원

정신병동 애기는 일단 재미있다. 정상인(이라 믿는 이)에게 '미친놈'은 욕이 되지만, 정작 미친놈에겐 웃음이다. 욕도 웃어 넘기는 곳이 그곳이다. 그렇다고 정신병동이 웃음만 넘치는 곳은 아니다. 정상인이 그곳에 갔다간 가장 재미없는 사람, 혹은 가장 미친놈 취급 받을 것이다. 따지고 보면 정상인만큼 지루하고 고리타분한 타입이 없다. 반 보만 나아가도 자유가 넘실대는데, 남의 눈이 무서워서, 혹은 용기가 없어서 평생 제자리에 머물다가 하직하

「내 심장을 쏴라」의 한 장면 ©남산예술센터

신다. 어쩌면 광기는 신의 축복이고, 정상은 평생을 족쇄와 함께 살아야 하는 천형이다. 광기를 다루는 많은 작품들은 이런 반전에 토대하고 있다. 물론 정신병동 유폐를 악에 대한 응징과 처벌로 설정하는 작품들도 적지만은 않다. 하지만 살인과 음모, 배신, 증오 등이 난무하는 정상의 세계에 비하면 정신병동은 절간이나 마찬가지다. 그래서 정신병동이 정신적 유형이나 일종의 도피처로 선택되기도 하는 것이다.

무엇보다 정신병동이 재미있는 이유는 광기가 함유한 무한한 연극성 때문이다. 광인은 삶 자체가 드라마이다. 그는 모놀로그의 달인이며, 언제든지 자신을 주인공으로 하는 블록버스터 영화를 만들 수 있다. 주체할 수 없는 상상력의 나래를 '망상'이라는 이유로 제거하는 법이 없으며, 그 상상은 실제보다 더 리얼한 현장감을 지니고 있다. 우리가 광인의 상상력을 이해할 수 없다면, 그건 뇌기능 박약이거나 이성 바이러스에 감염된 결과이다. 광인은 가장 비정상적인 삶을 완벽하게 연기하며, 연극 자체를 삶으로 사는 사람이다. 배우들이 수십 년 연마 끝에 도달할 수 있는 몰아의 경지를 365일 매일 같이 체험하는 이들이 광인이다. '광기 어린 연기'를 최고의 찬사로 간주할진대, 광기 자체가 발산하는 연기력이란 말할 것도 없다.

그래서 「내 심장을 쏴라」는 장면 하나하나, 인물 한 명 한 명이 재미있다. 「내 심장을 쏴라」에서 상정하는 정신병동은 어떠한가. 수명이 이곳을 자발적 도피처로 선택했다면, 승민에게는 강제로 강금 당한 공간이다. 수명에게 광기가 정상의 폭력을 피해가는 유일한 안전핀이라면, 승민에게 정신병동은 재산상속 문제 때문에 그를 격리시키려고 하는 가족들의 마수 공간이다. 「내 심장을 쏴라」는 이처럼 구속과 해방, 도피와 탈주, 수렴과 일탈이라는 구심력과 원심력의 상반된 힘에 토대를 두고 있다. 전자를 상징하는 수명과 후자를 상징하는 승민의 대립 속에 해체된

「내 심장을 쏴라」의 한 장면 ©남산예술센터

가정과 폭력적인 사회(집단), 병자들에 대한 정상인의 구별짓기 등 광기보다 더 무서운 패악들이 집결하고 있다.

"모든 인간은 신경증적인 주체이다." – 라캉

　의사들이 진단하는 수명의 공식 병명은 '목소리환청과 편집증적 사고가 주증상인 정신분열'이다. 어린 시절, 자살시도를 밥 먹듯 하는 엄마 때문에 애정결핍과 상시적 불안증세에 노출됐던 수명은 서점을 운영하는 아버지의 책 속에 스스로를 유폐시키고 세상과 단절한다. 자신의 부주의로 욕실에 가위를 놓고 나오자 엄마는 그 가위로 자살을 하게 되고, 수명은 죄책감으로 인해 기억을 왜곡하고 현실을 수용하지 않는 정신질환에 빠진다. 과중한 가장의 의무 때문에 웃음을 잃어버리고 금욕적 삶을 살았을 아버지 또한 수명의 정신질환과 결코 무관하지 않다. 과중한 부담감을 극복하기 위해 잠시도 자신과 타협하지 않고 엄격한 자기절제를 수행한 아버지가 심장병으로 인해 급사한 것은 그의 정신상태가 수명의 질환보다 더 심각했음을 반증한다. 아내와 아들에게서 기대되는 사랑을 일찌감치 상실해버린 아버지는 그에 대한 불만과 분노를 혼자서 삭여야 했다. 당연히 아들 수명에게 '격려' 한마디 해 줄 수 없었고, 늘 수명을 야단치고 구박하는 데에만 전념해야 했다. 과도한 부담감과 분노를 자식(더 정확히는 자신)에 대한 타박으로 대체한 것

「내 심장을 쏴라」의 한 장면 ⓒ남산예술센터

이다. 세상으로 나갈 수 없었던 수명처럼 아버지 또한 가족의 굴레에서 벗어날 수 없었다. 자살충동에 시달린 지독한 우울증 환자인(듯한) 어머니와 아집과 자학 속에 강금 당한 아버지, 현실을 거부하고 상상 속에 침잠한 아들, 이 세 가족이 전염병 앓듯 앓고 있는 이 신경증적 병리현상은 현대인과 우리사회가 겪고 있는 병적 멘탈리티를 집약해서 보여준다.

재벌의 세 번째 부인 아들인 패륜아 승민의 증세 또

한 수명 가족에게서 그리 멀리 가지 않는다. 온전한 사랑과 관심을 받지 못한 아이들이 고위험 스포츠를 즐기면서 마조히즘적 욕망을 해소하거나, 도박이나 투기를 통해 일확천금을 노리는 경우는 흔히 알려진 증상들이다. 장남이 되어 아버지의 사랑을 받을 수 없다면, 다른 방식으로 최고가 되어 부족한 사랑을 보상받겠다는 유아적 심리는 승민의 행위를 추동하는 강력한 동인이다. 수명과 마찬가지로 애정결핍에 근원한 심리적 고착상태이다. 수명이 세상을 등지고 도피한다면, 승민은 세상을 넘어 초월하고자 할 뿐이다.

낭만적 탈주의 시간

「내 심장을 쏴라」가 차용하는 또 하나의 테마는 탈주의 신화이다. 위기에 빠진

「내 심장을 쏴라」의 한 장면 ⓒ남산예술센터

주인공이 현묘한 노인이나 우호적인 마을사람들, 혹은 천우신조에 힘입어 탈주에 성공하여 해방을 맛보는 테마는 긴박감과 통쾌함을 전하는 매력적인 서사 수단이다. 탈주영화escape film 장르만 봐도 「대탈주」(1963), 「빠삐용」(1973), 「쇼생크 탈출」(1994), 「몬테크리스토 백작」(2002) 등 화려한 라인업을 자랑하며, 이는 화산폭발, 폭우, 허리케인 등 자연재해를 당한 주인공이 기사회생하는 인간승리 휴먼드라마나 난공불락의 보물(보석이나 그림, 황금)을 기막히게 빼돌리는 절도 영웅 이야기로 변조되기도 한다. 난관봉착, 위기극복, 해방과 성취라는 이 서사 구조는 승민이 자신의 광기(조롱 일변도의 성향, 공격성, 방화 애착)를 견디는 방식으로 선택한 마지막 자유비행에서 구체화된다. 탈주본능, 질주본능 또한 승민의 광기 목록 중 하나이긴 하지만, 그가 눈이 완전히 멀기 전에 마지막 비행을 하기로 결심하는 대목은 진정한 자유와 해방은 '광기어린' 집념에서 비롯됨을 보여준다. 비록 그 대가로 자신의 삶을 헌납해야할지라도(이런 점에서 저체온증이라는 유사죽음을 경험한 수명의 입사의식 또한 통과제의의 프로그램과 정확히 일치한다). 「쇼생크 탈출」의 마지막 장면과 비슷하게도, 수명의 해방이 승민과의 탈주 체험을 통한 각성 이후에 온다는 설정은 영웅 승민의 탈주를 신화화하는 효과를 유발한다. 승민은 스스로 '영원한 삶'의 길에 들어섰을 뿐만 아니라, 화자 수명의 개안開眼과 4년간의 수행 생활(성숙의 지표)을 영도한 신화적 영웅의 면모를 띠게 된다.

또한 승민과 수명이 영적인 분신관계를 형성한다는 사실 또한 기억할만하다. 영웅 승민이 자신에 공명하는 분신 수명에게 전달하는 신표(영웅의 업적을 묘사한 대가로 화자는 항상 영웅으로부터 보물이든, 재능이나 깨달음이든, 어떤 신표를 하사받는다)는 시계이다. 그 시계는 "네 심장이 뛰는 시간. 그게 진짜 네 시간"임을 보여주는 실존의 증거이자, "네 시간은 네 것"임을 선언하는 세례 성수와도 같다.

세상을 등지고 자신만의 (낭만적) 시간을 추구한다는 점에서 「내 심장을 쏴라」의

272

「내 심장을 쏴라」의 한 장면 ©남산예술센터

피날레는 「내일을 향해 쏴라」(1969)와 만난다. 영원한 자유인 부치 캐시디와 선댄스 키드가 총질을 하며 오두막을 뛰쳐나오는 것은 승민의 말대로 진짜 살기 위해서이다: "난 인생을 버리는 게 아니야. 더 이상은 죽고 싶지 않아서 그래. 내 시간 속에 나로 살고 싶어. 그게 진짜 살아있는 거니까." 진실한 삶을 위해서라면 죽음도 두렵지 않다는 것, 죽음이 삶의 종결이 아니라, 삶의 다른 존재방식이라는 선언! 비록 승민과는 시차가 있지만, 드디어 자신의 시간을 찾아낸 수명이 삶에 대고 외치는 것도 당연히 죽음과의 결투선언이다. 삶이란 죽는 방법을 깨치는 수습기간인 것이다. (죽으려면, 혹은 죽도록) 잘 살 수밖에! "날 쓰러뜨리고 싶다면, 내 심장을 쏴라."

21세기 악의 꽃

공연명: 『루시드 드림』
극작: 차근호
연출: 김광보
극단: 청우
상연일시: 2011.01.29 ~ 2011.02.13
상연장소: 정보소극장
관극일시: 2011.02.11. 20:00

보들레르는 자신의 시집 『악의 꽃』을 "세상의 모든 고통을 담아 놓은 사전"이라 평했다.

『루시드 드림』은 강력하다. 최근 이처럼 실팍한 서사의 맷집과 장건한 인문학적 근육을 겸비한 희곡은 없었다. 1997년 등단 이후 다양한 색채의 희곡과 여러 장르

『루시드 드림』의 한 장면 ⓒ청우

(뮤지컬, 각색, 번안)의 글쓰기를 선보였을 뿐만 아니라, 연출과 극단운영까지 활동 범위를 넓힌 차근호는「루시드 드림」을 통해 숲을 보며 나무까지 조망하는 박이정博而精의 한 경지를 보여주고 있다. 숲으로 활동반경을 확장하면서도 자신의 전공인 극작이라는 나무를 소홀히 하지 않은 것이다. 소홀은커녕 숲의 영양과 소통하면서 공생 성장하는 우람찬 나무의 기상을 과시했다. 이 작품은, 감히 단언컨대, 차근호의 15년 필력筆力을 이전과 이후로 분절하는 표석이 될 것이다. 이 한 편의 희곡이 차근호 작품세계의 수위와 향후 예정작에 대한 기대치를 상향시켰다는 점에서「루시드 드림」은 작가 자신뿐만 아니라 한국 연극계에도 혁혁赫赫한 축복이다.

운명의 시계망

그리스 신화에 따르면 태초의 혼돈에서 가이아(땅)가 나오고 그 가이아로부

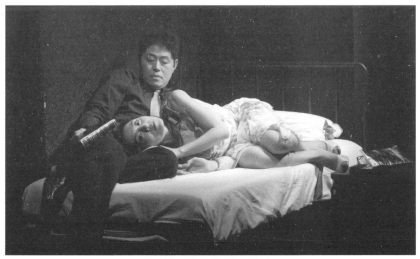

「루시드 드림」의 한 장면 ©청우

터 우라노스(하늘)가 나온다. 이 둘의 결합으로 크로노스가 탄생하는데, 우라노스의 폭력을 견디다 못한 가이아는 아들 크로노스를 사주하여 우라노스를 제거한다. 크로노스는 낫(스퀴테)으로 아버지 우라노스를 죽이고 지배자가 된다. 누이 레아와 결혼한 크로노스는 제 자식에 의해 권력을 찬탈당한다는 신탁 때문에 태어난 아이들을 마구 삼켜버린다. 레아의 기지로 겨우 목숨을 구한 막내아들 제우스는 구토제로 아버지를 제압하고 제왕의 자리에 오른다. 아버지를 죽이고, 자신 또한 아들에 의해서 제거당하는 크로노스는 탄생한 모든 것이 결국 죽음의 자리로 돌아간다는 시간의 속성을 상징한다. 유럽의 명화나 조각에서 낫과 모래시계를 들고 등장하는 이 기구한 팔자의 사내 크로노스. 거역할 수 없는 인간의 필멸성을 상기시키는 치밀한 운명의 시계공 크로노스. 그의 삶 자체가 이것을 증명했거니와, 그가 삼켰던 자식들, 세상의 빛을 보자마자 다시 죽음

「루시드 드림」의 한 장면 ⓒ청우

의 어둠으로 내몰린 그 자식들도 결국 영원한 생명의 순환을 암시하는 알레고리였던 것이다. 운명 자체보다는 회피할 수 없는 운명의 형식을 준엄하게 고지하는 이 크로노스의 이미지는 폭행, 살인, 분열 등 「루시드 드림」의 키워드들과 묘하게 공명한다.

불안과 우울의 징후

문지마 살인으로 전국을 떠들썩하게 만든 몇몇 사이코패스의 충격적 엽기행각이 아직도 기억에 선연한 이 마당에 총 17명(13+2+2)의 살해행위가 언급되고 있는 「루시드 드림」을 앞에 두고 우리가 고전으로 추앙하는 그리스 신화의 창세기를 읊조리는 것은 폭력적 부권과 친부살해, 무자비함 등에 있어서 이들 간의 연관성을 백분 인정한다하더라도 마뜩찮기 마련이다. 게다가 「루시드 드림」이 현대인의 정체성 상실, 대중 속의 고독, 가족 붕괴, 가정 폭력, 사법제도 모순 등 철학적이면서도 사회적인 주제를 배면에 포진시켰다하더라도, 사이코패스의 살인놀이라는 소재의 자극성과 충격성을 모면하는 것은 아니다.

그럼에도 불구하고 「루시드 드림」은 10년이 조금 지난 21세기 초반부의 위태로운 지경을 선명하게 포착했다는 점에서 문제적이다. 즉, 뉴밀레니엄의 호들갑 이면에 숨겨진 세기말의 불안감과 공포심리가 타다만 재처럼 깊은 음영을 드리우는 세기 초의 기괴한 정신병리적 징후를 탄탄한 서사력과 조밀한 심리묘사로 옹골지게 드러냈다는 것이다. 연쇄살인범의 범행동기를 추적하면서도 단순히 사이코패스의 범죄심리학에만 머무는 것도 아니다. 또한 왜곡되고 굴절된 인간의 정체성과 주체의 분열을 그려내면서도 경악과 광란이 지배하는 표현주의적 색소는 말끔히 세탁되어 있다. 위악과 패륜이 과도하지만 인간본성에 대한 충실한 추궁은 전혀 위축되지 않고, 사회적 병리에 대한 냉소가 비등하지만 섣부른 교훈극의 엄숙과 훈계도 피해간다.

레미니상스의 지문들

「루시드 드림」이 최근의 창작극들이 의연히 신화했던 그 많은 오류의 지뢰밭을 교묘히 피해가며 대중과 평단의 애정을 만끽할 수 있었던 동력은 소재와 주제 곳곳에 묻어 있는 다양한 문학적, 철학적 차용에 있다. 크로노스와 오이디푸스에 대한 신화는 말할 것도 없고, 「루시드 드림」이 뼈대를 빌리고 있는 도스토옙스키의『죄와 벌』, 친부살해 모티프로 인간구원의 문제까지 다가간『카라마조프

「루시드 드림」의 한 장면 ⓒ청우

가의 형제들』과 여기서 받은 영감으로 자신의 사상을 압축하여 저술한 프로이트의 「도스토옙스키와 친부살해」, 그리고 도스토옙스키 문학의 레터르인 분신의 현상학까지. 여기에 인간 정신을 이드와 에고의 충돌로 파악한 프로이트의 분석과 사람의 기억이 왜곡과 허위로 재구성된 조작이라는 '억압된 기억'에 대한 정신분석학의 증명들도 가세한다. 가히 레미니상스의 진열장이라 부를만하다. 이처럼 「루시드 드림」은 19세기 윤리적 인간론의 뼈대에 20세기 사상으로 살을 붙여 21세기형 상상력을 배태하는 구도로 짜여 있다. 이런 다양하고 풍성한 차용의 계보가 「루시드 드림」이 관객들에게 펼쳐보이는 위악적 욕망의 지형도이다.

이상과 폐허

「루시드 드림」은 일단 재미있다. 이념의 해체 이후 전 세계적으로 유행한 추리문학의 규범을 따르면서도 장르를 초월하는 다층적 문제의식이 관객의 심리를 휘저어 놓는다. 범죄심리물의 스릴러와 관능적인 섹스 씬, 분열된 주체의 역할놀이, 관객의 지성을 교란하는 연이은 반전만으로도 숨이 차고 살이 저리다. 무엇보다 관객의 가슴을 오그라들게 쥐어짜는 것은 작품을 관통하는 악마적 살인 욕망의 정체가 무엇인가 하는 의문이다. 내 운명에 살인이 허락되었는가? 13명을 연쇄살해한 추악한 괴물 이동원은 스스로 던진 이 질문에 '운명에 의한 예정된 결말'이라는 답을 제시한다. 한 손에는 도끼를, 한 손에는 시계를 들고 자신의 운명을 짜 맞추는 저승사자 이동원에게 살인은 해체된 시계를 조립하는 유희와도 같다. 자신에게 피를 뿌릴 권리가 있는지 시험하는 『죄와 벌』의 라스콜니코프가 인류의 행복이라는 망상을 위해 전당포 노파와 리자베타를 살해하는데 반해, 이동원은 살인행위가 주는 극적인 쾌감만을 위해 사람을 죽인다. 자기파괴에 기반한 이동원의 극악한 방종은 자신의 고상한 이념을 위해서라면 살인쯤은 사소한 패악에 불과하다는 라스콜니코프의 궤변을 흉내 내고 있지만, 실상은 인류구원의 이념이 탈수된 만용의 찌꺼기에 다름 아니다. 그래서 이동원은 '신이 없다면, 모든 것이 허용된다'는 이반의 분신 스메르댜코프(『카라마조프가의 형제들』)에게 더 가깝다. 특히 이동원이 사이코패스의 공통적 증상인 성적 우월감에 대한 집착 없이 순수한(?) 살인욕망에 경도된 면모를 보이는 것은 사생아 스메르댜코프가 아버지 표도르의 육욕에 대한 저주로 지독한 금욕주의를 표방하는 것과 한 맥락이다(스메르댜코프가 입고 다니는 흰 셔츠와 흰 타이즈는 금욕과 거세를 주장하는 신비주의 종파인 '비둘기파'의 상징이다). 반면 이동원을 분신으로 둔 최현석 변호사가 장남 드미트리처럼 방탕한 육욕의 화신으로 등장하는 것도 이 맥락에서 그리 멀지 않다. '숭고한 이상과 추악한

「루시드 드림」의 한 장면 ⓒ청우

탐욕' 사이의 멀고도 깊은 진폭을 경험하고자 한 드미트리처럼 최현석이 타락한 변호사와 고상한 지식인 사이를 오가는 것도 마찬가지다. 그렇다면 도스토옙스키가 욕망의 파괴성과 무신론의 절망을 극복하는 대안으로 제시한 알료샤는 (있다면) 과연 어디에 있는가.

서사의 계보

이동원이 교묘한 지능게임의 승자로 판명 나고, 완전범죄를 저지른 최현석이 출세가도를 질주할 때, 그리고 무엇보다 구원의 소피아인 소냐가 '그냥 더러운 창녀'일 뿐이라면, 작가가 남긴 것은, 우리에게 남은 것은 무엇인가. 이 참혹한 몰락 앞에서 우리는 어떤 포즈를 취할 것인가. 연극적 유희가 세간의 윤리를 등지고 선다면, 비록 호평은 받을지언정 결코 호감은 기대할 수 없다. 다시 묻겠다. '세상을 다 알아버린 자', '자기에게 살인이 허락되는지 알고 있었던 자' 최현석의 구원은 어디에 있는가.

"신호등도 없고, 차선도 없고, 중앙선도, 횡단보도도" 없는 이 막막한 좌절감을 수습하기 위해 다시 도스토옙스키에게로 돌아가자. 라스콜니코프가 노파를 내리찍은 도끼는 19세기 사회악에 대한 자기 입법권, 사적 처벌권lynch의 상징이다. 가난한 자의 등골을 빼먹는 탐욕스러운 고리업자를 척결하려는 그의 용단은 '복수는 내게 있으니 내가 이를 행하리라'(로마서 12:19)는 톨스토이적 훈화와는 정반대의 길이다. 라스콜니코프에게 살인행위는 세계악을 일소하고 사회정의를 실현하기 위한 처벌권이 자신에게 있는지 확인하는 절차이다. 메시아 콤플렉스의 전형이지만, 그의 순수한 동기는 구원의 맹아가 되었다. 하지만 이동원에게 살인심리에는 선악의 대립도, 범인과 초인의 갈등도 부재한다. 동기가 비어있다. 그는 애초에 결핍의 인간이다. 정상적인 인간관계도, 그 관계의 따뜻함도 기대하지 않는다. 받고 주는 메커니즘이 부재하기 때문이다. 죄의식과 가정 폭력으로 인해 분노와 적의로 수렴된 자의식의 과잉이 있을 뿐이다. 2만권이 넘는 책을 읽고 라틴어를 구사할 줄 아는 천재지만, 그는 구원의 주체가 아니라, 구원의 대상에 불과하다.

이동원의 살인충동에는 친부살해 테마를 이용하는 서사가 보편적으로 공유하는 세대교체의 원초적 순리도 부재한다. 프로이트가 구세대를 척결하고 새로운

「루시드 드림」의 한 장면 ©청우

질서를 선포하는 일종의 마니페스토로 순화시킨 친부살해의식은 인간의 생사도 결국 자연의 일부인바, 세대교차라는 거대한 우주적 순환을 통해 문명의 태동을 설명하는 하나의 가설적 원리이다. 이동원과 최현석에게 친부살해는 동물적 공격성이 정당방위 형식으로 발현된 복수의 심리극일 뿐이다. 법의 원리와 금지의 명령을 상징하는 아버지(의 이름)의 죽음은 도덕원칙을

담당하는 슈퍼에고의 상실과도 같다. 최현석(에고)과 이동원(리비도)의 대립을 통제하는 억압기제의 상실이 연쇄살인의 무한 질주로 귀결되는 것은 자명하다.

이동원과 그의 쌍쌍둥이 최현석의 패악심리에 부재하는 또 한 가지. 타자에 대한 호기심이 자기동일성의 파괴로 종결되는 순간, 최현석은 반성하지 않는다. 운명에 대한 처절한 환멸이 찾아오지만 그는 자기처벌을 감행하지 않는다. 그 기회는 이미 김선규 선배에게 빼앗긴 후다. 여기가 자신의 가려진 정체와 패륜 행위를 발견하고 탈속적 고행에 투신하는 오이디푸스 서사와 갈라지는 지점이다.

소외하는 자, 소외당한다

결론으로 넘어가기 전에 짚고 넘어가야할 사족 하나. 작가가 이동원의 사형선고를 무기징역으로 감면시키기 위해 설정한 에피소드, 즉 강박사가 이동원에게 정신질환 소견을 피력할 수밖에 없는 필연성을 설명하는 장면은 최근의 '김길태 사건'을 선견하는 것 같아 반전의 묘미를 넘어서는 작가의 예지력을 맛보게 해준다. 강박사가 이동원을 미치광이로 만들어야 하는 근거는 푸코가 『광기의 역사』에서 설파한 논리를 본뜨고 있다. 푸코가 지적한 것처럼 광기에 반하는 정상이란 평균과 다수, 상식을 가리키는 말이지 결코 옳음, 정당, 진리를 함유한 개념이 아니다. 광기의 정의는 '비정상'이고, 정상의 정의는 '광기없음'이라는 순환논리의 오류가 존재할 뿐이다. 우리는 광인을 계속 정상의 영역 밖으로 밀어내야 하는데, 그것이 정상인들의 생존법이기 때문이다. 광인을 타자화하는 소외전략은 타자를 점령하고 감금하고 배제시키기 위한 이념적 허구에 불과하다. 그것이 기독교가 이슬람을 대하는 방식이며, 강대국이 약소국을, 다수의 이성애자가 소수의 동성애자를 대하는 방식이다. 하지만 광인이란 정상인이 광인이 아니라는 알리바이에 불과하다. 감옥이 우리가 죄가 없다는 것을 증명하기 위해서, 사회 전체가 거대한 감옥이라는 사실을 은폐하기 위해서 존재하는 것과 같다. 광인과 죄인을 강금하여 정상인을 보호한다는 논리는 국가가 개인을 통제하고 불온세력을 폭력적으로 제압하기 위해 공권력을 승인받는 공식적 방편이다.

지옥이 천국에 가야하는 동기의식을 고취시키는 기제로 작동하는 것도 같은 원리다. 지옥이 없다면 천국도 없다. 이동원이 묻는다. "목사님은 정말 지옥에 가셨을까요?" 최현석이 답한다. "정말 지옥이 있다면 이런 사람을 위해 만들었을 거예요. 어쩌면 진짜 지옥에 갔을지도 모르죠." 다시 어린 최현석이 자신이 죽인 아버지가 지옥에 갔을지 묻는다. 마담이 답한다. "맞아. 그 사람 지옥에 갔을 거야. 지옥은 그런 사람을 위해 만든 거야." 정상과 광기의 양분화가 체제의 건전성을 과시하고 권력의 폭력을 정당화하는 이데올로기로 기능하듯이, 천당과 지옥의 이분법도 악을 응징함으로서 자신이 선이라고 믿고 싶어 하는 자기기만과 동종이다. 그런 의미에서 불신지옥을 외치며 폭력과 강권으로 자식을 위협하는 두 목사 아버지나, 자신의 살인행위를 정당화하기 위해 그들을 지옥으로 보내야했던(?) 두 아들은 결국 동일한 이분법의 논리로 치킨 게임을 벌인 셈이다. 우리가 이동원을 미치광이로 만들어야 하는 것도 그 '동일한 이분법의 논리'이다. 그렇다면 우리도 이 논리게임에서 공범자임이 분명하다.

불경스러운 아름다움

그렇다. 이제 최현석의 구원에 대해서 미뤄오던 답을 할 차례다. 선악을 가르는 진리도, 보편윤리에 따른 자기정화도, 세속적 사법 정의도 작동 중지된 이 지점에서 우리는 거부할 수 없는 공범의식에 빠진다. 누구나 한번쯤 가져본, "생각 속에 내가 아닌 다른 무언가가 있다는 느낌." 길거리에 휴지를 버리거나, 담벼락 꽃을 몰래 꺾을 때, 혹은 교통신호를 어기고 무단횡단 할 때, 내 속에서 나의 위선과 뻔뻔함을 조롱하는 조그만 새끼 악마의 키득거림을 들은 적 없는가.

물론 「루시드 드림」은 조무래기 악들은 범접할 수 없는 거대한 악의 세계를 그리고 있다. 우리가 사이코패스(반사회적 인격장애)라 이름붙인 자들의 심리적 고착과 극악한 만행을 다룬다. 「공공의 적」「살인의 추억」「조용한 세상」「검은 집」「우리 동네」「추격자」「악마를 보았다」등 영화 속에서는 물론 실제 삶에서도 종종 목격하게 되는 이 사이코패스는 결국 우리 사회가 낳은 괴물이고, 이들의 극악성은 우리 사회의 오염과 타락에 비례한다. 사이코패스를 정의해보자. 호감 가는 외모에 능란한 말재간과 뛰어난 지능을 지닌 자이나 자신의 이익과 쾌락을 위해 수단과 방법을 가리지 않고, 타인에 대한 공감 능력이 부족하며, 자기중심적이고 타인을 사랑할 수 없고, 잘못을 후회하거나 죄책감을 갖지 않고, 부적절한 반사회적 행동을 일삼는 자이다. 뭔가 이상하지 않은가. 이들은 우리가 좋아라 즐기던 막장 드라마에서 매일 같이 나오던 그런 인간 부류 아닌가. 당장 신문 사회면을 펴보든지 9시 뉴스라도 보라. 물질과 탐욕의 노예가 되어 자신도, 가정도, 이웃도 내팽개치는 수많은 작은 악마들의 난장판이 보이지 않는가. 13명을 죽인 이동원도 사이코패스지만, 수조원대의 편법상속을 저지르는 파렴치한 부자들, 수천만 국민을 기만하고 배신하는 정치인들, 제 잇속 챙기기에만 골몰하는 뻔뻔한 종교인들도 피해강도 면에서는 더 위악적인 사이코패스이다.

결국 사이코패스는 내 속의 악이, 우리 사회의 악이 육화된 인격이다. 우리가 저지른 무관심과 이기심의 폭력에 고통 받는 아픈 영혼이다. 사회 정의와 복지,

평등의 그물코로도 건져 올리지 못한 소외된 운명들이다. 생산성 중독과 무한경쟁의 악다구니 속에서 버려지고 잊혀진 상처받은 내면들이다. 물질과 속도만 추종해온 우리의 속물성이 뼈와 살을 대준 이 외로운 프랑켄슈타인은 결코 배재와 이격으로는 치유되지 않는 우리 사회의 통증이다. 그래서 「루시드 드림」은 세상에서 가장 아픈 고통의 목록이다. 사이코패스의 무차별적 살인놀이는 그저 자연재해처럼 복불복으로 받아들일 일이 아니다. 최현석의 구원이 곧 우리의 구원이다.

우리는 모두 최현석의 분신이며, 우리 내부에는 또 하나의 최현석이 거주한다. 그래서 우리는 모두 최현석과 공범자다. 우리도, 자기 자신도 결국 최현석이라는 고백이 작가 차근호의 마지막 말이다. 세련됐지만 짝퉁인 훈계보다 비참하지만 진실한 고백이 더 아름답다. 치명적인 아름다움, 악의 꽃. 작가가 할 수 있는 것은 여기까지고, 연극이 도달한 막다른 길도 바로 이 부근이다. 부족하다면『죄와 벌』을 다시 펴드는 수밖에.

축제의 신명

- 경계지음, 너머 경계지움
- 시대의 토양에서 피어난 한 떨기 리트머스
- 미래는 아주 오래 지속된다
- 자유, 비상하다
- 자유 너머의 자유

경계지음, 너머 경계지움

공연명: '2인극 페스티벌' C팀(「지상 최고의 명약」/「來迎驛에서」)
극작: 이강국 / 강경은
연출: 반무섭 / 위성신
상연일시: 2009.10.25 ~ 2009.11.01
상연장소: 연우소극장
관극일시: 2009.10.26. 20:00

텍스트의 진정한 정수는 항상 두 의식, 두 자아의 경계선 위에서 발생한다. ─ M. 바흐친

2인극 장르의 가능성

형식은 의식을 규정하기 마련이다. "주체가 현실을 어떻게 파악하느냐에 따라 현실반영 양식이 결정된다"는 루카치의 통찰을 신뢰한다면, 장르선택은 주체의 세계관이 표출되는 순간인바, 이때부터 주체는 선택된 장르에 포섭되는 다양한 층위의 격률에 종속된다. 하여, 장르규범에 대한 예민한 감각은 그 자체로 작품의 내용을 형성하게 된다. 즉, 장르가 제공하는 하나의 형식은 세계탐구의 근원적 욕망이 자생하는 포근한 둥지인 셈이다. 그렇다면 '2인극'이라는 장르(가 가능한가)에 대한 질문을 활성화시켜보면, 그 개념이 포괄하는 다양한 격률들, 그리고 그 속에 용해되어야 할 당위적 내용과 정서, 나아가 그 형식이 도달해야할 예술적 지평까지도 선취할 수 있을 것이다. 2인극의 형식고찰은 뫼비우스 띠의 안팎처럼 그 내용의 합법칙성으로 연계되는 것이다.

2인극: 연극의 최소단위

연극의 하위장르로 범용되는 '모노드라마'* 와는 달리, 2인극은 아직 장르 고유의 역사성과 체계성까지는 확보하지 못한 것이 사실이다. 출연배우의 수라는 양적 척도로 판단하면 모노드라마는 무대공연이 성립될 수 있는 최소 조건에 해당하며, 이는 곧 공연 가능태의 시발점으로 간주될 수 있다. 하지만 모노드라마가 '갈등의 폭발과 그 해소'라는 드라마의 생명선이 (자주) 부재한 관계로 연극공연의 최소단위로 공인받기 어렵다는 점을 상기한다면** '작은 연극'의 주인 자리는 2인극이 차지해야함이 마땅하다. 연극의 품격을 잃지 않으면서도, 모든 잉여를 제거한 순도 높은 극성theatricality을 담보할 수 있는 최적의 형태소가 2인극이라는 가정이 그 첫 번째 장르준칙이 돼야할 것이다. 이는 2인극의 장르화 전략이 모노드라마의 참칭행위에 대한 단죄에서 출발해야 함을 의미한다. 이를 통해 2인극은 극행위의 경제성과 압축성을 그 사명으로 하는 극양식의 최소단위 자리에 등극할 수 있을 것이다.

---

* 19세기 모노드라마는 배우의 연기술을 과시할 목적으로 비극 무대의 한 장면을 연기하던 공연이었다. 이 용어를 이론화하여 최초로 극작에 도입한 예브레이노프(N. Evreinov, 1873~1953)에 의하면 '모노드라마'는 창조자(작가나 연출가)의 '전일적 의지'가 배우 1인의 몸을 통해서 어떤 장애·훼손도 없이 관객에게 고스란히 전이되어, 관객이 무대의 리얼리티에 완벽하게 동화되는 하나의 이상적 원칙을 의미한다. 이는 갈등과 마찰, 충돌을 생래적 덕목으로 삼는 전통적 연극개념과는 상극을 이루는데, 극의 모든 요소가 일–주체의 프리즘을 통해 관객에게 투사된다는 의미에서 초현실주의극이나 부조리극의 (개념적) 선구로 간주되기도 한다.

** 따라서 1인극은 차라리 퍼포먼스나 해프닝에 가까우며, 때로는 예술가의 사변이나 수다로 전락하는 경우도 적지 않다. '모노드라마'의 배우가 자주 연출 역할까지 수행하는 것도 그 원인 중 하나일 것이다.

2인극의 변증법

드라마는 (hamartia를 지닌) 문제적 인간이 (결핍에 의해 유발된) 욕망의 자극으로 '행동'을 취하고, 그 행동이 타자[세계]와의 관계[상호작용] 속에서 (좌초든, 성취든) 해소되는 일련의 과정을 보여주는 예술형식이다. 이때, 1) 행위를 추동시키는 결핍의 요소를 포착하고, 2) 그 행위가 타자[세계]와 어떤 (갈등) 관계를 형성하는가, 3) 그 갈등이 어떻게 해소되는가 포착하는 것은 드라마를 이해하는 핵심적 화두가 된다.

결핍		갈등		해소
주체	⇒	주체 VS 타자	⇒	합일 or 영원한 결별
正	경계지음 ①	反	경계지움 ②	合

모노드라마는 결정적으로 ①과 ②의 단계, 즉 타자(다른 의식, 다른 자아)와의 격돌과 승화라는 변증법적 과정이 부재한다. 한 주체가 다른 주체와 온몸으로 충돌하고 그 사이에서 각성의 섬광이 일어나 일시에 대단원으로 질주하는 그야말로 '드라마'가 없다. 그런 점에서 모노드라마는 기억의 편린이나 의식의 사변이다. 1인 다역의 모노드라마(예를 들어, 「벽속의 요정」)도 결국 일―주체의 배타적 체험이며, 그 체험의 사후진술이다. 한 주체가 다른 주체와 만나 첨예한 경계를 짓고, 서로 부딪히고 깨어지면서 결국 뜨거운 포옹으로 경계를 지우는 합일의 역동성이 불가능하다. 이것이 모노드라마가 연극의 특수한 형식이 될지언정 보편성에는 다가갈 수 없는 이유이다. 역으로 이 변증법적 역동성이 2인극의 두 번째 장르준칙이 돼야함은 말할 나위 없다.

만남에 의한, 만남을 위한

2인극의 장르화를 위한 세 번째 조건은 그것이 다른 주체와의 만남을 최고이자 최종적 목표로 삼는다는 것이다. 그것은 타자의 발견이며, '모노'의 벽을 뚫고 세계와 대면하는 것이고, 내 욕망을 껴안고 세계로 몸을 던지는 인식론적 투신행위이다. 2인극은 이 '만남'의 지점에서 1인극과 결별하며, 이 만남을 어떻게 지속하고 관리·종결할 것인가가 핵심 관건이라는 점에서 다인물극과 차별화된다.

2인극의 창조자나 관객은 무대에 한 명의 배우가 서 있다면, 곧 새로운 배우가 등장할 것을 믿고 있으며, 2명의 배우가 등장한 이후에는 그 어떤 누구도 이들의 관계를 방해할 수도, 거기에 개입할 수도 없음을 알고 있다. 2명의 배우가 무대를 채우는 순간, 다른 세계로(부터)의 이탈과 유입은 원천봉쇄된다. 둘로서 하나의 세계를 완성하는 이 조합은 2인극의 장르규범을 결정하는 중요한 요소이다. 두 의식, 두 자아의 만남은 유일한 만남이자 모든 만남이 된다. 이 둘은 (무대)세계를 지탱하는 최종적 존재자이다. 이들 사이에서 발생하는 하나의 관계는 劇性의 배아이자, 인간 존재의 최소한이다.*

따라서 모노드라마가 상정하는 단일세계('전일적 의지')나 다인극이 펼쳐보이는 복잡한 자기장적 세계와는 달리, 2인극은 쪼개진 동시에 통합된 세계이며, 경계지음과 경계지움이 극의 형식과 내용을 지배하는 유일한 세계이다.

---

* "존재의 최소한은 항상 둘이다."(바흐친).

2인극 무대의 기대지평

　관객은 무대에 누가 나타나고, 어떤 일이 일어나는지 알고자하는 호기심으로 가득 찬 집단이다. 무대 위의 한 인물이 시계를 보며 누군가 기다리는 제스처를 취하면, 관객들의 시선은 자연히 무대 한쪽 구석을 향할 것이다. 하지만 모노드라마라는 표제가 붙은 공연일 경우, 관객은 배우의 속임수에 현혹되지 않고, 도리어 등장하지 않는 인물을 어떻게 처리할 것인가에 관심을 집중시킬 것이다. 모노드라마에서는 '나'를 '너'로 객체화시킬 계기가 주어지지 않기 때문이다.

　반면 2인극은 '나'(1인 배우)가 구축한 세계를 허물고 깨부술 강력한 '너'의 존재가 언제든지 출현할 수 있다. '나'의 세계는 '너'의 존재에 달려있고, '너'가 없으면 무대는 구성될 수 없다. '나'(1인칭)와 '너'(2인칭)가 '그들'(3인칭; 관객들) 앞에서 연기를 한다는 설정은 세계인식을 위한 가장 기본적인 필요조건이다. 배우가 타인의 존재를 의식하고 있다는 것, '나'가 '너'를 의식하고 있다는 것은 배우에게도, 배역에게도 중요한 사건이다. 내 말이 방해받을 수 있고, 내 존재가 위해당할 수 있으며, 동시에 내 존재를 누군가 보고 있고, 내 존재를 인식하는 사람이 옆에 있다는 사실은 배우—배역에게 전혀 다른 연기술을 요구하게 만든다.

「지상 최고의 명약」: 변신의 심리학

나는 악을 원했지만, 항상 선을 행하게 된 그 살아있는 힘의 일부요. – 메피스토펠레스

'태초에 말씀이 있었나니'

연극은 창조이고 신의 목소리를 흉내 내는 작업이다. '빛이 있어라' 하면 어느새 불이 켜지고, 이어 아담과 이브들이 무대를 뛰어다니며 유혹과 배신의 드라마를 펼친다. 연극은 '창세기'의 예술적 번역이며, 연극무대는 천지창조와 생로병사가 벌어지는 완벽한 우주이다. 군이 셰익스피어의 '세계극장론'(*theatrum mundi*)이 아니더라도, 신의 피조물인 인간은 정해진 운명에 따라 주어진 마스크를 쓰고 인생이라는 역할놀이를 하는 꼭두각시 인형이라는 인식은 우리 삶의 보편문법에 상식처럼 내재해 있다.

「지상 최고의 명약」이 벌어지는 공간은 사건진술을 위한 취조실이다. 조사대상자의 지위는 구술자가 되고 형사는 그 청자가 되는 특수한 공간이다. 구술(구연)과 관객의 설정은 연극행위의 기본구도에 해당한다. 취조실이 재현(그 구체적 방법으로 '재연'이 시행된다)을 위한 공간으로 선택된 것은 변신, 역할놀이, '적극적으로 남이 되기'가 두 자아의 근원적 욕망으로 등장하는 「지상 최고의 명약」에겐 더없는 축복이다. 여기서 두 자아의 만남은 수없이 반복되는 '경계지음과 경계지움의 놀이'로 전이되며, 그 양상과 효과를 탐구하는 것은 2인극만의 묘미를 배가시키는 즐거운 체험이다. 그 놀이는 자기 존재의 윤곽을 지우고 타자의 거적을 뒤집어쓰는 것이자 자기 실존을 타자의 지위에서 관조하는 것, 혹은 타자를 다른 관계로 조작하는 것이다. 소위 메타드라마(극에 관한 극, 극 속의 극)의 정치심리학이 작동하는 것이다.

자살자–폼생폼사의 모험가

'사랑받지 못함' 때문에 삶을 포기하려고 하는 상한은 전형적인 '우는 아이 콤플렉스' 소유자이다. 상한이 애정결핍에 시달리는 무의식적 자아(우는 아이)를 잠재우는 유일한 방식은 자신의 경계를 지우고 타자의 의식 속으로 잠입하는 역할놀이이다. 남이 되고 싶다는 그의 무의식적 욕망은 그가 앓는 병이 상사병相思病인 동시에 상사병相似病, 즉 타자와 유사한 상태/단계로 변신하고 싶다는 모방의 욕망임을 암시한다. 그의 사랑은 '죽어도 그 여자이어야 된다'가 아니라, 자신이 '누군가를 뜨겁게 사랑하는 자가 되고 싶은 것'이다(이런 나르시시즘적 기질 때문에 상한은 죽는 순간에도 이쁘게, 폼나게 죽어야 한다). 이것은 자신의 순정을 확인받고 싶은 것, 즉 자신이 사랑받을 가치가 있는 자, 자신이 인정받을 자격이 있는 존재라는 일종의 인정투쟁과 연동된다. 그의 질병은 세계[타자]를 향한 일종의 포즈이자 투쟁인 것이다.

따라서 상한은 자신의 인정욕구가 만족되거나, 자신의 폼생폼사적 모방욕구가 죽음을 향하지 않고 삶으로 향한다면 언제든지 또[색] 다른 역할놀이에 몰입할 수 있는 인물이다. 자살까지 시도하던 독종이 우연히 신문기사 읽고 갱생의 의지를 회복하는 것은 일면 억지처럼 보일 수가 있으나, 심리학적으로는 타당한 셈이다. 자살실패 후 형사에게 조사를 받는 상황에서도 (재연)극을 주도하려는 그의 욕망 또한 형사–피조사인의 기경계를 재조정하여 새로운 경계[관계]를 획정하려는 시도(비록 형사의 요구에 의한 재연이지만, 그의 기질에 딱 어울린다)의 일환이다. 상한이 연출가의 우월한 지위를 향유하는 이 순간이야말로 그의 욕망이 삶과 죽음을 넘나들며 대항해를 펼치는 짜릿한 모험의 시간이다.

그러므로 상한의 연기에는 이런 심리적 기질에 대한 암시가 좀 더 발현돼야 하며, 이 기질이 보여주는 특정한 전형성이 추가돼야할 터이다. 왜냐하면 그런 연출적 설정이 극 초반에 관객에게 던진 질문, 즉 상한은 왜 자살을 하려 했을까, 자살을 시도한 사람을 앞에 두고 사기꾼을 잡으려 혈안이 된 형사는 너무 비정한 것 아닌가, 경찰조사를 받는 상한 앞에서 형사가 되레 안절부절 못하는 상황은 왜 그런가 등에 답할 수 있기 때문이다. 이런 비정상에 대한 치밀한 동기부여가 언어 외적 방식으로 제시되지 않으면 발견의 쾌감이라는 관객의 권리는 확보되지 않을 것이다. 재연극의 배우이자 연출가로서, 그것도 엄격하고 치밀한 연출가로서 상한의 면모는 무대 밖 연출가의 품성과 별반 다를 것이 없다.

또한 실제와 재연을 오가는 상한의 심리적, 상황적 차별성도 어느 정도 제공되어야 한다. 실제 속의 상한은 재연 속의 상한과 '다른' 인물이다. 두 번의 가사죽음은 새로운 자아로 거듭나기 위한 훌륭한 입사의식이며, 갱생의 전조로서 기능한다. 갱생 전후의 주체 간에는 크나큰 인식차가 존재하며, 취조실의 상한이 보기에 과거의 자신은 우매함과 무모함으로 가득 찬 인물일 터이다. 과거의 의식 속으로 들어간 상한이 자기가 연기하는 자신에 대해 갖는 자조와 연민의 감정은 표현될 수 없는 것일까. 상한은 자살도우미를 체포하려는 형사의 강요보다 재연놀이 자체가 주는 쾌감 때문에 형사를 명배우로 만들고자 채근한 게 아닐까. 몰입을 방해하는 형사에게 한번쯤은 버럭 소리를 지르며 자신의 욕망을 표출할 기회를 주는 것은 어떤가. 취조실의 상한과 자살방의 상한이 늘 주눅 들고 기죽은 표정으로 형사—자살도우미를 대한다면 그의 무의식적 욕망은 좌표를 상실한 채 질식되고 말 것이다. 이런 질문들은 경계지음/경계지움의 문턱에 돋아난 돌부리 같은 것이어서 이 역할놀이 과정 내내 우리의 발길을 채이게 만든다.

형사의 진화

자살방의 상한이 재연진행에 따라 점차 취조실의 상한으로 수렴되는 양상을 보여준다면, 불량배우—형사는 불편하고 민망한 역할놀이에 서서히 빠져들면서 후반부로 갈수록 약장사의 역할에 동화되는 양상을 보인다.

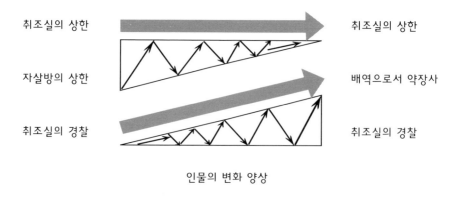

인물의 변화 양상

그렇다고 형사 본연의 신분을 완전히 지운 것은 아니지만, 약장사의 처지와 상황을 이해해 가면서 그의 연기는 점점 더 진실성을 농밀하게 축적해간다. 상한에게 역할놀이가 자아상실에 대한 심리적 치료theatrical therapy이듯, 한 번도 타인의 자리에 서 보지 못한 형사에게 피의자의 처지를 연기하는 체험은 색다른 각성의 기회를 제공한다. 「지상 최고의 명약」의 장면 중 압권은 바로 이 각성의 공식에서 유래한다. 약장사가 죽은 딸 얘기를 하면서("놀이동산으로 소풍 한번 가자고 했는데... 그 소원도 못 들어줬는데...") 흘리는 한 떨기의 눈물! 이 눈물의 주인은 누구인가! 약장사 연기에 100% 몰입한 약장사—형사의 것? 약장사의 애환에 연민을 느낀 형사의 것? 아니면 어설픈 배우—형사의 연기가 신기에 도달한 건가? 이어지는 형사의 대사: "이거 완전 신파네." 이때 신파의 주인은 재연 대본을 작성한 극작가 상한의 신파인가, 피의자에게 빠져버린 형사 자신의 신파인가. 이 대사는 냉소인가, 아니면 '이래선 안 되는데'라는 자책인가. 약장사의 비중이 커지고 배역이 좀 더 복잡해지는 후반부에 와서야 형사의 연기는 물이 오른다. 형사의 이런 진화를 각성의 공식으로 풀어내면 이 경계지음/경계지움이 경계닫힘으로 추락할 염려는 없을 것이다.

이런 관점에서 다음과 같은 가정은 어떤가? 새로운 자살자에게 약을 제공하는 사람이 그 형사는 아닐까? 약장사를 연기하던 그 형사이어도 되지 않을까. 예를 들어 책상을 손으로 딸그락거리는 형사의 습관을 마지막 장면에서 보여주면 배우—형사가 배역 자체로 전화되는 오싹한 상상력을 선사하진 않을까?

톡톡 튀는 발랄한 음악은 「지상 최고의 명약」의 코믹한 분위기와 잘 어울린다. 조명은 취조실은 파랑톤, 자살방은 분홍톤으로 대조효과를 준다. 이 설정은 그 의도와는 달리 대조효과가 크지 않아 성공적이라고 보기 힘들며, 때론 기계적인 느낌까지 줄뿐만 아니라, 실제와 재연이 복잡하게 뒤섞이는 장면에선 제 기능을 발휘하지 못 한다. 이때 필요한 것은 반복에 변주를 주는 것, 즉 상한이 재연을 다시 시작하자고 설득하면서 "자, 조명 턴!"을 외친다든가, 혹은 형사가 재연 상황을 중단시키는 장면에서 "야, 조명, 불 바꿔!"라고 고함치는 장면쯤이면 이들의 재연 놀이로 조명의 리듬을 자연스레 흡수시킬 수 있을 것이다. 소리로 세계창조를 감행하는 이 창세기의 주인공들에게 조명조작쯤은 그리 어려운 일이 아니다. 차라리 실제와 재연의 인위적 경계를 지워버려 관객을 매번 어리둥절하게 만드는 것도 재미있는 놀이가 아닐까.

맹봉학 배우는 형사보다 약장사에 더 어울리는 이미지와 연기패턴을 소유한 듯하다. 연기자질이 부족한 형사가 빼어난 약장사 연기를 한다는 이 역설이 맹복학 배우에게 오히려 약점이 되고 있다. 약장사를 겸하는 거칠고 투박한 형사 배역은 연약하고 순박한 상한에 비해 훨씬 더 다면적 캐릭터이다. 원래 악당이 미학적으로 더 매력적이기 마련인바, 약자 상한을 윽박지르고 희롱하는 형[약장]사는 약장사인 동시에 약장사를 잡아야 하는 첨예한 모순을 내재한 인물이다. 게다가 형사가 파악[연기]한 약장사는 자살방조자가 아니라, 사기꾼, 즉 진짜 사약을 파는 악당 흉내를 내는, 악당의 삶을 연기하는 사람이다. 형사의 배역은 이중 삼중으로 찢겨져야 한다. 따라서 다음과 같은 점이 고려되어야 할 것이다. 1) 쫓는 자와 쫓기는 자의 대립을 부각시켜 각기 다른 색깔로 이미지를 분리시킨다. 형사는 심리를 최대한 제거하고 좀 더 거칠고 과장되게, 약장사는 좀 더 영악하고 복잡한 내면의 소유자로! 2) 리듬의 문제: 0.001초씩 타이밍이 지체되는 연기특징을 만회하기 위해 형사 장면에서 한 템포 일찍 대사를 수행한다. 조급하고 거친 성격과 조사대상자(상한)를 무시하는 듯한 태도가 첨가될 것이다. 3) 비즈니스: 취조실 책상을 무대 전면으로 옮겨 조서작성, 책상 짚기 등으로 몸 일감을 부여한다. 4) 웃음기 섞인 표정: 형사만을 위한 공간을 만들어 수직조명을 비추고 표정을 좀 더 어둡게 처리하면 색다른 표정이 만들어질 것이다.

「來迎驛에서」; 경계의 경계로

만남은 언제나 설렌다. 만남은 '극적'이기 이전부터 이미 인간의 본성과 거래를 시작한 내밀한 충동이다. 그래서 만남은 항상 관객을 즐겁게 한다. 2인극의 재미는 어떤 방식으로든 만남이 존재하며, 그 만남 자체에 대해서만 말한다는 것이다. 세 번째 사람의 출현은 2자 관계를 흔들고 해체시킬 것이다. 관계는 재설정되나, 그때 관계는 두 점을 잇는 유일한 직선이 아니라, 세 점을 오가는 분할된 관계이다. 2인극은 바로 그 유일한 선, 둘이서 이루는 하나에 대한 집요한 애정이다.

「내영역에서」는 그 만남이 '만담'과 '만가'의 형식으로 진행된다. 내영역의 기차는 죽는 자를 이끄는 상여가 되고, 알콩달콩 이어지는 그들의 만담은 인생의 희로애락을 모조리 아우르는 삶의 서사시가 된다. 두 사람의 만남이 형성하는 이 유일한 선은 작은 연극이 주는 큰 기쁨이라는 점에서 연극의 기능과 가능성 모두를 타진하는 시금석이 된다.

내 영역	네 영역
할머니	할아버지
풀어진 세계	꽉 죄인 세계
시골적	도시적
차안(이승)	피안(저승)
삶	죽음
합일 · 결합 · 이월 · 초월	

「내영역에서」는 무대(세계)를 가르는 두 영역이 대조와 대립으로 병치되어 있지

만(경계지음), 결국 그 접선이 '유일한 선'으로 이어져있다는 경계지음의 미학을 보여준다. 할아버지와 할머니가 구분하는 이 두 영역은 허깨비와 대화하는 할머니의 망상이라는 점에서 결국 '내 영역'에서 '네 영역'으로의 합일·이월을 위한 임시 거처인 것이다.

「내영역에서」가 보여주는 시공간은 위의 선명한 대조가 얼음 녹듯 녹아내리는 과정 자체이다. 허나 그 과정은 할아버지의 각종 비행과 무심함이, 그리고 할머니의 억척스러움과 옹고집이 폭로되는 고통스러운 여정이다. 미운 정 고운 정이 오가고, 비난과 화해가 교차하는 이 아슬아슬한 시간은 恨이라는 한민족의 정서 말고는 설명할 길이 없다. 바로 '아리랑'의 모티프가 그것. 먹을 쌀이 없어 며칠을 굶던 시절 할아버지가 부르던 노래 가락을 할머니가 '영감처럼' 흉내 내는 순간, 할머니는 최종적으로 할아버지를 용서하고 이해하게 된다. 그리고 그 '아리랑' 가락이 무대에서 재현되는 그때, 할머니는 눈물과 회한만 안겨준 이 세계의 짐에서 영원히 해방된다. 결국 「내영역에서」가 의탁하는 세계는 모든 갈등과 불화를 무화시키는 죽음이라는 초월적 의식이다. 적도 친구가 되고, 눈물도 웃음이 되는 죽음의 초월적 마력 앞에서 「내영역에서」는 겸허하게 무릎을 조아린다.

예감과 전조

「내영역에서」에는 관객이 그 초월적 의식 앞에 서 있다는 예감이 극 긴장의 중심에 위치한다. 이를 위해서는 세 가지 질문에 대한 답이 제시돼야 한다. 첫째 할아버지의 정체(귀신)가 언제, 어떻게 노출될 것인가. 은근슬쩍 할아버지의 정체를 드러내는 「내영역에서」의 전략은 효과적이고 적절하다. 둘째, 그는 왜 왔는가. 즉,

그의 방문이 저승사자의 역할임을 그녀[관객]에게 통지하는 시점/방식은 무엇인가. 「내 영역에서」는 할아버지가 "지금 당신 눈 감았어"라는 말을 하는 과정이며, 그 말을 하기까지 걸린 시간이다. 그 시간이 죽음(선고)의 유예라면 그로선 어떻게든 그 시간을 연장시켜야 하지 않을까. 그 괴롭고 고독한 할아버지의 시간! 따라서 무대를 지속시키기 위해 계속 해서 만남[만담]을 이끌어 가야하는 할아버지의 절박한 심사가 드러나야 할 것이다. 대화를 지속시키기 위한(혹은 선고를 위한 타이밍을 찾기 위한) 머뭇거림이나 주절거림, 혹은 "뭐 하러 왔어?"라는 질문에 대한 과잉반응은 한 예가 될 것이다.

셋째, 그의 존재는 그녀의 착시인가, 생시인가. 그녀에게 그는 끝까지 생시, 혹은 생시 같은 착시임에 분명하다. 문제는 관객의 시선을 할머니의 망상에서 벗어나질 못하게 묶어둔다는 점이다. 마지막 장면에서 두 사람이 손을 잡고 저승문으로 들어가는 장면은 아름답고 감동적이지만, 지나친 완결성은 때론 상상력을 몰수하는 부작용을 야기한다. 매끈하지만 탄력 없는 피부 같은 것. 암전 장면에서 자극적인 앰뷸런스 소리를 넣거나, 구천 입문 장면에서 만가풍의 음악을 넣었으면 어떨까. 혹은 할아버지의 형체가 사라지고 목소리만 남아, 이 모든 것이 결국 할머니의 '내 영역'에서 벌어진 일임을 보여주는 것도 관객의 시선을 해방(거리조정)시켜주는 한 방편이 되겠다.

말의 미학

할머니의 구성진 입담과 할아버지의 노련한 능청은 배우술의 진풍경이다. 묵은지와 돼지고기의 결합을 맛보는 듯하다. 특히 할머니의 발화술은 즉흥대사와 연기체 대사 사이를 오가는 현묘한 줄타기 묘기를 보여준다. 배우의 발화는 작가의 창조물이긴 하지만, 문학과 배우술의 영역을 거치면서 양식화된 형태로 수행된다. 작가 의지가 반영된 고안물인 동시에 일상어가 무대언어로 번역된 일종의 모창형태를 띠는 것이다. 이런 전통적 발화법을 깬 최초의 인물이 배우 선우용여. 감탄사, 간투사, 비속어 등이 난무하는 그녀의 즉흥화법은 방송부적합 비난에도 불구하고 브라운관에 일상화법·일상어를 도입하여 연기화법의 무거움을 해소했다는 점에선 공로가 인정된다. 할머니의 발화가 즉흥적으로 나온 것이라면(정교하게 계산된 것이라면 더욱더) 그 자연스러움과 능란함에 감탄을 금할 길 없다.

시대의 토양에서 피어난 한 떨기 리트머스

공연명: 2010년 신춘문예 단막극제 2부
상연일시: 2010.03.18 ~ 2010.03.21
상연장소: 아르코예술극장 소극장
관극일시: 2010.03.20. 18:30

신춘문예 단막극제는 항상 설렌다. 성글고 투박해도 힘줄이 불끈 솟고 가슴이 화끈거린다. 그 열정과 진지함이 정신을 번쩍 들게 한다. 올해 단막극제도 예외가 아니다. 울고 웃고 찡하고 통쾌한 즐거움의 시간이다. 무엇보다 병든 시대를 진단하는 예리한 시선이 돋보인다. 그러면서도 다양한 소재와 색다른 접근법이 눈이 뜬다. 2부에 펼쳐진 네 편의 작품은 각각의 작품도 재미있거니와 이 작품들이 이루는 전체적 짜임새도 아기자기하다. 「유산」은 하층민의 절망적 삶을 그린 반면, 「일등급 인간」은 중산층의 욕망과잉을 꼬집는다. 「그녀들만이 아는 공소시효」는 서민들의 은밀한 탐욕을 왁자지껄하게 퍼질러놓는가 하면, 「견딜수 없네」는 윗세대의 애틋한 가족사랑을 시적으로 수놓고 있다.

이 네 작품들은 형형색색의 다양함 속에서도 시대의 아픔과 결핍에 대해서 묵직한 메시지를 전해준다는 점에서 하나같다. 등단작가들의 건필을 빈다.

「유산(전남일보): 결코 남겨지지 않는 것들

이철 작, 이정하 연출의 「유산」은 자살을 화재사로 위장하여 자식에게 보험금을 남기려는 두 사람의 이야기를 다루고 있다. 임박한 위기 앞에서 고뇌하는 인물이란 설정 때문에 이 극을 상황극이라 불러도 좋을 것이다. 자살 직전의 한계 상황 속에서 삶의 회한과 처량한 자신의 처지를 토로하는 이 두 사람은 다름 아닌 부부이다.

자식을 위해 해줄 수 있는 마지막 선택으로 자살을 결심한 남편, 그리고 그것을 말리려고 애쓰는 아내. 이 둘의 처절하고도 긴박한 대화는 삶의 마지막 순간의 풍경을 사실감 있게 전하고 있다. 그런 면에서 특정 상황에 몰입하는 이철 작가의 집중력에는 찬사를 아낄 수가 없다. 특히 그가 형상화한 철거민의 운명, 헤어날 수 없는 가난의 굴레, 반복되는 빈곤의 세습 등은 우리 시대 하층민의 뼈아픈 현실을 사실적으로 반영하고 있다는 점에서 넉넉한 주목을 받을 만하다.

죽음 직전의 쓸쓸함과 비장함을 잘 살린 「유산」은 많은 장점에도 불구하고 극의 긴장감을 모노톤으로만 끌고 간다는 단점을 드러내고 있다. 극의 초반부터 형성된 고통스러운 긴장감은 마지막 순간까지 이어진다. 인간은 어떤 고통에도 신속히 적응하게 마련이다. 짧은 긴장 이후 이완이 없다면 긴장은 더 이상 효과적이지 않다. 관객이 긴장에 중독되면 극은 어떤 탈출구도 찾을 수 없게 된다. 긴장감을 적절하게 배분하고 극 진행에 굴곡을 주는 묘미가 필요하다.

주제적 측면에서도 가난, 부성, 부부관계 사이에서 흔들리고 있다. 하층민의 피 끓는 애환을 소재로 했음에도 불구하고 갈등의 원인과 전개에 대한 문제의식이 선명하지 않다. 남편의 자살 결심이 헤어날 수 없는 가난에 대한 환멸 때문인지, 사랑하지도 않는 아들 재희를 위한 헌신인지, 철거민의 울분 때문인지 명확하게 설명되지 않는다. 자살 동기에 대한 명확한 해명이 없다면 보험금을 노린 생계형 사기행위라는 혐의를 넘어설 절박함이 형성되지 않을 것이다.

 작가는 아버지 살해를 기도하는 패륜아 재희의 탈선행위가 철거민의 체험에서 유래한 것, 즉 사회적 기원을 가진 것으로 묘사하고 있다. 철거는 집만 부수는 게 아니라, 가정과 인간의 심성까지도 파괴한다는 것이다. 부모의 죽음은 영혼을 빼앗긴 아들에게 2억을 선물처럼 남겨줄 것이다. 그 2억 유산이 말라버린 재희의 영혼을 살릴 것 같지는 않다. 이철 작가는 빛보다 그림자를 응시하는 듯하다.

 「유산」은 배우 김웅희, 박은희의 뛰어난 연기내공이 없었다면 성공하지 못했을 것이다. 두 배우가 감정선을 놓치지 않기 위해 안간힘을 쓰는 모습은 안쓰럽기까지 하다. 완급조절이 힘든 대본의 영향도 있고, 자살에 대한 은밀한 대화를 하기엔 너무 크고 개방적인 무대 때문일 수도 있다. 각을 두어 모서리를 만들었다면 어땠을까 한다. 비장, 절망을 표현하기 위해 배우들이 시선을 자주 아래에 두는 것도 일면 아쉬운 대목이다.

「일등급 인간」(부산일보): 일등급 사회를 위한 조언

 이난영 작, 김완수 연출의 「일등급 인간」은 제동장치 없이 확산되고 있는 무한경쟁 사회의 음영을 날카롭게 풍자한다. 삶의 의미가 증발되고 가족의 소중함이 파괴된 한 가정의 엽기적 행태는 삭막하고 살벌한 블랙코미디의 냉소를 유발시킨다. 자식의 미래를 위해 아버지의 등골(!)을 헌납해야 하는 비참한 모습은 현재의 가치에 만족하지 않고 항상 앞만 보고 달려야 하는 동시대인들의 불안과 염증을 잘 포착하고 있다. 현실에 대한 불만이 막연한 미래 가치에 광적으로 집착하게 만든다는 임상적 진단이 가능한 것이다.

이는 또한 일등만 치켜세우고 결과만 우선시하는 우리 사회의 고질병에서 비롯된 것이다. 돈으로 두뇌를 사고, 장기를 팔아 수술비를 충당하는 물질만능주의의 단면도 빼놓을 수 없는 부분이다. 이런 황당하고 엉뚱한 설정은 불행히도 먼 미래의 얘기가 아니라 바로 우리 곁에서 현재진행형으로 벌어지는 자화상들이다. 성적 중심의 천편일률적 교육과 자식의 외국어교육을 위해 가족해체까지도 각오하는 섬뜩한 현실, 그리고 자식에 대한 집착에 반비례해서 점점 더 인간성이 탈각되는 버릇없는 자식, 돈 버는 기계로 전락한 무력한 부성 등은 「일등급 인간」의 풍자목록에 오른 주요 소재들이다. 이처럼 이난영 작가의 발랄하고도 날카로운 상상력은 승자독식주의가 지배하는 우리사회의 폐부를 정확하게 겨냥하고 있다.

작품 구성의 측면에서 점층의 전략이 효과적으로 적중했는가는 의문으로 남는다. 「일등급 인간」은 아빠 골육의 단계별 매각을 극진행의 축으로 삼고 있다. 간을 빼려는 장면, 폐를 팔려는 장면, 해골로 변한 장면, 정강이뼈 장면 등은 단순히 신체의 점진적 상실만을 의미하는 게 아니라, 엄마의 맹목적 집착과 아들의 방종이 점점 더 극단화 되는 단계를 보여준다. 하지만 후반부로 갈수록 긴장감은 떨어지고 충분히 예측가능한 장면들이 이어진다. 각 단계별로 새로운 웃음코드를 장전한다든가, 사장의 등장과 아들의 사업가 변신을 좀 더 탄탄하게 구성해 보는 게 어떨까 한다. 아빠의 신체가 뼈만 남는다는 설정이 다소 억지스럽다면 아내가 남편의 피부, 고막, 폐를 언급하는 장면에서 극을 마무리해도 좋을 것이다. 점층의 전략이 적중되는 지점은 거기까지이고, 작가의 말도 거기서 이미 끝난 상태이다.

엄마 역을 맡은 배우 이은정의 호들갑스러운 연기는 「일등급 인간」의 분위기와 주제에 정확하게 호응하고 있다. 많은 대사양 때문에 호흡을 놓칠 법도 한데, 시종일관 쉴 새 없이 유난을 떠는 그녀의 능청스런 연기는 '일등급'이다. 빠른 템포를 위해 무대를 좀 더 좁게 썼으면 하는 바람이 있다.

「그녀들만이 아는 공소시효」(희곡작가협회): '너희는 내가 지난여름에 한 일을 알고 있다'

　김란이 작, 선욱현 연출의 「그녀들만이 아는 공소시효」는 감히 2010년 신춘문예 단막극제의 백미라고 선언하고 싶다. 무대를 구성하는 세 가지 요소, 즉 희곡과 배우, 연출 모두 단연 돋보이는 작품이다. 희곡은 뼈대도 좋고 짜임새도 훌륭하며, 주제 또한 무시할 수 없을 만큼 묵직하다. 연기력뿐만 아니라 호흡을 딱딱 맞추어 나가는 배우들(김곽경희, 우승림, 김소영, 강유미)의 앙상블도 나무랄 데 없다. 당장 대학로에 던져놔도 길을 잃거나 굶어죽을 염려가 없겠다.

　상찬의 유혹에 빠지게 만드는 가장 강력한 매력은 뭐니뭐니해도 선욱현 연출의 재기발랄하고 순발력 넘치는 감각이다. 웃음과 눈물, 폭소와 공포 등 서로 상반된 가치들이 뒤엉키고 뒤섞이는 선욱현式 그로테스크는 이미 기법의 차원이 아니라 미학으로 승화되고 있다. 김란이 작가가 선욱현 연출을 만난 것은 필연이다. 어떻게 보면 이 작품은 이미 수십 편의 희곡을 집필한 극작가 선욱현에 대한 오마쥬란 느낌마저 없지 않은데, 선욱현다운 연출이 그런 착시현상을 조장하는 지도 모를 일이다. 그 어떤 것이든 둘의 결합이 기막힌 궁합을 창출한다는 데에는 이견이 없을 것이다.

　이 작품은 쌀통 속에 담긴 시체 일부와 돈다발을 놓고 네 명의 주부가 자신의 이기심과 욕망을 드러내는 과정을 그리고 있다. 아줌마들의 범죄행위와 위선을 다룬다는 점에서 「위기의 주부들」을 떠올려도 상관없다. 이미 아줌마란 '계급'은 70년대 '산업역군' 이후 대한민국을 지배하는 가장 강력한 집단이 아니던가. 동서를 막론하고 이제 아줌마는 특정집단이 아니라 사회 전체의 증상과 징후를 담당하는 상징집단이 되어버렸다. 아줌마가 '남편' 집단의 숨겨진 욕망을 드러내는 통로이자, 미래 세대를 포유하는 숙주로 기능한다면, 이 작품은 '그녀들만' 아는 공소시효가 아니라, (미래) 한국 사회의 속물성을 적나라하게 보여주는 바로미터에 가깝다. 그런 의미 있는 정신적 척도를 이렇게 포복절도의 웃음 속에서 목격할 수 있다는 사실은 여간한 행복이 아니다.

굳이 흠을 잡으라면 제목 속에 있는 '공소시효'란 단어가 좀 생뚱맞다는 느낌을 지울 수가 없다. 그녀들만 아는 것은 일상적 공간에서 풍겨 나오는 된장찌개 냄새 속에 시체의 피냄새가 뒤섞여 있다는 거짓 같은 사실, 혹은 잔혹한 평범함이다. 또한 쉴 새 없이 쏟아지는 아줌마의 잡다한 수다 속에 썩은 시체에 대한 침묵의 카르텔이 숨어있다는 250만 원짜리 비밀이다. '공소시효'를 제목에 넣고 싶다면 비밀유지협정의 유효기간에 대한 아줌마들의 수다를 대사 속에 집어넣어야 정당화 되지 않을까 싶다.

「견딜수 없네」(조선일보): 그래서 인생은 아름다워라

이서 작, 손경희 연출의 「견딜수 없네」는 참 아름다운 작품이다. 전통신앙에 토대한 작가의 동화적 상상력도 그렇고, 무대배치부터 동선, 연기양식까지 조화롭게 직조한 연출의 섬세함도 그렇다.

오랫동안 우리 곁에 있었으나 우리 세대가 잃어버리고 없애버린 것들, 별들이 쏟아질 듯 한 찬란한 밤하늘, 대문 옆 감나무에 올라선 까치들의 요란한 지저귐, 소복 입은 손이 금방이라도 튀어나올 것 같은 푸세식 '통시', 대사를 앞

두면 항상 장독대에 놓여 있는 할머니의 정한수, 산신령이 내왕하는 마을 어귀 서낭당, 밤만 되면 뒤통수를 서늘하게 만드는 도깨비와 그들이 타고 다니는 전용기인 반딧불이. 이서 작가는 마치 백과사전을 펼치듯 관객을 과거 속으로 인도한다. 무엇보다 우리를 들뜨게 만드는 것은 혼불이라는 자연현상과 도깨비라는 동화적 환상으로 엮어낸 이야기 틀이 가족을 위해 죽음조차도 초연하게 받아들이는 우리네 할아버지, 할머니의 따뜻한 품성을 가감 없이 담아내는 순간이다.

노구를 이끌고 장작을 패는 할아버지의 숨은 뜻과 생을 마감하는 남편을 위해 호사스런 구첩반상을 준비하는 할머니의 애틋한 연정은 이서 작가의 시적이고 낭만적인 서정이 없다면 이토록 아름답게 그려지지 않았을 것이다. 안하던 짓하면 죽을 때가 됐다는 옛말이 이토록 절절한 감동으로 전해지지 않았을 것이다. 단지 도깨비의 실수로 할아버지의 명줄이 3년 늘어났다는 '깨는' 설정은 작품의 일관성에 흠이 되지 않을까 저어된다. 마지막 순간에 화자를 자처하고 나선 손자의 존재도 선뜻 동의하기 힘들다. 장막극을 무리하게 감량한 듯한 투박한 장면전환도 거슬리는 부분이다.

손경희 연출은 도깨비가 출몰하는 할머니 방을 관객 쪽으로 빼놓고 일상적 공간을 뒷무대로 넘겨놓았다. 현실과 환상, 일상과 주술, 집단과 개인을 구분 짓는 그 경계에는 얇은 천을 놓아 다의적이면서도 시적인 분위기를 창출했다. 하지만 할머니가 할아버지께 죽음을 통고하는 중요한 장면까지 막 너머에서 진행시킬 필요가 있을까 싶다. 마지막에 선택한 음악도 만가보다는 차분하고 시적인 독주가 훨씬 더 작품 분위기에 부합했으리라.

미래는 아주 오래 지속된다

공연명: 2011년 서울연극제 'Open space show case; 미래야 솟아라'
상연일시: 2011.05.04 ~ 2011.05.08
상연장소: 아르코 예술극장 대극장
관극일시: 2011.05.05(「엘리엘리라마사박다니」, 「빈집」, 「공무도하가」)
         2011.05.07(「깡통시장블루스」, 「가방을 던져라」, 「캠벨스프」)

톨스토이는 『안나 카레니나』의 주제가 무엇인지 기자가 묻자 그 앞에 책 전권을 내놓았다. 소설 처음부터 끝까지가 다 그 주제이고 그 내용이라는 선문답 같은 대답이었다. 대저 연극 작품도 그 속과 겉이 따로 있거나, 내용과 형식이 나뉘어져 존재하지 않는다. 그 자체로 전부이고 모든 것이라, 요약이란 아이러니가 된다. 그렇다면 서울연극제의 '미래야 솟아라'에 참여한 예술가들의 처지는 여간 당혹스러운 것이 아닐 게다. 비록 머릿속에 잠재태로 존재하긴 하지만, 그래도 곧 한 편의 작품으로 상자될 예술적 구상을 30분 안에 쏟아내라니! 코끼리를 냉장고에 쑤셔 넣으라는 뚱딴지 아닌가. 제한된 무대연습시간이야 하루 이틀 장사치도 아닌 바, 노련미와 '짬밥'으로 퉁 칠 수도 있겠다. 하지만 무대(아르코 대극장)는 시베리아 허허벌판처럼 황량하고, 조명은 조미료를 쏟아 부은 잡탕처럼 중구난방이다. 최근 유행하는 서바이벌 경쟁프로의 미션도 아니고 이를 어쩐다?

연극 예술가들에겐 2인3각 경주처럼 곤란하고 불편한 이 '시합'이 역으로 관객들에겐 김이 솔솔 솟는 삼합요리처럼 입맛 오르고 맛깔 난다. 비록 궁중요리처럼 화려하거나 원조 맛집처럼 때깔나지는 않지만, 짧은 시간에 삼색진미를 맛볼 수도 있고, 재기발랄한 연극인들의 열정과 재간을 만끽할 수 있기 때문이다. 이후 정식공연으로 발전하여 맛과 향이 그윽한 진수성찬이 차려질 것을 기대하면 후식까지 대접받는 것 같아 상상만으로도 속이 든든해진다. 이것이 '미래야 솟아라'의 묘미이다. 거칠고 투박하지만 조미하기 전 식재료의 담백하고 싱싱한 맛과 멋을 마음껏 즐길 수 있다는 것. 물론 관객들에게는 압축되고 요약된 30분 공연 속에서 구첩반상의 수륙진미를 예측하고 분간해내야하는 '미션'이 주어진다. 그렇다면 '미래야 솟아라'는 보여주는 자나 보는 자나각자의 '미션'을 수행하기 위해 긴장감 넘치는 전략전술을 펼치는 전장과도 같다. 맛과 향을 무기 삼고 상상력과 흥을 방패삼아 호쾌하게 장군 멍군을 외쳐대는 신명나는 싸움터!

「엘리엘리라마사박다니」(이우천 극작/연출)

극단 대학로극장의 「엘리엘리라마사박다니」는 공연 3일전 뉴스 지면을 장식한 이른바 '십자가 자살 사건'을 예견이라도 한 듯하여 섬뜩하고 오싹하다. 약간은 황당하고 억지스러울 수도 있는 두 남자의 살인사건 이야기는 너무나도 절묘한 시점 덕분에 현실보다 더 생생한 현실로 다가와 넋을 잃게 만든다.

신이 창조한 질서를 거부하고 독생자 예수를 떠돌이 철학자로 폄하하는 신성모독은 기실 새로운 아이디어는 아니다. 도스토옙스키의 '대심문관' 전설은 은밀하게 전파되던 반기독교 사상의 문학적 결정판이었고, 20세기 실존주의나 이문열의 「사람의 아들」도 그 연속선상에 함께 한다. 「엘리엘리라마사박다니」는 자신의 전범典範들을 공교工巧하게 차용하고 변용하면서 예수의 정체와, 선과 악의 문제, 심판의 상징, 구원의 가능성에 대해서 치열하게 탐구한다.

시한부 삶을 선고받은 박민섭이 스스로를 예수의 논리에 반박하는 아하스 페르츠로 설정하고 연극배우 김영훈을 예수로 분장시킨 다음, 김영훈을 충동질하여 자신을 죽이게끔 만드는 것이 이 작품의 주요 플롯이다. 박민섭은 '하나님, 나의 하나님, 어찌하여 나를 버리셨나이까'라는 제목의 해석처럼 신을 원망하며 인간의 손에 죽임을 당하는 예수의 운명을 자신의 삶에 투영시켜, 자신의 간접 자살을 완전한 구원에 도달한 죽음이라는 형식논리에 짜맞추고자 한다. "다 이루었다"라는 박민섭의 마지막 대사는 그의 연극이 신을 거부하면서도 신의 아들이 되고자 하는 일종의 입사의식 과정이었음을 암시한다. 자연히 부상하는 질문: 박민섭의 자살형 타살이 부활을 약속하는 엄숙한 성사라면, 배신감에 치를 떨고 절망감에 넋을 잃은 김영훈의 살인행위와 자살은 뭐란 말인가. 과연 박민섭은 자신의 타살은 계산했으면서 김영훈의 심리적 몰락에 대해서는 전혀 예측하지 못했단 말인가. 그렇다면 박민섭의 역할놀이는 결국 이기적 욕심에 말미암은 헛된 망상이자 아집에 불과하다. '은혜의 지배를 정의의 지배'(알베르 카뮈)로 개조하는 것이 박민섭의 신조라면, 스스로 김영훈을 죽음에 들게 한 그의 미필적 살인은 결코 용서받지 못할 범죄이다.

「엘리엘리라마사박다니」의 논리적 허점은 여기서 그치지 않는다. 선배 철학자들이 인간의 구원과 진정한 자유의 성취를 위해 순교자적 자세로 예수와 격돌하고 신의 의미를 사유한 것과는 달리 박민섭은 절대자에 대한 분노와 적개심으로 일관하고 있다. 투정이나 하소연에 불과한 그의 고뇌가 과연 사람의 목숨을 담보로 한 성사(놀이)의 가치가 있을지, 그 속에 신과 인간의 구원이라는 거대담론이 끼어들 여지가 있을지 의문이다. 박민섭이 예수를 떠돌이 이야기꾼으로 모함하면서도 한편으로는 신의 아들임을 인정해버리는 논리적 모순도 그렇고, 질투와 편애, 처벌과 공포의 구약과 사랑과 희생, 자유와 겸허의 신약을 마구 뒤섞어버리는 무모함도 극의 완결성을 저하시키는 요인이다.

차라리 김영훈의 자살을 빼고 그가 체포되어 극중극 형식의 피의자 심문을 재현하는 방식으로 재구성하는 것이 낫지 않을까 한다. 김영훈 또한 박민섭과 크게 다르지 않은 처지인 만큼 그가 극중극을 하면서 박민섭에게 동화되거나, 혹은 박민섭의 분신이 되어 형사들과 논쟁을 하는 것도 한 대안이 될 것이다. 극중극 전환 장면을 좀 더 섬세하게 다듬고, 박민섭의 대본과 그들의 실제 연기, 그리고 범행 자백 극중극을 중층적으로 배치하면 훨씬 극성이 배가될 것이다.

「빈집」(원을미 극작, 원을미, 김미진 연출)

프로젝트 락교의 「빈집」은 인간에 대한 불신을 떨치지 못하는 냉소 고양이와 그나마 미련을 갖고 있는 소심 고양이가 빈집에서 만나 겪게 되는 에피소드를 결합하여 만든 공연이다. 성격과 입장이 극명하게 다른 두 마리 고양이는 빈집을 찾는 사람들을 교대로 연기하면서 인간에 대한 무서움과 교감, 사람들끼리의 폭력과 편견 등 다양한 감정을 그려내고 있다. 고양이의 시각에서 바라본 인간 사회의 단면은 살벌하고 경악스럽다. 빈집이라는 제목이 암시하는 것처럼 인간의 심성과 내면은 정신적 가치와 윤리가 사라져버리고 더 이상 따스함이 존재하지 않는 삭막한 콘크리트 구조물 같다.

하지만 알레고리를 통한 세상 풍경의 우회적 묘사라는 작품의 핵심 구상은 표현과 주제 차원에서 효과적으로 드러나지 못하고 있다. 동물이 주인공으로 등장하는 이미지 극의 양식화된 동작은 아직 조야하고, 의상과 분장 설정도 관객의 눈을 끌지 못한다. 느릿느릿 움직이는 고양이들이 뛰어놀기엔 무대가 지나치게 넓다는 것도 관객의 긴장을 추출해내지 못하는 한 요인이다. 차라리

활동무대를 프로시니엄 근처의 2~3층 구조물로 제한했으면 훨씬 다양한 동작과 임팩트 있는 미장센을 만들어냈고, 미약한 배우 발성을 보완할 수도 있지 않을까 한다. 에피소드 간의 접합 부위도 부자연스럽고, 등퇴장의 시간이 너무 늘어지는 것도 상상력을 좀 먹는 데 일조한다. 알레고리 장르의 속성과 작품 전체의 주제적 긴장도를 고려했을 때, 과연 끔찍한 유아살해 모티프가 적합한지도 숙고해야할 사항이다. 극 분위기를 제대로 포착하고 정착시켜주는 것은 "죽는다는 건 차가워지고 딱딱해지는 거야" 같이 우화적 상상력을 자극하는 대사들이기 때문이다.

「공무도하가」(윤시비나 극작/연출)

남편을 따라 아내까지 물에 빠져죽는다는 비극적 설화를 배경으로 하는 「공무도하가」는 피할 수 없는 절망적 죽음과 그 죽음에 또다시 죽음으로 밖에 응답할 수 없는 절절한 사연을 애틋하게 표현한 고대문학의 백미이다. 극단적 선택만이 유일한 출구였던 한 남자의 체념과 그 길에 동행하는 것만이 지고한 사랑의 방식이었던 한 여인의 비창은 마르지 않는 영감의 모천이 되어 많은 이의 상상력을 자극해 왔다. 극단 이상한앨리스의 공연 「공무도하가」는 체념과 한이라는 민족 정서의 원형을 구성하는 원작의 모티프에 아비를 죽인 어미, 아이가 어미를 죽인다는 저주, 어미에게 버림받은 아이, 출생 비밀의 노출, 근친살해라는 저주의 실현 등 고대비극의 모티프를 결합하여 한 편의 운명비극을 지향한 듯하다.

「공무도하가」는 자극적 이미지와 격렬한 운동감, 절제되지 않은 거친 감정표출, 광기어린 행위묘사 등을 통해 극단을 오가는 인생 반전과 운명의 비정함, 절망의 심연, 제어할 수 없는 파국의 소용돌이를 그려내고자 한다. 하지만 과유불급이라 했다. 넘쳐나는 감정의 홍수는 관객의 눈과 귀까지 익사시키고, 쇠와 쇠가 부딪히는 듯한 이미지의 광염은 의미를 배반한 형식이 되어 정신을 놓게 만든다. 미각을 마비시키고 의미로 가는 길을 차단하는 이 칼과 피의 야단은 연거푸 마셔댄 폭탄주처럼 어지럽고 산만하다.

무대 위의 모든 존재를 무로 몰아세우는 「공무도하가」는 장르로서의 '비극'을 극한적 형식으로 치환시켜버린다. 자고로 비극은 숭고의 크기에 의존한다. 숭고함은 압도적 대상 앞에 섰을 때의 유쾌와 그 범접할 수 없음에 대한 불쾌가 공존하는 모순적 감정이다. 쾌와 불쾌의 공존과 대결이 숭고함의 정체인 것이다. 쾌가 불쾌를 극복했을 때 카타르시스가 온다. 영웅의 몰락을 통해 인간이 겪을 수 있는 절망의 최대치를 확인했을 때 오는 안도감이 칸트의 숭고론이 도달한 결론이다. 그래서 보수적으로 보자면 비극은 질서의 회복과 영원한 이상의 추구, 세계조화, 존재의 의미탐구에 정향되어 있다. 「공무도하가」의 유혈낭자한 '끝장'은 수습되지 않는 감정의 과잉과 의미가 제거된 카오스만 남긴다. 이것은 비극이 아니라 '비극적'일 뿐이다.

리오타르는 재현성을 포기한 현대미술의 특징을 '숭고의 부정적 표현'이라 규정한 바 있다. 그렇다면 무의미 내지는 초의미를 내세우는 부조리극이나 표현주의극은 텅 빈 숭고, 마이너스 숭고의 무대적 표상이라 부를 수 있을 것이다. 행여 연출이 지향하는 미학이 이쪽이라면 굳이 고전비극의 마스크를 쓸 필요까지는 없을 것이다.

「깡통시장블루스」(에드와르도 데 필립보 원작, 김노운 연출)

'미래야 솟아라' 출품작 중 유일하게 번역극을 선택한 제2스튜디오의 「깡통시장블루스」는 완성된 텍스트라는 프리미엄에 값하기 위해서 연출과 연기에 좀 더 역점을 둬야한다. "극사실주의 연기를 바탕으로 에쮸드를 통해 완성된 장면들"이라는 설명과 '제2스튜디오'라는 극단명에서 스타니슬랍스키의 냄새가 물씬 풍기지만, 완성되지 않은 발성과 어색한 사투리 딕션부터 '사실'에 진입하는 첫 번째 장애가 된다는 점은 아이러니다. 스타니슬랍스키는 오히려 사실보다는 진실을 노래 불렀던바, 고구마 껍질을 던지고, 미역줄기를 뜯는다고 사실이 진실이 되지는 않는다. 차라리 스타니슬랍스키의 '삶의 진실'에 저항한 브류소프의 '불필요한 진실'을 받아들이는 편이 훨씬 더 진실해 보인다.

「가방을 던져라」(이명일 극작/연출)

가방을 분실한다. 속 타는 마음에 분실물센터에 갔다가 삶 자체를 분실한 아줌마를 만난다. 버려야 채울 수 있다는 무상無常의 깨달음을 얻는다. 참 단순하고도 담백한 플롯이다. 혹자는 의미의 깊이를 문제 삼을 지도 모르겠다. 하지만 어느 책 제목처럼 '내가 정말 알아야 할 모든 것은 유치원에서 배웠다.' 그 이상의 진리는 잉여다. 문제는 어법이다. 연극은 연극의 문법으로 말해야 한다. 그 문법의 첫 페이지를 장식하는 공리는 '볼거리'이다. 듣기 좋게 말하면 '연극성'이다. 연극적 행위가 의미를 구축하고, 그 의미가 진정성을 확보하면 감동이 발생한다. 극단 Theatre201의 「가방을 던져라」는 연극이 무엇인지에 대한 사유의 단서를 제공하는 교본과도 같다. '미래야 솟아라'는 텍스트의 완성도를 요구하지 않는다. 문학으로서의 텍스트가 연극적 언어로 번역되는 과정, 아이의 옹알이가 주어와 술어를 갖추는 신비로운 현상 자체에 천착한다. 넓고 적막한 무대를 의미의 공간으로 주조해내고, 빛의 위치와 영역으로 실물감을 생성시키며, 패턴화된 동작과 그 변주로 서사를 만들어내는 「가방을 던져라」의 장면들은 참신하고도 효과적이다. 기우겠지만, 90분을 채우는 공연이 되기 위해서 연출(이명일)은 서사의 나약함과 에피소드 결합의 느슨함을 극복하고, 다양한 이미지의 개발과 대사의 문학성 확보에 매진해야할 것이다.

바야흐로 던지고 버리는 탈속의 제스처가 유행이 되어버린 시대다. 성자처럼 폼 나고 도사처럼 여유롭지만 다시 채울 테크닉이 없으면 영원히 채울 수 없는 속 빈 강정이 되고 만다. 한 일본 스님의 책 제목처럼 그것은 버리기 '연습'만으로 족할지도 모른다. 「가방을 던져라」가 버린 후의 포즈까지도 가르쳐주는 소중한 교본으로 거듭나길 바란다.

「캠벨스프」 (김은정 극작/연출)

극단 이음의 「캠벨스프」는 난해하다. "부재된 시간에 대한 질문"이라는 철학적 주제도 그렇고, 축약과 암시로 가득한 그 무대 형상화도 그렇다. 아니, 정확히 말하면 축약과 암시조차도 인색하다. 마치 부조리극의 한 장면을 보는 듯 비밀스러운 대화와 생경한 이미지들이 이어진다. 이것이 연출(김은정)이 사건(before)과 결과(after) 사이에 존재하는 '과정', 이전과 이후 사이에 존재하는 '현재'에 대해 질문을 던지는 방식이다. 주제를 형식 속에 실현한 셈이다. 엔디 워홀의 팝아트를 소재로 선택한 것은 역설을 호출하기 위함이다. 원본을 지우고 복제본을 대량 생산한 워홀의 도발과는 반대로 남편은 캠벨스프의 재현공간에 진품 깡통을 올려놓았다. 기원을 상실한 복제를 다시 원위치 시켰지만, 그것은 복제의 복제일 뿐이다.

성형한 얼굴에 다시 복구의 칼을 댄다고 원본으로 돌아갈 수 없는 것처럼, 영양제 (바람둥이 변이유전자 치료제)를 먹은 남편의 복제물은 예전의 사랑스러운 남편으로 돌아갈 수 없을 것이다. 그것은 또 다른 시뮬라크르이고, 또 다른 아바타이다.

어쩌면 변형 이면에 숨겨진 부재의 "섬특한 모습"은 연극적 가면 뒤에 숨겨진 것이 텅 빈 공허일지도 모른다는 20세기 초 모더니스트들의 공포감과 일맥을 형성할 지도 모르겠다. 그렇다면 「캠벨스프」의 쇼케이스(before)와 본극(after) 사이의 '과정' 또한 궁금해진다. 연출은 이에 대해서도 답해야 한다.

＊＊

예술가는 비우느라 고역이고, 관객은 채우느라 여념 없다. 이 비우기와 채우기의 곡예는 무대를 사이에 두고 상상력의 무게중심을 더듬어 가는 고도의 지략 게임이다. 때론 덜 비워 무겁기도 하고, 때로는 너무 비워 허하기도 하다. 하지만 내일 뜨는 태양처럼 결국 미래는 솟아오른다. 그리고 오래 오래 지속될 것이다. 미래는 도전하는 자들의 권력이고, 여는 자들의 전리품이다. 미래야, 솟아라!

자유, 비상하다

공연명: 제32회 서울연극제 자유참가작 8편
상연일시: 2011.04.20 ~ 05.15

2011년 서울연극제의 자유참가작 부문에는 총 8편의 공연이 참가하여 치열한 경합을 벌였다. 참가작들의 면면을 보면, 순수창작극부터 번역극과 해외고전의 각색극까지, 요절복통의 희극부터 인간 존재의 비의에 접근하는 비극까지, 또한 스케일 면에서도 가족드라마부터 국가 담론을 다루는 묵직한 드라마까지 다양하고도 다채로운 작품들이 관객들을 즐겁게 하며 축제 분위기를 흥겹게 돋우었다.

특히 극단 풍경의 「교사형」은 텍스트를 무대로 호출하여 형상화하는 연출의 안목과 표현력, 그리고 배우들이 이를 소화하여 밀도 있게 전달하는 능력, 미학적 효과를 선명하게 드러내고자 애쓴 스텝들의 의지 등이 돋보였다.

「교사형」(오시마 나기사 원작, 윤복인 연출, 극단 풍경)

한 조선인 살해범의 사형과정을 통해 일본(인)의 무의식적 죄의식과 국가주의적 본성을 반성하고 있는 「교사형」은 개인의 존엄과 국가의 공권력 사이의 길항관계, 국가의 이름으로 죽음을 집행하는 자들의 모순감정(편견, 폭력), 삶과 죽음의 경계에서 발생하는 긴장감 등을 부조리한 극중극 상황 속에서 녹여내고 있다.

조선인 R의 범행과정을 상기시키기 위해서 연극놀이를 자처한 교도관들이 점

「교사형」의 한 장면 ©풍경

점 허구의 마수에 걸려들어, 자신들의 내면 깊이 억압해 놓은 죄행을 고백하고 급기야 R의 환상 속 여인까지 목격하게 되는 과정은 흥미진진하다. 특히 제국주의 일본에 대한 무의식 향수와 전체주의의 노리개 인형으로 추락한 그들의 야만성을 폭로하는 집단무(集團舞) 장면은 그로테스크하면서도 씁쓸하다. 단순하면서도 실용적인 무대 활용과 가해자와 피해자, 권력자와 종속자 등 위계적인 인물 관계를 무대의 구획 속에 효과적으로 배치한 점도 인상적이다. 흔히 연습량으로 통칭되는 연출과 배우의 자기탐색 노력이 눈에 확연히 띄는 것도 극에 몰입할 수 있는 중요한 동인이었다.

하지만 「교사형」은 연출의 각색과정에서 반드시 교정됐어야 할 중대한 논리적 결함을 가지고 있는데, 교도관들과 R과의 갈등충돌지점이 애매하고 모호하다는 점이 그것이다. 원작자는 교도관들과 R과의 대립을 불쌍한 소수민족출신 청년에 대한 휴머니즘적 접근이라는 중성적 입장을 취하고 있지만, 양자 대립의 근간에는 역사적으로 착취와 침탈에 기원을 둔 식민지 경험과 차별과 멸시로 점철된 조선인들의 처참한 생존환경이 앞선다. 보편성으로 위장한 '국가권력과 개인'이라는 추상적이고 모호한 대결구도는 이런 역사적 특수성과 민족감정을 외면하고 회피한다. R 사건의 핵심은 국가와 개인의 대결이 아니라, 민족과 민족의 문제이며, 제국주의 침략자와 피해자의 관계, 전범국가와 식민지 강제 징용자들의 관계이다. R에게 '국가 vs 개인'의 잣대로 휴머니즘적 시선을 견지하는 자세는 곪은 속은 놔두고 피부의 농만 닦아내려는 안이한 태도이며, 궁극적으로 소수 지식인들의 비판까지도 허용하는 일본정부의 포용성과 공정성을 과시하게끔 만드는 역효과에 직면한다. 사태의 본질을 호도하는 이러한 관점은 자신의 과거 만행을 지우고, 서둘러 상처를 봉합하고자 하는 일본의 역사 콤플렉스를 반복하는 것이다. 드라마투르그를 활용하여 희곡의 함정을 교정하는 시도가 필요하다. 춤 장면부터 서사의 탄력이 상실되면서 주제의식이 흔들리더니, 뜬금없이 R이 국가의 공권력에 저항하며 사형반대론자로 돌변하는 장면 또한 고민을 좀 더 투자해야할 것이다.

「영국 왕 엘리자베스」(티머시 핀들리 원작, 오경숙 연출, 연극집단 뮈토스)

역사상 가장 위대한 영국 여왕이었던 엘리자베스 1세와 세계에서 가장 위대한 극작가인 셰익스피어와의 만남은 그 자체로도 흥미진진하다. 극단 뮈토스는 소극장의 좁은 공간에 16세기의 영국 분위기와 극장 뒤의 풍경을 멋지게 펼쳐놓았다. 무대 배치와 활용도 뛰어나고 배우들의 앙상블도 흠잡을 데가 없다. 삶 속에서 연극을 '살아가는' 광대의 운명과 국가를 위해 개인적 안위를 벗어던진 여왕의 고뇌가 재치 있는 유머와 피 튀기는 논쟁 속에서 드라마틱하게 재현된다. 오경숙 연출은 광대라는 하층계급과 계급구조의 정점에 있는 여왕과의 불가능한 듯 가능

「영국 왕 엘리자베스」의 한 장면 ⓒ연극집단 뮈토스

한 만남과 갈등, 교감과 반감의 굴곡을 풍성한 상상력과 다양한 표현력으로 풀어
낸다. 연극이 삶이었고, 삶이 연극이었던 바로크 시대의 몽상과 정열이 넘치는 이
공연은 인류 최고의 연극 시대에 대한 오마주로서 손색이 없다.

영국사와 셰익스피어에 대한 예습이 필요한 것이 단점이라면 단점이고, 배우의
딕션과 관객의 이해에 거슬리는 번역체가 여전히 남아있는 점, 실제 삶과 허구,
정치적 알레고리 등의 매듭이 효과적으로 선명하게 전달되지 못한 점도 아쉽다.
검증받은 텍스트의 정교한 구성미와 배우 김현아(엘리자베스 역)의 능란한 연기만
으로도 꼭 다시 보고픈 공연이다.

「서울테러」(정범철 극작, 이종훈/현금숙 연출, 극단 배우세상)

600만 청년 실업 시대. 수치로는 도저히 그 가늠되지 않는 그들의 분노와 좌절감이 드디어 무차별적 테러행위로 분출된다. 「서울테러」는 세태풍자희극의 프레임 속에 테러라는 불온한 상상력과 소극처럼 종결되는 비극적 대단원을 삽입시켜 놓았다. 웃겨도 웃을 수 없고, 통쾌해도 속이 시원치 않다. 이종훈 연출은 이 딜레마를 교묘하게 활용하여 웃음과 눈물을 한 밥상 위에 차려놓는다. 속도감 있는 전개와 배우들의 능청스러운 연기, 장르 문법에 충실한 양식화된 기법들은 먹기 좋은 식감을 선사한다. 음악을 담당한 남수한(모리슨 호텔)의 서정적이면서도 발랄한 재기는 극의 분위기를 한층 세련되게 고조시키는 훌륭한 소화제와도 같다.

지하철 소음이 물리적 차원에만 머무르지 않고 인물의 심리적 동기화에도 기여했으면 하는 바람이 있고, 기성세대에 대한 원망, 기득권에 대한 증오감을 좀 더 호소력 있게 다듬을 필요도 있다. 인물들이 처한 상황은 공연을 보는 대다수 젊은이 자신들의 이야기이기도 하기 때문이다. 연극이 우리를 위로하지 않으면 도대체 우리는 갈 데가 없다.

「굿모닝 파파」(한윤섭 극작/연출, 극단 뿌리)

어머니의 실명과 아버지의 패악이 야기한 가족 붕괴 상황과 어머니에 대한 과도한 애착관계에서 벗어나지 못하는 큰아들 종대의 비극적 운명을 그린 「굿모닝 파파」는 아버지를 죽이고 어머니의 사랑을 독차지 하려는 오이디푸스 서사를 개연성 높은 설정 속에서 용해시켜 색다른 즐거움을 제공한다.

근친애 심리에 대한 신화적 알레고리를 현대인의 정체성 혼란과 가족붕괴라는 사회적 병리 차원에서 재해석한 희곡의 문제의식도 독창적이고, 절제된 대사의

식감과 진지하고 섬세하며, 때론 유머러스하기도 한 배우 연기도 매력적이며, 특히 엮이고 겹치는 기발한 장면 구성은 아주 탁월하다. 희곡의 탄탄한 구성력과 주제적, 내용적 완결성은 긍정적 의미에서 웰메이드 드라마의 전범을 보는 듯하여 흐뭇하다.

단, 재공연임에도 불구하고, 연출의 미감이 기대에 부응하지 못한다는 것이 중평이다. 세 개의 문에 대한 상징성이 약하고, 휑한 무대 한 가운데에 러브호텔을 상기시키는 빨간 침대를 배치한 설정이 종대 심리의 공간화를 방해하는 것이 단적인 사례이다. 종대가 동생의 '병'은 보면서도 자신의 병에 대한 자기진단엔 실패한 것이 그의 비극인데, 상상계에 머물고자 하는 자신의 유아적 퇴행에 대한 자기분석이 없는 점도 아쉽다. 종대를 착취당하는 엄마에 대한 구원의 기사로 만들어 정신 병리적 접근을 차단한 것, 즉 엄마에 대한 종대의 애착을 정신분석적 차원이 아니라, 선과 악의 도식적 구도로 몰아간 것도 작품의 철학적 깊이를 해치는 요인이다.

「모두 안녕하십니까」(천정완 극작, 박정근 연출, 창작그룹기족)

「모두 안녕하십니까」는 박장대소하는 유머와 가슴 아픈 서민의 삶이 겹쳐져 오랜 잔향을 주는 작품이다. 재기가 번뜩이는 배우들의 노련한 연기가 가슴 먹먹한 사연과 어우러져 웃다 울고, 울다 웃는 감칠맛 나는 재미를 준다. 하지만 웃음의 요소가 희비극적 의미를 내재한 풍자나 냉소로 이어지지 못하고, 휘발성이 강한 개인기에 머무는 바람에, 장르적 기대감에 미달하는 것이 무척 아쉽다. 촌철살인의 대사와 우여곡절의 서사를 보강해서 극의 리듬을 좀 더 빠르게 이끈다면 명품

코미디가 될 것임을 확신한다.

「노인과 바다」(헤밍웨이 원작, 김진만 연출, 극단 앙상블)

　묘사가 위주이고 명상적 서사가 지배적인 원작의 경직성을 극복하고 감동과 재미를 동시에 성취했다는 점에서 「노인과 바다」는 소설 각색 희곡의 새로운 길을 열어주었다. 명작이 주는 프리미엄보다는 오히려 그 부채가 더 많았을 법한데, 관객의 자연스러운 참여를 유도하여 큰 웃음을 주고, 유머와 재치 넘치게 애드리브를 첨가하여 보는 재미를 배가시켰다. 감동이 필요한 곳엔 눈물을, 속도가 필요한 곳엔 흥분을, 재미가 필요한 곳엔 웃음을 주는 연출(김진만)의 노련한 '촉'과 2인극의 지루함을 아기자기한 '놀이'로 승화시킨 배우들의 앙상블은 박수만으로는 부족할 정도이다.

　하지만 원작이 추구하는 노인의 심리와 갈등에 대한 터치가 부족하고, 서사의 주체로 도드라져야할 노인이 너무 주변부에 내몰린 점이 아쉬운 부분이다. 끝까지 밀어붙이는 기개와 임팩트 있는 마지막 펀치 한 방을 기대해본다.

「달콤한 비밀」(김이란/배새암/김유정 원작, 한동규/김동순/배새암 연출, 극단 아리랑)

　「달콤한 비밀」은 과연 배우란 무엇이며, 어떻게 살아야 하는지를 잘 보여주는 작품이다. 생각이 다르면 몸이 멀어지고, 몸이 멀어지면 앙상블은 파괴된다. 「달콤한 비밀」의 배우들은 몸도 생각도 하나임을, 뜻도 의지도 하나임을 뜨겁게 증명한다. 이 작품을 주변인에게 추천해주고픈 공연 1번으로 만장일치를 본 것은 이 때문이다. 「달콤한 비밀」은 세련미도 부족하고, 장면 간 짜깁기 흔적도 선명하며, 옴니버스식 연결성도 미약하다. 하지만 작품 속에 진지함과 진솔함이 녹아있어 밉지가 않다. 폭발적인 관객반응은 이것이 허사가 아님을 보여준다. 특히 세 번째 단막극 「동백꽃」은 전통악기의 신명과 닭싸움과 사투리의 토속성을 잘 살려, 마당극의 연극성이 박물관 용이 아니라 현장에서 생생히 살아있음을 과시하는 듯하여 뿌듯하고 대견하다.

「이웃집 쌀통」(김란이 극작, 선욱현 연출, 극단 필통)

「이웃집 쌀통」은 사장되기 쉬운 신춘문예 단막극(「그녀들만 아는 공소시효」)을 살려 흥행에 성공했다는 점에서 칭찬받아 마땅하다. 또한 이는 그만큼 텍스트의 토대

「이웃집 쌀통」의 한 장면 ⓒ필통

가 장막극의 원심력을 견뎌낼 정도로 튼실하고 견조했음을 반증한다. 「이웃집 쌀통」은 톡톡 튀는 대사와 입맛을 자극하는 찰진 대화, 능청스럽고도 맛깔나는 연기, 그로테스크하고 풍자적인 주제의식, 작품 분위기에 맞게 양식화된 연극적 장치 등 극작과 연출의 조화가 훌륭하게 발현된 작품이다. 단, 1막과 2막의 화학적 결합이 원활하지 못하여 완결성이 부족한 점, 웃음을 유발하는 타이밍이 너무나 빠르게 마감되어버리는 점, 풍자적 주제의식이 보편성으로 승화되지 못한 점 등이 아쉬움으로 남는다.

자유 너머의 자유

공연명: 제33회 서울연극제 자유참가작 8편
상연일시: 2011.04.16 ~ 05.13

공식참가작 부문이 일정한 조건 속에서 보호장구를 착용하고 펼치는 경연형식이라면 자유참가작 부문은 벌거벗은 맨몸으로 난타전을 벌이는 이종격투기이다. 격식성과 테마정신은 약하지만 말 그대로 자유가 있다. 번역극-창작극, 초연-재공연, 공모극-자발극, 통속극-예술극 등 어떤 구분과 규제도 없고 오직 자유만 존재한다. 자연만물이 절기의 신호에 따라 일제히 연동하듯 자유참가작의 분방함 속에도 일정한 규칙이 있게 마련이다. 그중 가장 눈을 끄는 특징은 전체 출품작 8편 중 4편이 소설에서 몸을 빌려왔다는 것. 그 양상도 각양각색이라「푸르가토리움」처럼 겉옷만 걸치고 온 작품이 있는가 하면, 「우동 한 그릇」처럼 소설의 몸통 자체를 형식적 변환 없이 그대로 수용한 경우도 있다. 소설과 연극 사이에서 이뤄지고 있는 이 모종의 거래가 희곡 기근으로 인한 유목민적 방랑인지, 아니면 연극이 공격적으로 수행하는 장르적 영토확장인지, 혹은 희곡창작을 위축시킬 위험징후인지, 아니면 연극의 서사력을 증강시킬 동력의 확보인지는 좀 더 지켜봐야 할 것 같다. 원작에 대한 관심을 진작시키는 부수효과는 누구의 전리품인지도 셈해볼 일이다.

「권력유감」(이우천 극작/연출, 극단 대학로극장)

「권력유감」은 재미있다. 거침없이 폭로되는 국가권력조직의 치부는 씹기 좋은 식감을 제공하고 위악적인 반영웅의 은밀한 사생활은 관음증적 욕망을 충족시켜 준다. '강한 자'에 대한 반감과 동경이라는 모순적 남성 판타지를 배려한 인물구성(근엄한 보스와 아둔한 부하, 혹은 역)이나 은퇴보스(각성의 조력자), 마타하리(시련), 여의사(보상) 등 모험과 성취라는 전형적 서사구조를 차용한 영리한 극작도 재미가 쏠쏠하다. 무엇보다 「권력유감」의 재미를 확정해주는 보증수표는 군더더기 없는 깔끔한 진행과 시종 관객의 눈을 끄는 다양한 볼거리에 있다. 절도 있는 무대전환 과정, 재기 넘치는 대소도구 활용, 강하고 빠른 비트 음악의 반복적 사용도 귀와 눈을 즐겁게 만드는 요소이다. 그래서 재미있다. 하지만 '닥치고 재미'가 유일한 모토가 아니라면 이런 형식적 재미가 포괄하는 유의미한 예술적 메시지에, 혹은 재미 자체가 은폐시키는 이데올로기적 함정에 관심이 가게 마련이다.

「권력유감」의 한 장면 ⓒ대학로극장

결론부터 말하면 「권력유감」에는 가부장적 패거리 문화에 대한 깊은 통찰이나 부패권력의 발생메커니즘과 권력부패의 만연에 대한 촌철살인의 풍자가 없다. 사회적 패악에 대한 조롱과 권력 자체에 대한 냉소적 혐오감의 표출 이외에는 아무 것도 없다. 남성성을 상징하는 성기에 대한 물신주의적 찬양만 난무할 뿐, 발기부전을 현대인의 무기력에 대한 병리적 징후로서 진단하려는 해석적 포용성이 없다. 나쁜 짓하다가 발기 안 되자 치료해준 여자 만나서 손 씻는다? 치국평천하를 포기하고 수신제가를 실천하다? 「권력유감」은 '극심한 스트레스가 발기부전에 미치는 영향에 대한 임상사례' 이상이 아니다.

「권력유감」은 위악적 남성성이 여성적 포용성에 의해 계도되는 고루한 구원서사의 한계에 갇혀 있다. 이를 위해 의사라는 고소득 직종의 여성을 동원해 억지스러운 로맨스를 조작하는 장면은 정치적 권능을 지닌 '특권적 기표'(팔루스)가 생물학적 성기(페니스)로 어이없이 치환되는 허방함을 보여준다. 발기부전 깡패에게 즉흥적으로 순정을 바치는 여의사의 허무맹랑한 모험주의와 '여자 말 잘 듣는 게' 만사형통이라는 엉성한 사태봉합 앞에서는 간판으로 내건 무거운 주제의식이 로맨틱 코미디로 꽁무니를 빼는 출구전략만이 읽힐 뿐이다. '쭉쭉빵빵' 연예인 지망생 앞에서도 발기되지 않던 성기가 여의사와의 짧은 인연으로 발기에 성공한다는 설정은 성상납용 연예인의 몸과 지성과 순수가 배어 있는 여의사의 몸 간에 존재하는 인지공학적 마술, 이른바 여성을 성녀·악녀로 대상화하는 시선의 폭력을 증명한다. 삶을 OX 퀴즈처럼 아군(여의사)과 적군(마타하리) 중 양자택일의 문제로 환원하는 단순화의 위험, 여성을 구원의 동정녀와 거세공포증을 자극하는 팜므파탈로 양분하는(혹은 폭력의 희생자로서 보호와 부양의 대상으로 3등분하는) 도식화의 오류도 지적되어야 한다. 여성을 타자화하고 모방행위(보스의 복가적 은퇴)의 상수로 못 박아두는 남성중심적 사고는 권력비판보다 앞자리에 위치해야 한다.

발기의 사회적 상징을 물신화하고 대통령의 발기부전을 조롱하는 안이한 비판 방식은 권력에 대한 견제나 정화의 가능성을 무의미한 것으로 희석시키고 마는 자해행위이다. 실제 권력이 예술 전반에서 미시적 패권을 행사하는데 여전히 '임금님 귀는 당나귀 귀'라고 흠잡기나 조롱 수준에 매몰된다면 본말이 전도된 일회성 비판에 함몰되기 쉽다. 더군다나 청와대의 불법 청탁에 의해 완성된 로맨스라면 「권력유감」은 권력앱 활용팁과 무엇이 다른가. 연출의 탁월한 연극적 감성이 예술성을 포획하는 도약의 화력으로 승화되지 못하고 웃음의 불쏘시개로 소비되는 것은 안타까운 일이다. 행여 그것이 권력의 정점조차도 더러운 타락과 부패에서 자유롭지 못하다는 현재형 진단이 아니라, 권력이 그 속성상 구제불능이고 백약무효라는 패배주의와 냉소주의를 유포하기 위한 설정이라면, 그것은 권력 분석이 아니라 권력 모함에 가깝고, 사태의 본질을 은폐하고 개선불가론을 공식화시키는 허무주의의 유포에 다름 아니다. 부패권력보다 이런 불감증과 무감각이 더 '유감'이다. 선한 권력, 적어도 시스템으로 통제되는 권력의 존립가능성을 애초부터 차단하고 덤빈다면 그 자조와 냉소 앞에서는 더 이상 할 말이 없게 된다. 관객들의 건강한 웃음조차도 비웃고 조롱하는 연극이라면, 풍자주체의 도덕적 우월성조차도 포기하는 자가당착적 연극이라면 곤란하다. '닥치고 발기'나 '닥치고 재미'는 위험하다. 우리 옆에는 사회적 발기권(?)조차 박탈당하고 거세된 비정규직과 88만원 세대들이 울고 있기 때문이다.

「그놈을 잡아라」(정형석 극작/연출, 드림시어터컴퍼니)

장르의 이데올로기적 굴절을 논하기 민망할 정도로 대학로의 장르분화는 미진하고 일천하다. 장르의 숙성과 진화라는 통시성을 감당할 정도로 역사적 두께가 축적되지 못한 우리의 연극사적 현실을 감안한다면 「그놈을 잡아라」는 그나마 장르의 구속성과 귀속성을 제대로 갖춘 '범죄수사극'이다. 인간의 근원적 불안감을 예리하게 자극하는 잔혹한 살인행위, 엄격한 정보의 통제와 지연, 은폐와 노출의 반복을 통한 극성^{劇性}의 농축, 가공할 흉악범의 최종적 패배 등 해당 장르의 기대구조를 일정하게 충족시킨 작품이라는 점에서 「그놈을 잡아라」는 '잘 만들어진' 장르연극이다.

하지만 「그놈을 잡아라」는 장르극이 불가피하게 직면하는 장르 서스펜스의 문제, 즉 장르적 기대지평의 실현과 그로부터의 일탈이라는 재생산과 반역의 메커니즘에 대해서는 침묵하고 있다. 「그놈을 잡아라」는 장르 문법의 프레임에 포섭되지 않는 극적 잉여에 대해서는 무감하다. 해당분야 고전으로 등극한 「날 보러와요」와 장르적으로 겹치면서 비껴가는 에피고넨의 자의식이 결핍되어 있다. '범죄수사극'의 묘미인 극적 반전이 인간(주로 수사관)의 불완전한 인지능력에 대한 통한어린 충격을 위해 마련되는데 비해, 「그놈을 잡아라」의 반전은 연극적 쾌감과는 이격된 별책부록처럼 불친절하게 제시된 것도 마뜩찮다.

또한 「그놈을 잡아라」는 '범죄수사극' 장르가 은밀하게 향유하는 '죽음충동'의 유희가 장르 형식의 외관을 넘어 시대정신과 무의식적으로 교호하는 내적 맥락의 달성에도 실패했다. 「날 보러와요」가 칭송받는 이유 중 하나는 정통성 없는 군사정권의 폭력적 공권력을 조롱하고 폭로하면서, 무고한 시민들의 생명을 지켜주지 못한 지난 시대의 무능과 패배감을 절통하게 고백하는 반성적 사유 때문이다. 외관과 내막 사이의 필연적인 인과관계를 규명하는 창조적 독해, 표면적 진술 기저에 잠복한 텍스트의 무의식을 읽는 '징후적 독해'(알튀세르)를 수행할 수 없는 것도 「그놈을 잡아라」가 가진 치명적 맹점이다.

경쾌한 장면 전환이 이룩한 영화적 속도감, 관객의 인지력을 고려한 정돈된 공간분할과 절제된 조명처리, 익살과 능청으로 무장한 '멀티배우'의 장치적 기능은 「그놈을 잡아라」가 소유한 소중한 매력이지만, 반전의 수위까지 도달하지 못하는 뭉긋대는 수사 진척도와 수시로 엇나가는 수사팀의 웃음 타이밍은 추리와 반전의 힘을 빼는 약점이다.

『죄와 벌 2부』 푸르가토리움 – 하늘이 보이는 감옥(獄) (도스토옙스키 원작, 김원석 연출, 명품극단)

「푸르가토리움」은 마르멜라도프와 관련된 『죄와 벌』의 에피소드를 억압적 사회 환경과 개인의 자멸적 운명이라는 가족비극으로 재구성한 작품이다. 재활과 극기

『죄와 벌 2부』 푸르가토리움–하늘이 보이는 감옥의 한 장면 ©명품극단

의 희망이 절삭된 암울한 현실을 사는 마르멜라도프 가족들이 차례로 파멸의 나락으로 추락하는 과정은 거칠고 쓰라리다. 이 작품은 원작이 던지는 화두인 "누구의 죄이고, 어떻게 벌할 것인가"란 질문을 통해 사회악의 기원과 그로 인해 발생하는 죄의 역학_(소멸), 죄 없는 죄인들의 숙명, 처벌의 정당성과 효용성에 대해서 고찰하고 있다. 「푸르가토리움」은 마르멜라도프의 알콜중독과 소냐의 윤락행위, 카테리나의 히스테리가 개인의 결함이나 개체단위의 실패에서 연유한 것이 아니라, 사회적 불평등과 비인간적 차별, 사회구조적 모순에 의해서 강요당한 불가피한 상흔이라는 것, 그리고 이들이 자학과 나약, 포악을 지닌 괴물이 아니라, 꿈과 이상을 동경하는 소박한 아버지고 딸이고 엄마라는 사실을 강변한다.

연출이 상정하는 연옥은 선악의 혼재라기보다는 최종판단의 보류상태, 무고한 죄인에 대한 형량확정 지연상태이다. 하지만 이 고통스럽고 지루한 대기상태를 종결낼 판단의 최종심급에 대한 사회학적 분석은 여전히 공백으로 남겨져 있다. 이건 지옥보다 못한 연옥이다. 가족을 버리고 자기파멸을 감행하는 스무세 번째 아버지(쌍용차 해고노동자)가 순서를 기다리고 있는 현실을 염두에 둔다면 이것은 태만이고 지체이다. 에피소드에 불과한 마르멜라도프家의 이야기가 원작의 주제의식과 아름다운 랑데뷰를 하는 광경이 누락된 것은 관객의 기대지평에 대한 불충이고 원작 프리미엄에 대한 배반이다.

김원석 연출은 의미를 발굴하는 지적 탐험과 그 의미를 전달하는 독특한 방식에 있어서 탁월한 기량을 발휘해왔지만, 「푸르가토리움」에서는 발굴된 의미도, 전달된 의미도 그다지 자극적이지도 심오하지도 않다. 마르멜라도프의 이기적인 술 예찬론, 카테리나의 지독한 세계혐오는 납득은 가지만 너무나 지루하다. 마르멜라도프의 무능, 소냐의 희생, 카테리나의 패배감은 각자의 사연과 이해를 구성하지만 거대한 유기적 드라마로 승화하지 못하고 개별적 독백으로 고립된 듯한 느낌이다. 극화되지 못한 독백은 교설과 사설이 되기 십상이다.

카테리나의 절제부족(감정의 과잉표출)이 도리어 상황맥락을 지워버리고 관객의 연민도 차단해버린 점, 무엇보다 카테리나를 드라마적 기복과 굴곡이 제거된 평면적 내면의 소유자로 성격화한 점도 아쉽다. 관객의 코앞에 고정된 거미줄이 지나치게 거리감을 상실하여 꿰다놓은 보릿자루처럼 사물과의 대화[연기]를 불가능하게 만든 점도 불만이다. 활용도 높은 의자 소품에 비하면 너무 장식적이란 느낌을 지울 수 없다.

「맥베스―미디어 콤플렉스」(셰익스피어 원작, 차현석 연출, 극단 후암)

거대 미디어기업들의 피 튀기는 생존경쟁과 약육강식의 각축전이 일상화되어 있고, CNN이나 알자지라 등 전쟁특수를 구가한 언론사들이 독점적 지위를 확보한 작금의 사태는 언론 전쟁, 혹은 전쟁 언론이라는 규정이 더 이상 은유가 아니라 현상의 정확한 도상임을 보여준다. 더욱이 특정 언론사가 전 세계 인구의 1/4을 신민으로 보유한 제국 통치자로 등극하고, 언론시장이 정론과 직필이라는 낭만적 강령으로 작동되지 않는다는 무한경쟁체제의 현실을 고려한다면 「맥베스―미디어 콤플렉스」가 설정한 고전의 가공시도는 일정한 타당성과 개연성을 확보하고 있다.

하지만 「맥베스―미디어 콤플렉스」의 각색은 리모델링과 재건축 간의 수위설정에 있어서 한계를 드러내고 있다. 고전에 점착된 묵은 때를 제거하여 인식의 노후화를 개선하는 리모델링 차원의 각색과 근본적인 구조변경을 목적으로 한 재건축 각색 사이에서 명확한 좌표설정이 전제되어야 하나, 「맥베스―미디어 콤플렉스」는 원작의탁과 원작배반의 딜레마 속에서 길을 잃었다. 원작에 눈이 멀면 재해석의 정당성이 죽고, 새로움에 몰두하면 원작의 주제의식이 희석되는 법이다. 해석의 완결성이 절실한 이유이다. 정경언 유착이 의사결정의 향방을 좌우하는 강력한 기재임은 분명하지만, 「맥베스—미디어 콤플렉스」는 국가 단위의 사태가 한 기업체의 스케일로 수축되면서 발생하는 의미 심도의 감량을 설득력 있게 추스르지 못하고 있다. 「맥베스—미디어 콤플렉스」는 인간욕망의 극한을 상정, 국가의 운명을 결정짓는 왕권찬탈 사건이라는 원작의 규모를 일개 기업체의 사장 자리를 다투는 소시민적 욕망 단위로 수축시켜버렸다. 예언이라는 초자연적 힘과 오만에 가까운 운명적 확신은 스케일의 왜소화를 견디지 못하고 망상과 판단착오로 전락한다. 권력욕보다는 진정한 사랑의 감정을 앞세우는 '레이디 맥베스'가 욕망도 사랑도 아닌 어중중한 중간지점에서 떠도는 것도 미덥지 못하다.

매체로서의 미디어에 대한 고민도 상투적이다. 내면의 표현이나 욕망의 발현에 있어서 낡은 매체(언어)를 능가하는 혁신적이고 기발한 영상미학이 기대됐으나, 고답적인 영상활용이 오히려 주제응축력을 약화시키는 독소로 작용한다. 특히 사막이라는 지리적 질감을 형상화한 소금바닥은 의도와 용도가 전혀 일체화되지 못하고 있다. 거추장스러운 소금바닥은 배우의 움직임을 방해하여 몸에 재갈을 물린 꼴이 되었고, 장면전환이나 등퇴장의 리듬도 한 박자 이상 지체시키는 장애물이 되어버렸다.

산이 저기 있기에 오르듯, 고전은 해체를 위해 존재한다. 해석과 변주의 역동적 율동은 고전을 떠받치는 반석이다. 재해석이라고 고전을 넘어설 필요까지는 없지만 고전을 돋보이게 만드는 병풍쯤은 돼야한다.

「동백꽃」(김유정 원작, 김동순 연출, 극단 아리랑)

수용성과 대중성에는 미묘한 의미차가 존재한다. 대중이라는 가상적 평균에 맞춰 소통코드를 확정하는 것(대중성)과 세대 간 교차점을 추출하여 다양한 층위의 관객을 유인하는 것(수용성)은 비슷하면서도 다른 개념이다. 「동백꽃」은 수용성의 한 전범을 보여준다. 이는 전통연희의 재창조라는 시대적 과업과는 별개로 연극이 추구해야할 소중한 가치 중 하나이다. 연극 위에 덧씌워진 온갖 역사적 장식물을 제거하고 맨낯으로 자신을 이해하는 것, 즉 연극의 고고학적 기원으로 회귀하여 놀이의 본성에 천착, 잊혀지고 지워진 아동적 심성을 자극하는 유희정신이 그것이다. 아이의 감성으로 연극의 '놀이성'을 복원하는 과제는 고금을 막론하고 연극이 숙명적으로 추구해야할 지고의 가치이다.

「동백꽃」의 한 장면 ⓒ아리랑

이른바 '아이 퍼스펙티브'는 세계를 처음 지각하는 것처럼 낯설고 새롭게 투영할 수 있는 효과적인 방법론으로, 생산성이 떨어진 노회한 세계에 대한 반작용이며, 천진난만하고 순진무구한 원시주의를 미학원칙으로 수용하는 태도이다. 연출가 메이예르홀트는 규율화 되지 않은 아이의 자유로운 신체움직임에서 생체역학을 추출했고, 예브레이노프는 아이들의 때 묻지 않은 놀이문화 속에서 연극성의 본능을 포착했다. 「동백꽃」은 이 '아이 퍼스펙티브'를 통해 고도로 사회화된 정상 성인의 타성적 인식을 극복하고 관객과의 자연스러운 친화감정을 유도한다. 성인들에게 퇴화된 '놀이'의 즐거움과 흥의 유쾌함을 회복시켜 영원한 젊음과 상실된 낙원의 꿈을 상기시킨다. 놀이의 유흥과 토속적이고 원시적인 신명의 결합은 '노천'과 '민중'이라는 전통연희의 연행조건에 의해서 본래적으로 내재화된 것인 동시에, 김유정 문학의 목가적 향토성이 가진 해학과 익살이 반영된 결과이다.

타악의 박자에 맞춘 발성법은 놀이의 시적 경험을 체현하는 수단이며, 낯선 사투리의 투박한 음질과 정련되지 않은 일상어의 질료성을 음악적 원칙에 따라 마르고 다지는 훌륭한 가공술이다. 어깨선 리듬과 유형적 동작이 빚어내는 율동성과 양식성은 이 음악적 원칙이 발화차원을 넘어 총체적 표현영역까지 아우르고 있음을 보여준다. 두 인물의 신분관계를 표상하는 정령적 메타포인 닭싸움 놀이는 신체연기와 동물표현의 백미이다. 2차원 텍스트를 입체화하는 공간적 상상력도 아주 기발하여, 좁은 공간을 가르고 자르고 나누며 알뜰하게 활용하는 공간의 경제학을 여실히 보여준다. '사랑의 열병'이라는 주제로 네 편의 소설을 교차 배치한 점도, 계급적 갈등과 빈부격차, 가난 등의 소재를 이해와 화합의 공식으로 갈무리한 점도 무시할 수 없는 미덕이다.

단, 네 편의 소설이 좀 더 유기적 통일성을 갖고 화학적으로 결합하는 과제는 여전히 미완결 상태이다. 기승전결을 좀 더 명시적으로 외화하기 위해 템포를 조절한다거나, 혹은 서사의 결절점에서 사투리를 조금 풀어주는 것도 한 방법이 되겠다. 이따금 발견되는 서사적 결함을 전통연희의 역사적 유산으로 방치하는 건 아닌지 되짚어야 한다. 「달콤한 비밀」의 한 꼭지에 살을 붙이고 피를 돌게 한 극단 아리랑의 뚝심 있는 노력은 분명 상찬 받아 마땅하다. 독창성과 지속성을 담보한 이들의 창작활동이 레퍼토리 극장으로 진화하는 밑거름이 되기를 간절히 기원한다.

「우동 한 그릇」(구리 료헤이 원작, 김동수 연출, 극단 김동수컴퍼니)

2012년은 유행처럼 퍼지는 소설 낭독공연이 양질의 전환을 이룩한 시기로 기록될 것이다. 연극 「그리고 또 하루」의 성취는 낭독공연이 작품소개나 실험적 기법, 재현의 장치를 넘어 하나의 규범적 장르로 진화하고 있음을 증명해냈다. 「우동 한 그릇」은 말 그대로 '낭독공연'의 선구로서, 구술과 구연의 경계를 착종시키는 독특한 발화구조를 지닌 작품이다. 하지만 대본각색을 거부한 논리적 근거, 즉 연극문법을 회피하고 원작 충실성을 고수한 이유가 미학적 차원에서 설득력 있게 제시되어야 한다. 안타깝게도 지문에 해당하는 서술문(시청각화 해야 할 텍스트)을 날것으로 직접 발화하는 시도가 어떤 방식으로 정당화되고 있는지에 대한 명석한 답을 찾을 수 없다. 소설텍스트의 감동을 넘어서는 연극적 자질이 눈에 띄지 않는 것이 아쉽다. 그런 면에서 「우동 한 그릇」은 눈물 뽑는 감동적 공연은 될 수 있으나 '잘된 연극'이 되기엔 일정한 한계를 가지고 있다. '가능성'이 그런 한계의 지평에 뿌려진 씨앗이라면, 초연 10년을 맞는 이 시점에서 그간의 성과를 획기적으로 승격시킬 수 있는 전기가 필요할 것이다.

「사진 속의 젊은이」(박정기 극작, 전세권 연출, 극단 신협)

　기억이나 체험을 공유하는 정서적, 역사적 언표가 세대론의 구성요소이다. 연극의 보편성과 초역사성을 부인하는 것은 아니지만, 특정 세대만의 집단적 감성코드가 존재하고, 그 속에서만 강한 흡입력과 호소력을 발휘하는 맞춤형 '세대연극'이 가능한 것도 사실이다. 그렇다면 동시대 문화공동체에서 소외되고 탈각되어버린 장년층의 세대연극은 어느 때보다 절실하고 절박하다. 「사진 속의 젊은이」는 생존과 생계가 삶의 유일한 화두였던 세대, 더 큰 가치를 위해 삶의 요구를 등질 수밖에 없었고, 그 행위에 대한 정서적 지지와 보상이 감동의 원천인 세대를 위한 연극이다. 그리고 그것은 우리의 미래이기도 하다.

　한편으로 「사진 속의 젊은이」는 진보지성의 토론장이며, 시대정신의 표상이자 예술의 맹아들이 온기와 자양분을 공급받던 서구의 '살롱드라마'를 지향한다. 다방과 살롱이 도심의 화려한 야경을 장식하던 시절에 대한 향수와 추억이 개입되었음도 물론이다. '리얼 버라이어티'가 방송 대세를 구가하는 현 시점에서 '살롱드라마'는 복고의 편견을 넘어 연극의 미래에 대한 예견이 아닐까. 한국연극사에서 신협이 그랬던 것처럼 어쩌면 '살롱드라마'는 '리얼 버라이어티 연극'의 전조가 될지도 모르겠다.

「거울 뒤 여자」(김영하 원작, 김봉건 연출, 극단 물결/극단 창)

　90년대 말 한국문학의 구도를 뒤흔들 작가로 칭송받던 김영하의 등단작 「거울에 대한 명상」은 난해한 심리서술과 정교한 서사프레임, 그리고 장편을 능가하는

340

「거울 뒤 여자」의 한 장면 ⓒ물결/창

담화용적과 이념밀도를 자랑하는 소설이다. 그렇다고 여기서 현대인의 정체성 상실이나 나르시시즘적 고착증, 출구 없는 욕망의 폐쇄회로, 자기기만적 이중성 등 소설미학의 담론들을 읊조릴 일은 아니다. 소설이 이론의 전시가 아니듯, 연극은 대화체 소설의 낭독이 아니다. 기표와 기의의 정합적 맞대응을 본래적 성립조건으로 삼는 문자언어와는 달리, 연극은 그 정합성을 능가하는 '언어의 바깥'(들뢰즈)을 소통수단으로 삼고 있다. 정교함을 자랑하는 문자언어의 끝에서 연극은 시작한다. 연극은 문자언어의 한계를 폭로하는 동시에, 그 가능성의 출발점이 되어야 한다.

그렇다면 연극 「거울 뒤 여자」는 소설 「거울에 대한 명상」의 끝에서, 문자언어와 결별한 그 지점에서 새로운 언어구축에 돌입해야 한다. 문자언어의 통사와 문법을 전복하고 해체한 지점에서 연극적 상상력과 움직임의 입체성이 드러나는 것이다. 하지만 「거울 뒤 여자」는 평면적 문자언어의 감옥을 벗어나지 못한다. 낭독의 기술적 효용성을 압도하는 연극적 소통코드를 발견할 수가 없다. 소설의 후광을 말끔히 망각하게 만드는 '언어의 바깥'을 엿볼 수가 없다.

춤이나 영상은 연극적 논리와 맥락을 수식하는 외부 텍스트로서 유기적으로 장착되지 못하고 의미전달의 난맥상을 표상하는 불순물처럼 느껴진다. '욕망의 삼각형', 혹은 분화된 발화공간을 설정한 세 아크릴 기둥도 의도와 용도의 효율적 상합에 이르지 못하고 있다. 폐쇄공간이라는 조건의 물화가 표현의 폐쇄성으로 귀착되는 것은 아닌지, 그것이 몸을 훼손하고 극적 의미를 에우는 패착이 되어버린 것은 아닌지 따져봄직하다. 수직조명보다는 차라리 실루엣 조명이나 '비추다' 동사를 상술하는 빛살 조명이 더 적합한 것은 아닌지도 고려해볼 만하다. 관객의 시각선을 염두에 두지 않고 발성의 음향학도 무시한 불편한 소품(유리트렁크)배치도 반드시 조정을 거쳐야 한다.

한국연극, 깊이

– 연극비평의 정수를 향한 깊이있는 사유

초판 1쇄 | 2013년 9월9일

지은이 | 백승무
편 집 | 김재범
디자인 | 임예진
표지디자인 | 김남영
펴낸이 | 강완구
펴낸곳 | 써네스트
출판등록 | 2005년 7월 13일 제313-2005-000149호
주 소 | 서울시 마포구 동교동 165-8 엘지팰리스 빌딩 925호
전 화 | 02-332-9384   **팩 스** | 0303-0006-9384
이메일 | sunestbooks@yahoo.co.kr
ISBN 978-89-91958-76-0 (93680)   값 16,000원

* 〈우물이 있는 집〉은 〈써네스트〉의 인문브랜드입니다.

이 도서의 국립중앙도서관 출판시도서목록(CIP)은 서지정보유통지원시스템 홈페이지(http://seoji.
nl.go.kr)와 국가자료공동목록시스템(http://www.nl.go.kr/kolisnet)에서 이용하실 수 있습니다.
(CIP제어번호 : CIP2013007864)